中国农村电商发展

理论机制、实现路径与实践成效

易法敏 ◎ 著

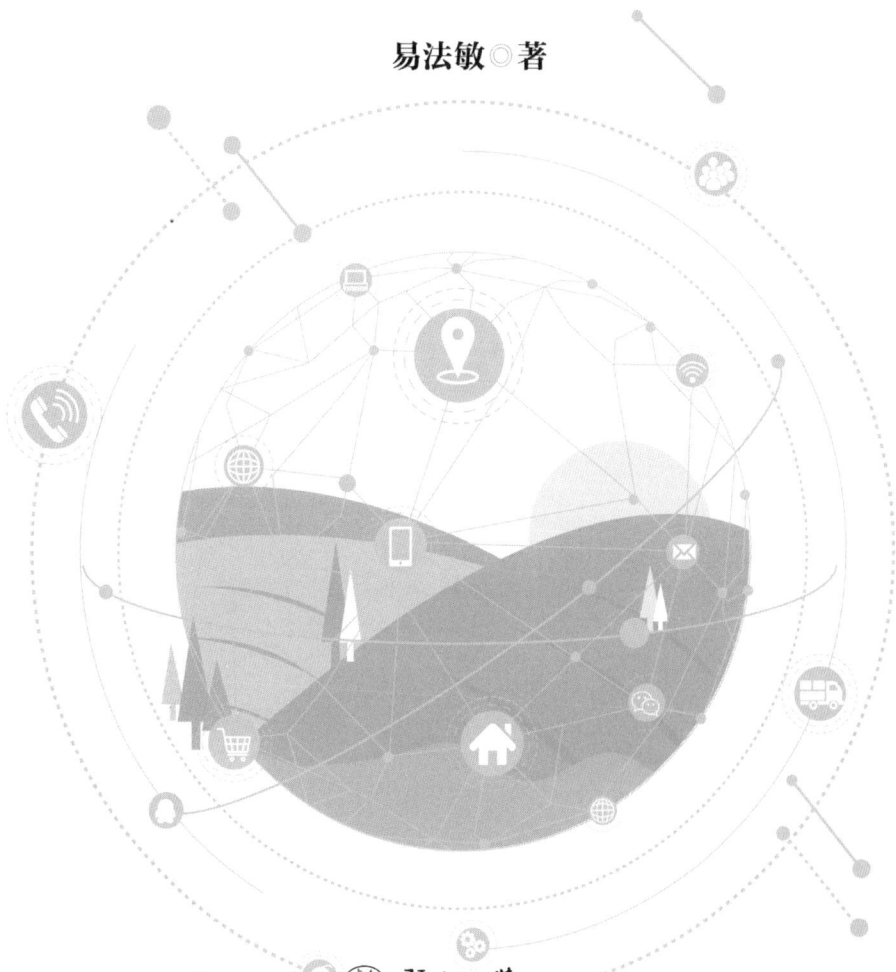

暨南大学出版社
JINAN UNIVERSITY PRESS

中国·广州

图书在版编目（CIP）数据

中国农村电商发展：理论机制、实现路径与实践成效/易法敏著.—广州：暨南大学出版社，2023.11
ISBN 978 - 7 - 5668 - 3756 - 1

Ⅰ.①中…　Ⅱ.①易…　Ⅲ.①农村—电子商务—发展—研究—中国
Ⅳ.①F724.6

中国国家版本馆 CIP 数据核字（2023）第 155653 号

中国农村电商发展：理论机制、实现路径与实践成效
ZHONGGUO NONGCUN DIANSHANG FAZHAN：LILUN JIZHI SHIXIAN
LUJING YU SHIJIAN CHENGXIAO
著　者：易法敏

出 版 人：阳　翼
责任编辑：高　婷　冯月盈
责任校对：刘舜怡　林玉翠　黄子聪
责任印制：周一丹　郑玉婷

出版发行：暨南大学出版社（511443）
电　　话：总编室（8620）37332601
　　　　　营销部（8620）37332680　37332681　37332682　37332683
传　　真：（8620）37332660（办公室）　37332684（营销部）
网　　址：http：//www.jnupress.com
排　　版：广州尚文数码科技有限公司
印　　刷：广州市友盛彩印有限公司
开　　本：787mm×1092mm　1/16
印　　张：17
字　　数：300 千
版　　次：2023 年 11 月第 1 版
印　　次：2023 年 11 月第 1 次
定　　价：69.80 元

（暨大版图书如有印装质量问题，请与出版社总编室联系调换）

近十年来，我国农村电商快速发展，呈现出主流化、全局化、多元化、多级化、规范化的趋势。农村电商发展在推动农民就业、促进农民收入增长、提高农村居民消费水平以及消费意愿、降低消费成本、缩小城乡消费差距、推动农村减贫、提高农户群体福利水平等方面发挥了重要作用。来自不同学科领域的农村电商理论研究如雨后春笋般涌现，各种方法、理论和观点让人目不暇接。在农村电商大量新理论、新观点不断涌现的时候，本研究团队根据近十年来的成果，按照理论、实践与成效三大板块，从农村电商发展的组织形式、运行机制、共性难点突破、发展环境改善以及经济社会成效评价等方面，择取其中的一部分，形成本书的主要内容。

一、农村电商发展的组织形式与运行机制：生态系统与价值共创

农产品生态系统的发展同一般的商业生态系统类似，也需要经历阶段化的发展。农产品电商生态系统发展经历了形成阶段、发展阶段和成熟阶段，在各个阶段，价值网络是逐步扩张的。同时，在价值共创分析框架下的消费者、企业与平台间的互动，也在不同的阶段有不同的表现。农产品电商生态系统发展依托于电商采纳所带来的价值创造，以及在生态系统中价值共创的互动，主要为农产品提供者与电商平台以及农产品消费者之间的互动；不同的农产品电商生态系统发展阶段，其主体之间的互动也有不同的表现；农产品电商生态系统发展的价值共创推动因素主要由资源与能力整合、知识共享保障机制的建立构成。

农村电商生态系统可以从小生境、社会技术域和地景三个层次分析，从最初的网上商品下行的小生境到社会技术域的壮大，到后期电子商务使得整

个农村的生产方式转型升级成新的地景，村民生活和收入产生了巨大的变化。在农村电子商务的三个层次演化过程中，电商生态系统内主体间互动有三大规则：资源整合共享规则、价值创造规则和利益分配规则。此外，强烈的服务需求感知、IT 创新项目的信心、持续的更新改进和规范灵活的组织架构这四个重要因素也是促成淘宝村能快速进驻农村市场，加强农村基础设施建设，改善农村社会生产生活水平的关键。政府应在不同层次根据实际发展情况予以相应的政策支持，吸引更多人才、资金、技术资源等进驻农村；另外，还要加强基础设施的建设、改善本地交通运输状况、增加当地村民贷款额度等。除了保证小生境阶段各行动主体的进一步需求，政府更需要就农产品的特性关注整条农产品供应链的建设、农产品品牌的建设。而在宏观外围环境，如今大数据的分析与运用是区域经济增长的关键点，政府应该紧紧把握大数据技术，并将其灵活运用在下一阶段的经济发展竞争中。对于平台商而言，淘宝村发展应在继续提高整合各类有效资源能力的前提下，设计更多商业模式，与政府开展更多有效合作，使得农村经济实现可持续发展。

二、农村电商发展共性难点突破：农产品上行

生鲜农产品的网络销售发展速度不断加快，但网络销售生鲜产品仍面临着一些问题和困难，在产品上暴露出的缺陷有：产品质量较低、缺少质量保障、生产没有达到统一标准；在物流上暴露的缺陷有：未建立完善的冷链物流体系、物流费用较高、"最后一公里"问题较严重；在客户上暴露的缺陷有：对生鲜电商的忠诚度偏低、消费习惯难以改变；在其他方面暴露出的缺陷有：技术水平偏低、基础设施不完善、交易安全性较差、实体店的冲击较大。应对方法和策略包括：做好软硬件设施建设工作；制定科学的管理制度，严厉惩处违法违规行为；确保生鲜产品的生产和物流配送达到标准化、规范化要求；利用先进的信息技术提高交易的安全性水平；加强引导和宣传，促使消费者转变消费观念；构建完善的冷链物流体系，提供优质的售后服务。

行动者网络理论分析表明，茂名荔枝网销的成功在于构建了以电商企业和互联网技术为核心，结合政府政策、社会资本、新兴农业生产主体、物流企业等多元主体共同发展的电商生态系统网络，多元主体的加入解决了荔枝生产环节在物流配送、标准化等方面遇到的问题，同时缩短了供应链，延伸了产业链，借助互联网技术打造了特有的营销网络模式。

三、农村电商发展环境改善：电商服务与电商金融

本研究构建了服务质量等多种因素共同作用农村居民参与意愿的计量模型，分析了农村电商服务质量对于农村电商可持续发展的影响，研究发现政府支持、平台保障对农村居民再次接受电商服务具有显著的影响；更进一步地，销售、价格等营销因素、社会创新因素均对农村居民参与意愿有着正向影响，但影响最大的还是农村电商服务质量因素，服务质量的满意度能够显著增进农民的参与意愿。政策启示是，在政府、平台多种外在助推方式作用的情况下，不能忽略服务质量这一重要的市场化评价指标，农村居民需要的不是量多而是质高，要保证落实农村电商线上线下的服务质量，以此保证可持续发展态势。本研究的结论也从另一个侧面证明了当前通过政府支持、平台保障的通力合作促进电商发展模式是行之有效的。

电商服务情境下，影响农户再次交易意愿的因素可归纳为有形性、可靠性、响应性、保证性、移情性、便利性。有形性是指村级服务站中的实体部分，包括有形设备、实体环境，村淘是在农村各种基础设施发展薄弱的背景下建立的，有形性对农户的满意度和再次交易意愿没有影响。可靠性是指村级服务站提供所允诺服务的能力，即承诺是否实现的能力，可见村淘承诺实现能力越高，农户的满意度就越高，再次交易的意愿也会越高。响应性是指村级服务站乐于帮助顾客与提供及时服务的能力，响应性越高，农户的满意度就越高，再次交易的意愿也会越高，因此在交易过程中，村淘要及时提供服务，及时处理农户的订单，缩短农户的等候时间。保证性是指村级服务站服务人员的知识和态度使农户信任放心的程度、村级服务站提供服务的专业化水平，保证性越高，农户的满意度就越高，再次交易的意愿也会越高。移情性表现了村级服务站服务人员的同理心，同理心越高，农户的满意度就越高，再次交易的意愿也会越高。便利性表现了农户获取服务的便利程度，这是影响农户满意度与再次交易意愿的重要因素。服务质量的因素会影响到顾客的满意度，满意度与再次交易意愿有正相关关系，满意度越高，农户的再次交易意愿越强，因此，村淘的工作人员一方面要注重顾客的满意度，另一方面也要不断提升服务质量水平。

互联网的数字技术可供性为所有电子商务参与者的数字能力提升提供了

潜在的可能性，而 BoP（Bottom of Pyramid，金字塔底层市场）群体参与农村电商的能力提升则需要建立在政府提供的电商公共服务基础上，在农村地区的基础设施、制度环境和市场环境条件都有所改善的条件下，才有可能借助互联网提供的数字化创新资源，提升电商参与能力。随着农村电商发展环境日益完善，BoP 群体依托电商生态系统赋能和地方政府服务赋能，适应性参与能力不断提升，并逐渐摆脱长期以来的资源依赖。政府通过持续的公共服务直接和间接提升 BoP 群体参与能力，将是农村电商发展以及通过农村电商实现小农户与大市场有机衔接的关键机制。接受服务的主体能力得到提升之后，能够参与到农村电商生态系统中，这会提升电商运营绩效，改变公众对政府服务的认知，提高服务与市场需求的契合度。

作为新兴产业，互联网金融对金融服务、金融产品以及金融监管模式的创新起到了诸多积极作用，但同时也带来或加大了相关风险，而农村地区的信用体系、法律法规、惩戒制度都十分不完善，风险更大。国外的互联网金融发展比较早，监管也比较完善，农村互联网金融同样有许多可以借鉴的模式。目前我国的监管跟不上互联网金融发展的速度，为了更好地发展互联网金融，就必然需要加强监管。互联网金融的监管一是界定互联网金融属性，二是利用行业自律，三是跨部门监管联合。而对于我国来说，在关注互联网金融监管时，更要关注其中的农村互联网金融监管。农村属性下，互联网金融有着更严重的信用风险、法律风险和操作风险，也因此加重了监管难点，如无征信数据、高坏账率、法律空白，还有落后的基础设施和根深蒂固的传统观念，监管部门需要从源头加强监管，同时与相关企业联合完善信用数据，建立惩戒机制，培育可持续的良性发展政策环境。

农户使用电子商务平台进行融资的意愿的影响因素，按照贡献程度从大到小排列分别是获得信息的数量、过去融资情况、价值评价、资金资源、行为示范、偏好程度、周围人支持程度，其中资金资源对农户使用电商平台融资的意愿的影响呈负向作用，而风险评估、获得资金时间、与村级站点的距离、年龄、性别以及学历水平对农户使用电商平台融资的意愿的影响不显著。第一，对电商金融业务的价值评价对农户决定是否使用电商平台进行融资有一定的影响。第二，偏好程度在一定程度上对农户的电商平台融资意愿有正向的影响。第三，周围人对电商金融业务的行为示范能够在一定程度上影响农户使用电商平台进行融资的意愿。第四，周围人支持程度同样正向影响融资意愿。第五，农户所拥有的其他渠道的资金资源显著负向影响融资意愿。第六，获得信息的数量对农户使用电商平台融资的正向影响最为显著。第七，过去融资情况对农户使用电商平台进行融资的意愿也具有一定的正向影响。

四、农村电商发展的经济社会成效评价

通过分析农村电子商务发展对县域经济增长的作用效果及内在机理，本研究发现：①农村电商发展对县域经济增长呈现显著的倒"U"形曲线关系，但目前中国绝大多数县域位于拐点临界值左侧，属于农村电商发展促进经济增长的阶段。②异质性分析表明，存在淘宝村的县域倒"U"形曲线关系依旧显著成立，但农村电商发展水平相对不高的地区，农村电商发展对县域经济增长表现为单一正向线性作用。③影响机制分析表明，农村电商发展通过对第二产业、第三产业的倒"U"形作用造就了对整体经济增长的倒"U"形曲线，农村电商发展对县域产业结构高级化也呈现倒"U"形的特征，而县域产业结构的过度高级，将不利于农村电商发展对县域经济增长促进作用的发挥，具体表现为农村电商发展将会抑制县域经济增长。

分析农村电商对农民收入的影响发现，无论是从全国整体还是分地域来看，农村信息化均显著促进了农民收入增长。从收入来源上分析，农村信息化对农民经营性收入、工资性收入、转移性收入提升作用显著，其中对经营性收入的作用力度最强，但对财产性收入的作用不显著。在充分考虑农民收入分布的"肥尾"特征后，基于分位数回归法得出农村信息化对各分位点上的分位数处理效应呈现出明显的差异。农村信息化总体上加大了农民内部的收入差距，呈现出单向极化的特征。对收入分布在顶端的农民，农村信息化的边际影响最大；对于收入分布在10%分位点左右的农民，农村信息化对收入的激励作用也较强，但对中间位置的农民的激励作用相对两端而言则较弱。农村信息化对农民收入分布的影响呈现出微弱的"U"形曲线特征，其拐点位置在10%～25%的低收入群体之间。

对于农户参与农村电商及其福利获取的研究发现：首先，随着福利的内涵不断丰富发展，农村电商发展对农户群体所带来的福利提升可归纳为家庭经济、社会机会、生计保障以及参与观念；其次，信息通信技术（Information Communication Technology，ICT）是农户群体得以参与电商以及电商可行能力

形成的基础；最后，依据可行能力的理论内涵，在农村电商发展情境下，农户群体通过参与电商，获得电商所带来的功能性活动合集（电商相关创业、就业以及提高生产经营水平），而功能的获得表明实现以经济机会为目标的电商可行能力，电商可行能力是实现福利提升的重要途径。另外，以信息通信技术为基础的农村电商的升级迭代，表现为数字技术的推广应用实现电商生态的创新，农户群体在该情境下的电商可行能力得到发展，体现为数字技能沿着能力阶梯升级为数字能力，继而实现多方面福利的持续提升。

易法敏

2023 年 4 月

CONTENTS 目 录

第一章 | 农村电商生态系统及其价值生成 |

第一节　农产品电商生态系统中的价值共创

一、研究背景

电商已经成为发展中国家摆脱贫困的一个重要方式，同样它也带来了社会创新（Cui et al.，2016）。在中国，农村电子商务在近几年迅速兴起。在信息化服务创新时代，基于电子商务平台的服务创新，"互联网＋"的农村信息服务模式，也是社会创新之一（冯献等，2016）。最初，农村电子商务的功能在于给农民带来购买物品的便利，但是随着国家政策和电商平台公司的技术创新与服务创新，"淘宝村"等农村网民网络创业的集群开始出现（郭承龙，2015）。根据2016年发布的《阿里农产品电子商务白皮书（2015）》，阿里平台完成农产品销售额接近700亿元，卖家数量超过90万个。2015年阿里平台上完成农产品销售695.50亿元，其中阿里零售平台占比95.31%。报告显示，目前农产品电商发展中出现了许多创新点，例如供应体系依托农产品溯源及产品控制的创新，物流、金融等基础设施的创新，以及服务体系创新等。

2017年中央下达了一号文件《关于深入推进农业供给侧结构性改革加快培育农业农村发展新动能的若干意见》，表明了国家对农业问题的重视。在农业扶贫方面，各大电商平台很好地推动了电商扶贫实践。例如阿里平台，通过三个阶段来进行扶贫工作。第一阶段，扶持农村网商，从2008年开始，推出了网商培养计划，帮助贫困地区的青年网商，支持他们在网上销售贫困地区的农产品，并开始着重建立"淘宝村"。第二阶段，推动电商消贫，从

2014年10月开始，实施"工业品下行"战略，以电商的方式来缓解贫困地区购买工业品难的问题。第三阶段，打造电商生态。阿里巴巴的"千县万村"计划推出后，农村淘宝经历了星火燎原般的发展，到2015年12月31日，"农村淘宝"已经在全国25个省269个县开业，建立起了13296个村级服务站，旨在实现"网货下乡"和"农产品进城"的双向流通。阿里巴巴所打造的电商涵盖农村生产生活多方面的生态系统。

农村电商的核心应当是"上行"，而不是"下行"，农产品上行是农村电商的发展方向，只有农产品上行得到有利的发展，以农产品电商为中心，我国农村电商才能可持续发展。在农村电商的发展推进过程中，很多县域都面临一个难题，即虽然工业品下行的推进使网络覆盖化程度提高，但是特色农产品的上行难度仍旧较大，主要问题在于缺乏人才、缺乏特色的网货和相应的服务。在2015年，阿里研究院所公布的779个淘宝村中，只有很少一部分的淘宝村能够实现经营特色农产品业务。在《沭阳模式——"互联网＋三农"典范》报告中发现，由于目前中国农村电商尚处于起步的发展阶段，大部分县域仍未成功实现本地特色农产品的上行。

2017年4月央视的《焦点访谈》节目对农产品上行问题进行了深入的探讨，在农产品上行的过程中，往往会出现很多问题，例如没有统一的生产标准，电商实体较难持续经营等。而依托电商逐渐发展的农产品电商生态系统也会面临许多问题。在电商的实行过程中，许多电商公司相继关闭，或者许多农产品提供者在尝试电商后，没有得到有效的收益，便退出电商，这是由于没有形成一条完善的价值链，在价值网络中没有取得价值，从而退出。因此在这个背景下，农产品电商生态系统的持续发展是离不开价值共创的。

二、理论基础及文献综述

（一）农产品电商生态系统

生态系统（Ecosystem）的概念由英国生态学家Tansley提出，Tansley（1935）认为生态系统的组成包括非生物的物质与能量（环境）、生产者、消费者、分解者。生物与环境是一个不可分割的整体，生态系统中的各个成分之间是紧密联系的。随着自然科学理论的发展，许多理论也同样被应用到社会科学领域，并进一步地发展和构建。

Moore（1993）从企业生态观视角出发，提出了商业生态系统（Business Ecosystem）的概念，将商业生态系统定义为一种"基于组织互动的经济联合体"。Kim 等（2010）更加直观地说明商业生态系统是由许多具有共生关系的企业所构成的经济共同体（潘剑英、王重鸣，2012）。从其功能的角度来看，商业生态系统的功能主要是产生价值共享的平台（李强、揭筱纹，2012）。核心企业选择性开放平台以平衡控制和创新，将组织内外不同能力整合起来，界定了企业跨边界合作及共享资源和技术组件的方式（尹波等，2015）。

电子商务集群已成为一个相互交织的电商生态系统（胡岗岚等，2009）。从电商生态系统信息链的角度来看，信息链可以分为 4 个层次，即核心层、扩展层、相关层和外部层，其中核心层由电商企业、卖家和买家所构成（杨克岩，2014）。

根据 Moore 从商业生态系统均衡演化的层面对商业生态系统的阶段分析，胡岗岚等（2009）考虑到电子商务生态系统的特点，重新定义了电子商务生态系统的演化路径，将其分为开拓、扩展、协调、进化 4 个阶段。

电子商务生态系统的协调发展是一个关键问题。在利益协调方面，应当重视利益分配机制的合理性（胡岗岚等，2009）。在互联网环境下，价值协同降低交易费用和运行成本（史宝娟、郑祖婷，2017），电子商务生态系统从系统内部出发，构建动态稳定协调的价值创造机制和价值分配机制，从而提高价值创造的效率。虚拟信息价值协同体现虚拟经济下的虚拟生态市场，对价值生态系统特别是虚拟信息价值生态系统进行协同，将极大提高价值创造的效率（许其彬，2018）。

农产品电商生态系统是一个互利共生的商业生态系统，其受外部环境影响和制约，互利者基于系统内部的创新，整合信息、服务等资源，功能群落与组织群落的关系交错复杂，需与其他组织单元相互协同和共同调整，才能够发挥整体功能（丁玲、吴金希，2017）。

（二）价值创造与价值共创

价值链能够被组织起来，得益于价值链中每一个主体都能够创造价值并获取价值。一个电商生态系统能够持续地存在，其中的每个主体都需要获取和创造价值。因此，在价值创造的基础上，价值共创才能够实现。

1. 价值创造

企业通过整合生产要素，使得生产要素相互作用并能够为顾客提供产品和服务，这就是一个价值创造的过程。企业的价值创造方式通过顾客成为企业价值的重要来源而改变，企业要通过创造顾客价值来实现自身价值的提升（孙艳霞，2012）。价值创造由三个维度构成，分别是价值主张、价值创造、价值分配和获取（Demil，Lecocq，2010）。而商业模式则是为了满足顾客的价值主张而进行价值创造的概念化模式，是价值主张、价值创造以及价值分配和获取等活动的链接。而电商生态系统则正是这样一种商业模式所构建形成的价值网络（项国鹏、罗兴武，2015）。

在互联网环境下，产品的内涵和外延获得极大提升，企业价值创造的能力得到极大的提升，随之价值创造的方式也发生了变化，其中一个原因就是提升价值的方式发生了改变，从以前增强产品的使用价值变成了强化对产品使用价值的感知，强调顾客体验（罗珉、李亮宇，2015）。在企业电子商务中，价值创造过程是由战略—资源—能力—价值的因果关联关系构成的动态转化过程，其机理可以分为从"战略集成规划 IT 资源"到"IT 资源转化为电子商务能力"直至"电子商务能力产生流程绩效"的三个推进阶段（赵晶、朱镇，2010），Zott 和 Amit（2001）在对电子商务的价值创造研究中，构建了电子商务的价值创造模型，指出了其价值创造的四个来源：效率（Efficiency）、互补性（Complementarities）、锁定（Lock - In）、新颖（Novelty）。

2. 价值共创

价值共创理论认为，生产者不再是唯一的价值创造者，消费者也不再是纯粹的价值消耗者，而是与生产者互动的价值共创者（武文珍、陈启杰，2012）。价值共创理论有两个主要的分支：首先是 Prahalad 和 Ramaswamy（2004）认为价值共创是企业与消费者通过互动共同创造消费者体验的过程，价值镶嵌在消费者个性化体验中；Prahalad 和 Ramaswamy（2004）强调供应商—客户互动，扩展了共创价值的初始含义，客户通过多种渠道将其偏好发送给供应商，客户参与了产品从最初阶段的开发到最终消费的全生命周期。因此，客户和供应商"融合为一种独特的共同创造经历，或者一种体验"（Prahalad，Ramaswamy，2004）。其次则是由 Vargo 和 Lusch（2004）提出的基于服务主导逻辑的价值共创理论，认为服务是一切经济交换的根本基础，消费者是价值的共同创造者和操纵性资源的拥有者。价值共创的过程包括价值共识、价值共生、价值共享与价值共赢四个要素（周文辉，2015）。

随着网络经济的发展，价值创造的主体变得更为复杂和多样，供应商、商业伙伴、合作者和顾客等不同主体都会参与价值创造（Pinho et al.，2014），价值共创的研究开始广泛关注多个参与者共创价值的网络关系（简兆权等，2016）。因此价值共创不仅仅是企业与消费者之间的目标，更是各种行业所形成的生态系统的目标。

在信息系统方面，当 IT 被作为一种有效工具使用时，能够帮助生态系统当中的各个主体共创价值（Grover，2012）。在电商生态系统当中，我们可以通过数字化赋能，促成以电商平台为核心的多元型商业生态系统的价值共创。Andersson 等（2007）通过研究远程技术对医疗行业的价值共创，将价值共创研究框架分为了五个组成部分，分别是价值、付出、价值网络、消费者（用户）参与和交互过程。

（1）价值。在产品主导逻辑当中，消费者在价值链条的终端，是价值的消耗者。传统的价值理解侧重于交换价值（Vargo et al.，2008），但是在价值共创的理论逻辑当中，价值的创造被定义为客户增加获益的过程（Vargo et al.，2008），或者是使消费者（或用户）在某些方面变得更好。价值被重新定义为"客户如何获得收益"，其中的收益是指物质产品、服务、服务的基础设施以及关系的形式（Normann，Ramirez，1993），价值表现为动态的、不易测量的，价值在共创过程的不同阶段会一直发生变化（Andersson et al.，2007），客户的参与（供应商互动以共创价值的活动）也会获得价值。

（2）付出。从价值共创理论的角度来看，交易活动指的是正在进行的活动，交易过程中的客户与供应商之间的角色边界是模糊的（Normann，Ramirez，1993），而这些具有动态性和复杂性的交易或互动被称为付出，它贯穿于价值共创的过程（Normann，Ramirez，1993）。其动态性表现为交易过程或交换活动会随着时间推移而发生和演化（Prahalad，Ramaswamy，2004），而复杂性指的是产品的设计者（即供应商或客户）角色边界的模糊。

（3）价值网络。价值网络是指将具有不同核心能力的企业的价值链连接起来，形成包含供应商、渠道伙伴、客户以及竞争者的关系网络，从而共同创造价值（孟庆红等，2011）。价值网络实质上是一个价值交换系统（Allee，2008）。随着科技与信息技术的发展，传统的价值链开始解构、整合和重建成为价值模块，价值模块进而不断整合成为更具竞争力的价值系统，即价值网络（Verna，2008；吴晓波等，2014）。在云计算环境中，价值创造的过程取决于市场参与者之间的相互依赖关系（Andersson et al.，2007），参与者之间的互动创造价值，这种共创价值其中包含着每位参与者的贡献（Bovet，Martha，2000）。Normann 和 Ramirez（1993）认为，价值共创的分析对象应该包括所有的参与者或者说是整个价值网络。

（4）消费者（用户）参与。在一般的用户参与文献中，用户参与一直被认为是系统开发过程的重要组织行为（McKeen，Guimaraes，1994）。用户参与使组织能够有效地改进对信息需求的评估，并有效利用用户专业知识，提高对系统内需求的理解（Durugbo，2012）。而消费者参与的定义范围则更广。价值共创理论认为，消费者是与生产者互动的价值共创者（武文珍，陈启杰，2012）。近年来，企业营销从产品导向转向消费者导向，并形成服务主导逻辑的观念（Vargo，Lusch，2004）。服务主导逻辑（Service - Dominant Logic，S - D Logic）是指生产者和消费者之间、其他供应链和价值链协作者之间，在不断的互动过程中共同创造价值（刘飞、简兆权，2014）。在服务主导逻辑下，消费者参与生产或服务的过程，因此，"消费者总是价值的共同创造者"（Vargo，Lusch，2004）。

消费者被认为是具有创新性的个体或群体，可以为企业研发提供有价值的信息来源和创意设计，并有意愿和能力与企业共创研发价值（Dahl et al.，2015）。企业能够对消费者参与程度进行管理，并可将其作为一种新产品管理策略为企业创造价值（张喆、来小立，2011）。通过与消费者合作，生产者能丰富新产品的研发思路，提升研发绩效（Schweisfurth，2017）。这就导致了消费者参与中对消费者角色的限定。由于消费者参与研发的不可控性，使得以往的文献对于消费者的角色范围有一定的限制（吴瑶等，2017），例如百度百科中对用户参与的界定：基于互联网技术和网民自愿参与而进行的知识生产活动，从而形成"大众生产"（常静、杨建梅，2009），并创造价值。简兆权等（2012）发现在价值共创过程中，全方位理解什么为顾客创造价值以及预测顾客潜在的差异化需求是极为重要的。

（5）交互过程。交换无助于顾客的价值创造，而互动则关注顾客的价值创造和实现，使得顾客和企业合作共创价值（钟振东等，2014）。价值共创的模式下，消费者在产品和服务的设计、生产和消费过程中与生产者进行互动与合作，进而对价值创造产生影响（Sheth，2000）。Alam（2002，2006）认为，在服务创新中，互动不仅仅对于新的服务绩效而言非常重要，而且对于服务的持续改善也很重要。用户的参与可能随着时间的推移而变化，共创价值的交互过程也可能随着时间而发生变化（Andersson et al.，2007）。

农产品电商生态系统实际上也是一个平台型的生态系统，平台及其用户构成了一个多边关系网络，称为平台网络（Hagiu，2014；Eisenmann et al.，2009）。而平台网络管理则是指平台运营商为了提升网络整体竞争力而对平台网络进行的架构设计和运行管理（Hagiu，2014）。平台管理应考虑到平台网络的规模和平台成长之中的协调性（杜玉申、杨春辉，2016）。

（三）文献述评

生态系统是一个由利益相关者所构成的复杂网络，在这个网络当中，所有行动者之间的共同协作、价值共创等问题是值得探索的（Adner，Kapoor，2010）。在一般的商业生态系统当中，各个主体利用自身的资源能力，并通过互动协作、共同努力来满足消费者的需要以创造价值（Clarysse et al.，2014）。

以往对农村电子商务的研究，主要是对农村电子商务模式的研究，除传统电商的 B2B、B2C、C2C、C2B 模式以外，农村电子商务在其自身发展的过程，根据不同的情景和创新，也拥有了多种符合自身的模式。目前来说建立一种以政府为主导，以供销合作社为主体，以农民合作社为主要参与群体的新型农村电子商务模式（即 F2C2G2C，Farmer to Cooperation to Government to Customer）是解决当前农产品电子商务问题的可行模式，这对于解决农产品流通难问题，充分发挥农产品流通在农村经济发展中的作用和服务"三农"具有重要意义（冯亚伟，2016）。农村电子商务不仅需要平台、政府、企业、合作社等的支持，而且电子商务协会也在其中扮演重要的角色（曾亿武、郭红东，2016）。在电子商务的影响因素及内外部环境研究中，农村电子商务的影响因素可归纳为基础设施、外部环境、内生力量、电子商务平台、供需交易（穆燕鸿、王杜春、迟凤敏，2016）。

国内的研究相对于电商发展速度稍显落后（傅翠晓、黄丽华，2010）。在本研究中，电商平台、农产品提供者、农产品消费者组成了一个价值网络，在这个价值网络当中，价值的流动不是单向的，农产品消费者并不是价值的最终消耗者。在实际的情境中，电商平台虽然在不断地进化发展，但是消费者不会对电商平台进行评价或评级，因此电商平台与消费者之间的互动过程将不予考虑。本研究的研究对象主要包括两个，即电商平台和农产品提供者。

第一，随着电商生态系统的发展，电商平台与农产品提供者之间的互动会发生改变（崔晓明等，2014）。平台提供了交易的场所，但是平台同样需要提供一套稳定的管理运行机制，农产品商家进驻平台后才能够继续稳定地运营。

第二，随着电商生态系统的发展，农产品提供者与农产品消费者之间的互动会发生改变，主要体现为消费者参与。

在中国情境下，农村电商生态系统的价值共创暂时是个空白，因此本研究立足于价值共创的分析框架，来探讨农产品电商生态系统的发展。

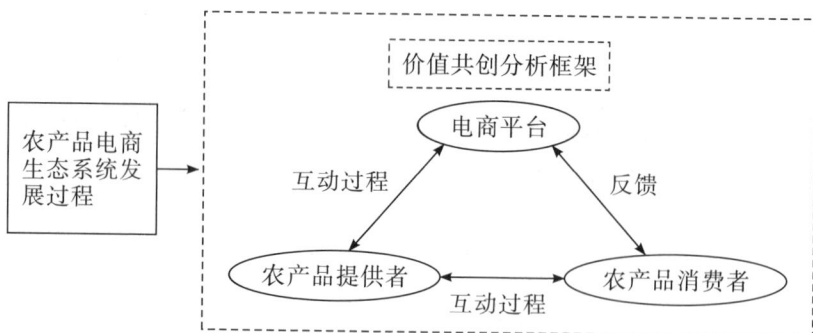

图 1-1　农村电商生态系统研究框架

在研究方法的选取上，已有的大多数关于平台互动、服务创新、消费者参与的价值共创的研究都是基于案例研究或扎根理论。例如对于服务创新的研究多以服务业为主（江小涓，2011），因此在动态性的现象研究中，最为典型的是基于某一个地区的具体案例使用调查研究的方法（王朝阳，2012）。因此本研究选择案例研究的研究方法。

三、研究设计

（一）研究方法的选择

案例研究是一门拥有自己独特的研究公式、适用条件、研究路径以及限度的研究方法（王建云，2013）。Eisenhardt（1989）认为案例研究方法的目的在于发展理论。价值共创视角下的许多问题仍处于理论探索的阶段，特别是在互联网环境下，理论研究往往滞后于企业实践，采用案例研究能够帮助识别关键的理论构念，提炼理论框架，构建新理论或验证现有理论（欧阳桃花，2004；王建云，2013；周文辉等，2016）。

选取案例研究的原因在于：探索和揭示价值共创中农产品提供者与消费者，以及农产品提供者与平台之间的互动，并发现农产品电商生态系统的发展阶段特征。案例研究具有细致的证据呈现和原因分析，最适合探讨并解决"为什么"和"怎么样"的研究问题（Yin，2004；Pare，2004）。本研究采用多案例研究方法。多案例研究的优势在于结论更加可靠和准确，也更容易导向定量分析（黄振辉，2010；JHA S K，et al.，2016）。

（二）案例选择与数据收集

本研究在选取案例时有一定针对性，基于立意抽样的原则，确定了案例选择的标准：案例需要与农村电子商务有紧密联系，消费者参与能够有效体现。农产品提供者与电商平台之间的互动，能够有效体现二者的价值共创，将供应链前端的所有利益相关者整合为农产品提供者，包含在平台上入驻的商家，而电商平台则是一般意义上的电商平台，例如阿里巴巴、京东等。

根据 Yin（1994）的建议，有效的数据主要通过三种不同的来源收集：文献资料、公司文档和深度访谈，以此形成"三角验证"，提高案例的效度。在资料收集的工具方面，依据研究的问题与理论分析框架，本研究预先拟定好了访谈问题纲要，采取了半结构化的问题设计进行深度访谈。访谈对象、访谈情况如表 1-1 所示。

表 1-1　访谈情况汇总

案例	主体	访谈对象	人数	访谈时间（分钟）	主要访谈内容
天农清远鸡	企业	天农公司敖经理	1	120	天农的发展历程，与电商平台的合作，对消费者数据的分析
		天农公司张经理	1	20	
	清远电商产业园	"寻乡记"罗经理	1	120	产业园区的发展，为当地农产品企业提供的支持，与平台的对接工作
		"寻乡记"程经理	1	60	
		京东物流负责人	1	30	物流的发展状况，与平台之间的合作模式
	政府	商务局科长	1	150	清远市电商发展状况，电商平台与政府之间的合作
		农业局科长	1	150	
		商务局科员	2	30	
		农业局科员	1	30	

（续上表）

案例	主体	访谈对象	人数	访谈时间（分钟）	主要访谈内容
茂名荔枝	农户	李先生 A	1	45	农产品种植标准与过程的变动，与电商平台的合作，与当地网店经营者和农产品企业之间的合作
		王先生	1	30	
		李先生 B	1	40	
		梁女士	1	27	
		陈先生	1	43	
	茂名电子商务协会	电商协会负责人 A	1	120	与电商平台的对接，对市场的考察过程以及对行业资源的整合过程
		电商协会负责人 B	1	45	
	网店经营者	张先生	1	70	与农户之间的合作，与电商协会之间的交互，与消费者之间的交互
		梁先生	1	65	

　　本研究主要通过中国知网、Google、百度、新浪财经等网站搜索、收集了大量的研究文献，还积累了其他丰富的相关报道。收集的资料主要包括：①围绕研究对象天农清远鸡以及茂名荔枝的当地农产品电商的网络报道；②知网中相关的研究和报道。

（三）研究的信度与效度

　　为了保证研究的信度和效度，对一手数据和二手数据进行整理、归类，然后再通过编码的方式找到对应的关键构念，并分析其互动机制，找到其价值创造机制（Eisenhardt，1989；Yin，2004）。

表 1-2　信效度分析

信效度指标	研究策略	具体做法	使用阶段
构建效度	数据的三角验证	利用一手访谈、二手资料等多元的数据来源互相佐证	数据收集
	形成完整的证据链	依照明确和令人信服的逻辑建立与展现完整的证据链，根据逻辑框架寻找原始证据	数据编码、数据分析

（续上表）

信效度指标	研究策略	具体做法	使用阶段
内在效度	解释的建立	对本研究提出的构念、研究结论和因果模型不断进行数据的比对	数据分析
外在效度	用理论指导案例研究	充分回顾既有的电商生态系统理论、价值共创理论文献，实现现有理论与本研究的对话	研究设计
	案例比较	遵循差别复制的逻辑和原则，选取两个案例进行比对	研究设计
信度	周详的研究计划	提出研究计划，并与导师进行多次讨论，达成一致意见	研究设计
	建立数据库	建立 NVivo11 数据库，将所收集到的文献和实践数据进行归类并入库	数据收集
	原话的引用	对一手、二手数据进行原文引用呈现证据链	数据分析
	重复实施	详细记录实施过程，并在数据分析过程不断地分析、讨论直至达成一致	数据编码、数据分析

（四）数据分析过程

根据简兆权（2015）的数据分析思路，本研究也采用类似的数据分析方法，对资料的分析主要分为以下几个步骤：

第一，根据简兆权（2015）以及 Alam（2002，2006）的价值共创分析框架拟定一个关键构念编码表（见表 1-3）。

表 1-3　关键构念编码表

理论维度	理论编码及文献来源	定义
农产品提供者与电商平台互动	信任机制（简兆权，2015）	在电商平台与农产品提供者的合作中，信任是关系建立的基础
	监督机制（简兆权，2015）	农产品提供者在电商平台中所受到评价机制的制约

（续上表）

理论维度	理论编码及文献来源	定义
农产品提供者与电商平台互动	风险共担（简兆权，2015）	风险共担和利益分配机制是保障供应链顺利运营的关键
	利益分配（简兆权，2015）	
	合作意愿（简兆权，2015）	是否具有互补的能力是双方合作的基础
	互补能力（简兆权，2015）	
消费者与农产品提供者互动（消费者参与）	目的（Alam，2002，2006）	用户的对象和目标是什么
	强度（Alam，2002，2006）	在价值共创过程的不同阶段，用户参与的频率如何变化
	质量（Alam，2002，2006）	用户是否与供应商开诚布公地进行建设性沟通
	收益（Ohern M S，Rindfleisch A，2010）	由生产产量和效率、产品质量、顾客关系反映

第二，将收集到的一手资料和二手资料按照拟定的关键构念编码表寻找证据，并再进行评估。首先，依据数据来源对资料进行编码，随后进一步对资料进行分析。其次，根据研究的预设分析框架对数据资料进行分析归纳，把所提及的各项事例编码成相应的条目，并将各条目归类于价值共创系统两个主要环节中：农产品提供者与电商平台互动类、消费者与农产品提供者互动类，然后根据条目进一步划分构念。

第三，根据农产品电商生态系统的三个发展阶段，即形成、发展、成熟阶段，探讨这三个阶段当中农产品提供者与电商平台之间的互动，以及农产品提供者与消费者之间的互动关系变化。由于目前我国农产品电商正处于一个蓬勃发展的阶段，因此农产品电商生态系统的革新或消亡阶段则不在考虑范围内。

第四，根据研究框架，对目前我国农产品电商生态系统中的案例进行分析和陈述。

（五）案例描述

1. 天农清远鸡案例

清远鸡原产于广东省清远市清新区，又名清远走地鸡，即家养土鸡，素为我国活鸡出口的小型肉用鸡之一。在清远鸡的生产和销售领域，以广东天农食品有限公司（简称"天农公司"）为代表。天农公司成立于2003年3月，于2005年对凤中皇分公司进行了业务重组。天农公司发现清远的优质鸡种面临灭绝的风险，在原仅有5000只优质鸡种的基础上不断培育和筛选，保留了纯种清远鸡的良好基因，并使其适应现代养殖业。在2008年，天农公司的保种基地获得农业部认可，认证为国家级的保种基地。目前天农公司专注于优质家禽产品产业化生产经营，是农业产业化国家重点龙头企业、国家扶贫龙头企业、高新技术企业、第二届中国畜牧行业百强优秀企业、第一批国家肉鸡核心育种场和国家肉鸡良种扩繁推广基地。

天农公司集家禽育种、种苗繁育、饲料生产、养殖管理、禽病监控、食品加工、产品销售、电子商务于一体，以家禽养殖业、饲料加工业、食品加工业三大板块齐头并进，形成了"产供销一条龙，科工贸一体化"的企业格局。

天农公司拥有国家农业部（现国家农业农村部）认定的清远麻鸡原种保种场，承担着国家农业部"清远麻鸡濒危保护利用"品种资源保护和开发项目的重要任务。公司的产品生产坚持"安全、绿色、健康、美味"的理念。公司的种鸡、肉鸡养殖环节执行严格的疾病净化、免疫和消毒防疫制度，实行的是山地野外原生态放养模式，使用的是经高科技配置而成的绿色饲料，并在生产全过程中采用ERP等现代信息化系统，建立了"从源头到餐桌"全程质量监控和可追溯体系，确保了食品的安全性。此外，在加工环节，企业通过液氮保鲜技术，快速锁鲜，保证农产品的新鲜度。目前公司拥有四个养殖基地，以"公司＋农户"的模式，与几千个农户签约，70%的清远鸡生产都是来自天农公司。

2. 茂名荔枝案例

茂名荔枝的电商是从2012年开始发展的，虽然在发展的历程中遇到许多阻碍和问题，但仍然是众多广东生鲜电商产品中的佼佼者。自2012年以来，茂名市的果农开始在网上销售荔枝。当时线上销售的荔枝总量在产量中占据的比例并不是非常高，但由于线上销售模式具有自身的优势，在产品增值、产品推广、渠道建设、经营管理、品牌创建等方面给荔枝产业的发展带来巨大影响。

2013年开始，茂名开始整合线上电商和物流资源，探索销售荔枝的新路径。茂名不断调整发展思路，积极探寻生鲜产品、物流、电商的融合路径，加快网络销售的发展步伐，扩大产品销售范围，树立良好的品牌形象，通过线上销售来增加果农的收益，引导创业者关注农产品线上销售项目。茂名市在 2013 年下半年召开了荔枝上行工作会议，探讨了网络销售荔枝的方法和途径，并在 2014 年的政府工作事项中将茂名农产品网络销售列入规划。茂名市于 2015 年上半年召开了农村电商和农村信息化动员会议，制定了推动农村电商和农村信息化发展的若干意见，指出到 2017 年 12 月，全市将建立起完善的服务体系和支撑体系，确保治理体系、电子政务体系和农村电商覆盖各村级单位，进一步提升农村的信息化水平和电商交易额；2015 年末，茂名市制订了 2016—2018 年电商发展规划，要求在这三年内，每年在电商发展中投入的资金不能少于 2000 万元。

茂名在 2016 年采用"网络、水果、标准"相结合的方式对网络销售荔枝的行为进行了相应的规范，提升了茂名荔枝的知名度和认可度。茂名市在出台网络销售荔枝的标准后，对物流的时效也做了相应规定：一些达到等级要求的新鲜荔枝采用冷链配送的方式在 24 小时内销往各地主要城市，在 48 小时内销往一些偏远地区。2016 年以来，虽然茂名荔枝相对于其他地区荔枝品种价格较高，但并没有影响全国各地消费者对茂名荔枝的购买力度，茂名荔枝在市场上仍然占据一定地位。

四、讨论

（一）电商生态系统发展阶段

1. 形成阶段

（1）天农清远鸡案例。在农产品电商生态系统的初始阶段，许多农产品企业在接触电商以前，都是以线下渠道来售卖农产品，例如天农清远鸡，大部分是与生鲜超市等合作。但是由于 2014 年禽流感的冲击，促使了天农公司进一步与电商合作。天农公司在受到电商兴起的带动后，开始加入电商，于 2015 年正式成立了电商部门。在这个阶段，由于电商刚刚兴起，缺乏对市场的准确认知，因此企业在创新的道路上会遇到一些问题。天农公司发现电商能够很好地打开销路，并通过一些电商文化节发展自身的电商品牌"天农优选"，打造了自身的电商平台。但是由于多方面的原因，平台没有得到很好的发展。天农公司的负责人敖总是这样总结的："第一，我们天农产品单一，一般就生产鸡和蛋，因此平台的客户黏性不强。第二，当时我们平台遇到的一个困难就是物流问题。一般物流时效性差，虽然顺丰冷链物流时效性较好，但是成本是很高的。第三，在2016年生鲜产品刚刚上架平台的时候，网上购买生鲜农产品对于许多消费者来说还是很陌生，消费者信任程度是很低的。还有就是，网络上有很多假冒伪劣产品，这对于正宗天农清远鸡的品牌发展来说有一定的阻力。"

因此在这个阶段，天农发展还是受诸多因素的限制。虽然已经有了电商平台的概念并搭建平台，但是其电商平台的用户规模和平台的范围有限。

（2）茂名荔枝案例。随着政府大力支持电商扶贫，电商的便利性和成熟为农业经济带来了无限可能，并拓宽了全渠道。2014年在淘宝网销售茂名荔枝的网店从早期的200多家发展到1100多家。一些企业挑选品质较好的荔枝，通过在北方地区开展展销会，随后再通过网络售卖，并与顺丰快递合作，以最快的速度将荔枝发往各地消费者手中。但是茂名荔枝的销售依然遇到许多问题，例如快递物流、包装问题，一名想要寄送荔枝的消费者这样说："今年顺丰的鲜果速递统一改为泡沫箱包装，看似为荔枝保鲜加了一层保险，实际上却增加了寄售的负担。去年我采取上门收件的方式寄送荔枝，摘回来的荔枝以最快的速度交给顺丰。而今年必须亲自到快递公司去寄，增加了不方便因素。同时，泡沫箱的不足导致我两箱荔枝辗转一上午才得以寄送成功。快递不能及时供应包装材料就会延迟发货，这又不能满足买者的需求。茂名要想真正获得鲜果网上销售的好处，必须把物流的基础配套设施搞上来。而物流基础设施一旦完善了，我相信聪明的茂名人应该也会嗅到电商的商机，电商也将成为茂名荔枝的重要销售渠道。而且这种销售手段也将会带动茂名的其他'三高'农产品的销售。"

由于荔枝上市时间集中，保鲜期短，而粤西地区的荔枝种植面积占世界的20%，仅有几家企业与快递公司合作无法保证剩下的荔枝能够找到有效的销路。

2. 发展阶段

（1）天农清远鸡案例。由于自建电商平台发展受限，天农公司随后便改变策略，与天猫、京东等大型电商平台合作。而自身的电商部门的职能则进一步转变为与这些大型电商平台沟通协作。天农公司的敖总是这样描述的："平台的发展和建立的确受到很多限制，所以2017年我们决定与天猫、京东这些大型的电商平台合作，我们进驻这些平台。一是因为这些平台的流量很大，我们的产品容易推广。二是因为我们进驻大型平台，对品牌知名度也有一定提升作用。在2017年'双十一'的时候，我们产品在天猫禽肉类排名第一，比第二名还多了十倍。"

在清远鸡的上行过程中，天农公司在拥有一定的资源的同时，开始了对外拓展。而进驻电商平台，不仅仅是初级网上购物的实现，它还能够有效地在互联网上构建一个安全、有效并易于扩展的业务框架体系，实现B2B、B2C、C2C、O2O等交易模式。同时电子商务交易平台也促进了互联网营销，增加了更多途径让消费者了解、认知或者购买商品。对于较为常见的B2C模式来说，B2C平台仍然是很多企业选择网上销售平台的第一目标。在初级的农产品电子商务的发展过程中，农户可以通过低成本入驻平台成为商家，但是由于目前消费者对农产品的品质要求较高，天农公司在拥有自身完善的供应链的同时，其产品的质量也需要进一步地提升。

（2）茂名荔枝案例。茂名借助农村电商的浪潮推进涉农产业链的转型升级，以此来拉动广大农村的消费、就业和经济增长。在发展阶段，茂名的农村电商模式主要聚焦于两点：一是物流体系的构建和强化，通过这种方式，推动电商企业和快递物流企业进场设点，构成网格化的布局；二是推动行业联合电商平台自建产品质量标准，具体规范荔枝等农产品的生产流程、外观和口感等参数。

2016年6月，茂名市电子商务协会联合淘宝网发布了荔枝产品质量的平台标准，一方面，该标准确定了荔枝单果重量、可溶性固形物、可食部分、酸度、果色5个方面的理化指标，包括"妃子笑""桂味"等6种常见荔枝品种，涵盖产品物理指标、产品感官特征、允许缺陷值等内容，大部分有数字指标，并区分了优等品、一级品和二级品，同时遵循传统荔枝消费习惯，允许电商销售荔枝带枝带叶，提高了标准执行的便利性、可操作性。另一方面，该标准也指导了茂名市网上销售鲜荔枝的生产、销售、包装、运输、配送等全产业链发展，提升了茂名荔枝的知名度和美誉度。茂名市电子商务协会秘书长表示："单果重量的标准化规范，能保障消费者每次拿到的果粒均匀，不会出现一个大一个小的现象。"

茂名将网络和水果产业的发展结合在一起并制订了农村电商发展规划，在执行该规划后，电商发送的荔枝数量不断增加，其覆盖范围逐渐扩大，有效解决了传统销售途径存在的问题，在短时间内拓展了销售渠道，既稳定了产品价格，也塑造了良好的品牌形象。

3. 成熟阶段

（1）天农清远鸡案例。2017 年的"双十一"，天农公司的平台购买量达到 137000 多件。在这个基础上，天农公司对消费者的行为进行了进一步的分析，也参考了一些有意义的评价。敖总说："我们还发展了自身的电商分析团队，专门分析客户数据。通过分析发现，60% 的客户是一次购买，30% 的客户是二次购买，8% 的客户为三次购买，1% 的客户为 5 次及 5 次以上购买。"

在这个阶段，天农不仅注重自身的发展，而且加强了与其他利益相关者的合作。在农产品电商生态系统中，价值网络的覆盖范围扩大。在分析客户数据时，不仅采用了普通客户的数据，还购买第三方的数据分析软件，例如阿里巴巴所提供的分析软件。此外，与高校进行合作，以对消费者的需求和心理进行进一步的挖掘与分析。

在生产方面，天农公司在分析消费者数据的基础上，进一步拓展了产学研之间的合作，从而能够更好地找到发展方向并对现有的生产和管理进行改进。在产品设计方面，由于清远鸡的液氮冷冻技术较为特殊，如果与消费者没有良好的沟通就会在很大程度上影响消费体验。敖总谈道："由于天农的清远鸡利用液氮锁鲜技术，产出的鸡肉需要在零下十八度恒温保存，且需要在冰箱中自然解冻。若没有正确的引导，许多消费者利用错误的解冻方式导致鸡肉的口感出现问题，就会导致消费者体验感变差。"因此，天农也在如何正确引导消费者食用产品方面做了很多努力。同样，根据消费者的需求，天农将原来整只鸡销售逐步发展为能够方便消费者处理的原切、切块等方式。

在仓储方面，除了菜鸟全国的冷冻仓，天农还与京东合作，将处理好的产品发往京东自营的冷链仓库，这极大地减少了产品发往全国各地的运输时间。在物流成本方面，企业通过进驻天猫和京东，加入他们的仓储系统，以区域为单位入仓，从而有效降低物流成本，并能够在消费者有需求时及时送达。

（2）茂名荔枝案例。在这个阶段，荔枝的生产和加工过程已经有了一定的要求与标准。在传统线下水果产销渠道中，一颗荔枝从成熟到消费者口中，需要通过"荔枝果农—本地代理商—外省批发商—市场小批发商—市场零售商—消费者"这种多层次的渠道。通过这种渠道，对于保鲜期只有两周左右的荔枝来说很难给消费者带来良好的体验。因此在电商的推动下，茂名荔枝制定了种植生产标准、采摘工序等，能够在源头上很好地控制产品品质。

在电商的推动下，供需市场能够有效打破信息不对称的壁垒，从而使农民能够根据需求量来种植荔枝，以保证荔枝价格和农产品市场的稳定性，避免了"谷贱伤农"的情况。目前茂名荔枝的线上销售主要有两种方式：一种是预售方式，在每年二月到三月期间，将荔枝品种等具体信息发布在网店上，通过网店的订货信息来确定荔枝的需求量。预售所面对的客户主要是一、二线城市的重复购买消费者群体。荔枝成熟以后，商家在三到四天时间能将预售的荔枝全部发货完毕。一名网店经营者介绍道："采取这种方式能有效确保市场的供需平衡。到了五、六月份荔枝成熟快上市后，早早就接到订单的果农们完全能够对荔枝采摘的节奏、数量做到心中有数。"另外一种销售方式则是现货销售，与预售方式不同，现货是通过网上下单购买后直接发货。还有一名网店经营者这样介绍："我们一般都在中午 12 点时截止网上的散客订单。每天早上四五点，气温还没升上来我们就去采摘新鲜的荔枝了，8 点左右采摘结束，然后我们再将荔枝运出果园，以最快的速度送到沿路大棚的包装站。"

在这个阶段，荔枝的网上销售渠道已经趋于稳定，利用电商优势的果农们比原来至少减少了两三道中间环节。茂名荔枝的物流运输也有了进一步的拓展。目前茂名与菜鸟网络合作，一同建造了荔枝产地仓，菜鸟网络通过大数据实时对库存、配送进行精准计算，将荔枝从采摘到消费者收到荔枝的时间控制在 48 小时内，最快的 24 小时就可以到达消费者手中。茂名市电子商务协会副会长戴耀斌介绍："以往需要大货车把荔枝运到离包装站 30 多公里外的运输站。现在在包装站附近设立产地仓，在源头就能直接用冷链车拉货，减少了中间运输环节。"

从仓储到运输，茂名荔枝整合了基地、仓库、干线、配送等多方的资源，将价值网络进一步扩大，并带动了农产品电商生态系统的发展。在运输保鲜的过程中，茂名采用了新的保鲜膜，保鲜时间延长，也在一定程度上缓解了运输时间过长带来的压力，同样能够使电商销售范围覆盖扩大。虽然保鲜成本增加了，却相对降低了物流成本。

随着产品供应链的进一步完善，电商方面的人才需要及时补充。以农产品为核心的农产品电商生态系统形成后，利益相关者都能够获得价值，并且在价值网络的不断扩大和平衡后，生态系统也会进一步革新，带动其他产业发展。

（二）农产品电商生态系统案例对比

在不同的发展阶段，农产品电商生态系统呈现出不同的特征。从最开始的形成阶段到成熟阶段，电商的应用逐步增强，随着农产品提供者与电商平台之间的互动增强，农产品提供者与消费者的互动也逐步增强，因此能够形成价值共创。在农产品电商生态系统的发展阶段中，天农清远鸡案例与茂名荔枝案例具有一定的差异，具体如表1-4所示：

表1-4　两个案例的阶段对比

发展阶段	天农清远鸡	茂名荔枝
形成阶段	拥有完备的产业链和标准化生产，以自身具备的资源发展电商平台	没有形成标准化生产，加入淘宝平台
发展阶段	加入大型电商平台，利用电商平台的资源扩大规模，并进一步完善产业链标准化建设	电子商务协会联合平台，建立统一的种植和拣选标准，农户的淘宝店铺更为规范化
成熟阶段	建立电商数据分析团队，更多地考虑农产品消费者的需求，与平台的合作关系增强，加入平台仓储物流	根据生鲜农产品的特性，创新地采用预售模式，加强物流建设并跟随平台活动，人才建设也随之增强

首先，在农产品电商生态系统的形成阶段，天农清远鸡由于已经具有了较为完善的供应链，标准化程度相对较高，家禽的生产技术完备，线下销售在清远鸡市场当中占据了一定的市场地位。但是茂名荔枝的生产依然处于小农经济的状态，基础设施建设并不完善，尚未形成完善的规模和产业链，每个农户在种植荔枝时没有一定的标准，因此产品的品质参差不齐。在没有应用电商模式前，茂名荔枝的运输受到很大阻碍，导致其无法面对需求多变的市场，其保鲜程度难以得到保障。

其次，在农产品电商生态系统的发展阶段，天农公司发现仅仅以自身有限的资源来发展电商是不足的，因此加入其他大型的电商平台，在资源共享的基础下，开始发展线上业务。天农公司拥有完备的产业链和标准化的生产过程，在加入天猫、京东等大型电商平台后，能够得到迅速的发展。而茂名荔枝在没有设立统一标准时贸然应用电商销售模式，在得到一定的经验教训后，通过电子商务协会等多方参与和努力来完成产品标准化的建设，能够有效地推动农产品线上渠道的售卖。

最后，在农产品电商生态系统的成熟阶段，天农不仅重视线上销售，同时也开始重视消费者的价值取向，价值共创的网络进一步扩大，消费者的需求被不断重视，与平台之间的合作也更为规范。而对茂名荔枝而言，其贮藏问题通过销售模式创新得到了很好的解决，以预售的方式能够极大减少产品的处理流程和时间，并在物流改革的前提下，运输时间进一步减短，农产品的保鲜度得到了提升。

五、案例发现

（一）形成阶段

1. 消费者参与分析

第一，在消费者互动目的方面。在农产品电商生态系统的形成阶段，卖方与消费者的关系相对模糊。一旦消费者体验不好，就会对网购农产品产生负面的作用。第二，在消费者与农产品提供方面。由于电商生态系统刚刚形成，消费者参与程度并不高，因此消费者不愿意购买，更不愿意参与到对产品的改进过程中。第三，在交互的质量方面。天农清远鸡案例中，由于天农公司在电商形成阶段，采取的是自建平台的方式来销售农产品，因此消费者难以与天农公司形成良好的互动。其中一个原因是天农公司自身平台的覆盖范围有限，消费者难以发现。特别是对于全国市场来说，带有地域特性的平台难以被其他地区关注。另外一个原因是消费者与农产品提供者难以沟通。在天猫、淘宝、京东等平台，消费者通过专业的一对一咨询窗口或通过评化与农产品提供者互动，而在天农优品的电商商城中，并没有这个功能。因此在这个阶段，消费者参与的频率十分低，基本上难以对产品提供增值，农产品提供商得不到有效建议。第四，在双方的交互收益方面。在农产品电商生态系统的形成过程中，清远鸡的产品本身就具有统一标准，在生产流程当中通过标准化与现代技术，使产品的质量能够维持在较高水平。而茂名荔枝则不同，其产品没有统一标准，农户的种植也没有一定标准，因此产品质量是较低的。虽然两个案例中产品质量不同，但是在面对复杂多变的消费环境时，虽然天农产品有其优势，但是还不能满足消费者较高的要求。因此农产品提供者与农产品消费者之间的关系并不密切，产品质量并没有满足消费者的需求，而农产品生产者也需要尽快了解和满足消费者的需求。

2. 平台与企业交互分析

在农产品电商生态系统的形成阶段，电商的进入产生了催化作用。由于以往农产品销售总是会遇到"谷贱伤农"等情况，农产品提供者希望通过电商来打通销路。特别是在工业品下行的良好带动下，电商成为一种有效的驱动。在天农清远鸡案例当中，天农公司能够很好地把控和掌握线下渠道，但是线上渠道并没有得到良好的发展。在电商驱动的背景下，天农公司发展自身的电商平台也是希望借助自身的力量来发展线上农产品的销售，但是其缺乏大型电商平台的优势。而茂名荔枝本身缺乏资源，因此在大型电商平台拥有足够资源的情况下，加入电商平台能够很好地发挥线上渠道的优势。

在天农清远鸡案例中，其自建的平台并没有使大众形成良好的信任机制。而茂名荔枝虽然早期就加入电商平台，但是由于淘宝是开放式交易场所，农产品如果不能形成统一的标准，产品质量低，实际上也会导致消费者信任缺失。

与茂名荔枝案例不同，天农电商的监督机制主要是通过生产的监督标准来执行，其产品质量受到质检部门监管。而茂名荔枝加入平台后，也需要受到平台监督机制的制约，主要表现在对交易过程的监督。而对产品供应链前端来说，平台是无法保证产品质量的好坏的，平台并未在初期建立一定的监督机制来管控农产品质量。平台所提供的评价和评级机制，在农产品电商生态系统的前期，在一定程度上会打击农产品提供者的销售积极性。

天农电商的风险共担和利益分配均由自身来完成，而在实际的情境中，其电商平台建立的失败导致其在电商方面没有较为明显的收益。虽然在前期通过展销活动为其平台带来了流量，但是难以维持。而茂名荔枝则不同，电商平台作为一个为其提供销售的场所，会因为荔枝质量问题导致平台的声誉受损。因此淘宝在建立监督和信任机制方面做了很大的努力，例如普通商家入驻平台，需要缴纳保证金等。若平台仅提供了交易场所，没有形成良好的交易氛围，消费者往往会因为许多问题导致消费体验很差。在这个阶段，平台并不能保证产品到消费者手中的好与坏，许多卖家选择没有保证金的店铺，但是由于产品不一，信任程度很低。

（二）发展阶段

1. 消费者参与分析

天农公司通过入驻大型电商平台，在与消费者沟通方面得益于平台所提供的第三方对话窗口，消费者在购买时能够与商家相互沟通，并且在平台的评价和评级机制下，对购买体验和购买成果做出相对客观的评论，并对商家的产品提出一定的建议。此外，平台也提供了一定的培训，不仅把产品完全展示给消费者，还规范化了沟通方式。线上和线下的活动同时展开，能更直观了解消费者，以及便于消费者接触产品和服务。由于农产品消费者和农产品提供者之间的联系更进一步，而农产品提供者也更多考虑了消费者需求，在这个阶段，无论是天农清远鸡还是茂名荔枝，都在生产、加工、包装等方面做了进一步的提升。例如茂名荔枝，能够从生产源头开始把控荔枝的产品标准。

2. 平台与企业交互分析

在这个阶段，由于和消费者之间的互动关系增强，农产品提供者与电商平台之间的合作进一步增强。在这个阶段，由于已经认识到电商平台的资源优势，农产品提供者也会进一步利用资源来扩展自身的销售。以天农清远鸡为例，农产品提供者选择入驻天猫、京东这样的大型电商平台来进行合作。而对于茂名荔枝，在行业协会联合电商平台自建产品质量标准的前提下，与电商平台合作则更有保障。由于平台自身掌握了一定的消费者需求特性，因此在农产品提供者对消费市场的走向不明确的情况下，加入平台并与平台合作是明智的做法。

对于天农公司这种具有完善体系的大型农产品提供者来说，电商平台为其建立了一定的信任机制。天农公司在进驻电商平台时，除了缴纳保证金以外，还需要缴纳使用费，但是进驻成本很低。天猫与京东虽然都提供了平台，但是由于自身战略和模式的差异，运营方法也不相同。天猫提供平台，让天农依托平台来售卖农产品；京东则是利用采购体系，将天农的产品采购后放入京东自营的仓库中再进行售卖。而随着农产品提供者与电商平台的进一步合作，电商平台对于农产品的要求也逐渐提高，如果商家售卖的农产品质量较低或得到的差评较多，对于未来促销活动的开展等都会有不利影响。在利益分配及风险共担方面，只有商家的营业额达到一定标准，以及有自身品牌才能够参加平台"双十一"活动、年终大促等。因此在这个阶段，风险共担和利益分配由二者共同承担，电商平台与农产品提供者之间的价值联系更为紧密。

（三）成熟阶段

1. 消费者参与分析

由于农产品消费者和农产品提供者之间无法直接对话，因此依托平台，二者之间的互动更为直观。天农公司能够优先考虑消费者的需求，进而发展出半成品等利于消费者食用的产品。这也涉及由于价值网络的扩大，半成品中所需要的其他原料则由其他供应商提供。在茂名荔枝案例中，由于采用预售的模式，不仅保证了消费者能够拥有最佳的消费体验，而且根据需求量调节采摘量能够在很多情况下避免农产品的质量受到影响。农产品提供者已经不是被动地去沟通，而是采用主动的方式与农产品消费者对接，更能够获得消费者的直观意愿与想法，从而改善产品。

2. 平台与企业交互分析

农产品电商生态系统趋于成熟，其结构相对稳定，农产品电商平台与农产品提供者之间的合作已经不可分割，农产品提供者在很大程度上已经与电商平台的运作机制相契合。例如茂名荔枝，荔枝的生产、采摘等一系列环节都依托平台所提供的数据而完成。平台也需要商家的优质产品来吸引消费者，为平台带来更多的流量。在这个基础上，价值共创的生态圈已经形成。

在成熟阶段，农产品提供者能够很好地遵守平台方所提出的合理要求。在天农清远鸡案例中，平台能够给企业提供公开透明的用户数据，这就使得企业能进一步分析数据。在监督机制方面，农产品提供者在电商平台中销售农产品时，需遵循平台的监督机制。由于京东的运营模式类似于网上超市，其不仅对天农的商品进行评价和评级，同时天农的产品也要达到一定标准才能够在京东进行销售。

在此阶段中，电商平台与农产品提供者相互之间已经有了共同利益和共同风险。农产品提供者由于自身产品优势，能够为平台带来流量，因此平台也需要发展出自身优势。天猫就开发出第三方数据分析工具，供天农使用。而京东则建立自营仓库，减少商品的运输成本，使产品能够在极快的速度下抵达消费者手中，获得竞争优势。农产品提供者与电商平台之间的风险是相互关联的，产品质量下降，同样会影响到平台声誉，同样，如果平台没有为农产品提供者提供良好的服务，那么农产品提供者也无法为平台带来更多的流量。

（四）小结

根据以上分析可以看出，农产品电商生态系统的发展，主要由农产品提供者与电商平台的互动，以及消费者与农产品提供者的互动所推动。而在价值共创的分析框架中，互动过程是尤为重要的。价值网络包含了整个农产品电商生态系统，农产品提供者、农产品消费者以及电商平台三者之间进行了价值传递和价值交换。在农产品电商生态系统的价值共创过程中，信息的流动和商业模式的改变带动了整个生态系统的价值流动与价值共创。在农产品电商生态系统的三个发展阶段，信息反馈促进了交互过程中信息的交流和交互流程的优化。通过信息资源，交互流程的优化则进一步带来信息交流途径的优化，在这种迭代的优化过程中，价值共创得以实现。

农产品提供者与电商平台、农产品提供者与农产品消费者之间的交流速度都通过信息技术得以提升。在农产品提供者与电商平台交互中，主要以机制的建立为主，不断优化双方的互动过程并合理分配价值。而农产品提供者与农产品消费者之间的互动过程虽然要依托电商平台，但是随着"新零售"的产生，线上和线下互动并存。从农产品电商生态系统的阶段变化中可以看出，消费者参与的目的逐渐增强，从最初的"尝鲜"体验到消费忠诚度提升，消费者自发地为农产品提供者提出建议。农产品提供者在动态变化中逐渐意识到与消费者之间的互动也尤为重要，农业供给侧改革的依据在于农产品消费者的需求。消费者参与的质量在于是否与农产品提供者进行公开有效的沟通。在农产品电商生态系统中的各个分析阶段不难看出，最初农产品消费者无法与农产品提供者进行有效沟通，或者其交互过程不透明。由电商平台提供第三方沟通工具和相应的保障监督机制后，农产品提供者不仅依托平台将农产品所有的优质和特性一一展示，同时加强对客服人员的培训以及规范沟通过程，消费者参与质量得到有效提升。在成熟阶段，农产品提供者不仅完善线上的互动过程，同时进一步完善线下的沟通互动，信息资源和数据流动更促进了价值共创的产生。

价值共创互动分析

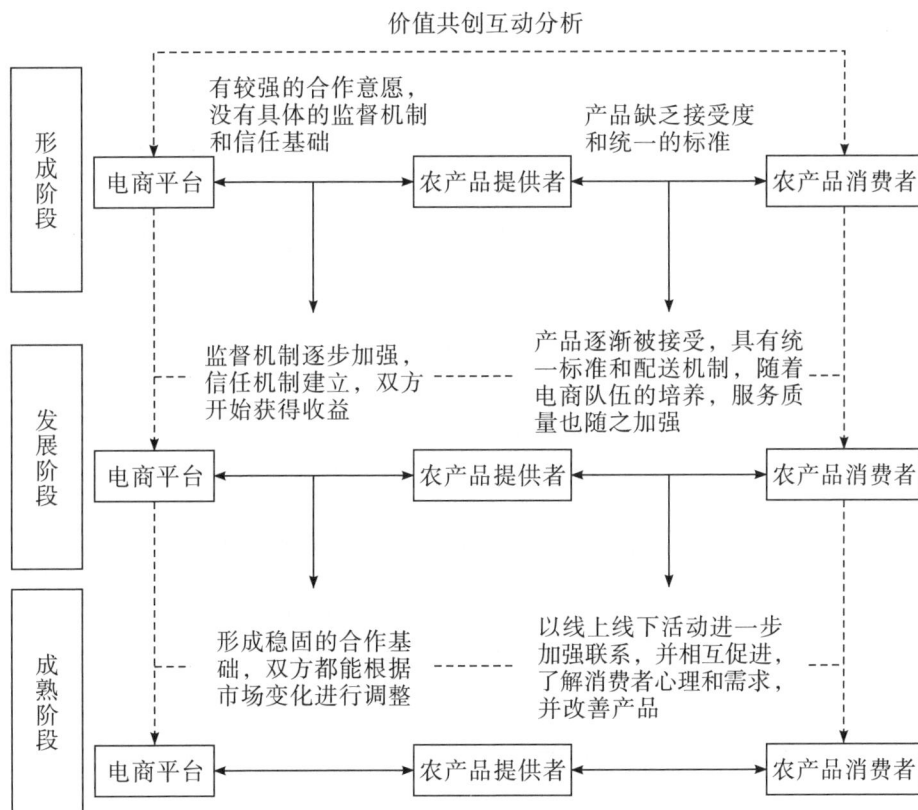

图 1 - 2 农产品电商生态系统价值共创过程

六、价值创造及四个层面的价值共创分析

在农产品电商生态系统中，首先要持续创造价值，并且每个主体能够获取价值，其次才能够价值共创。通过分析电子商务中价值创造的四个来源，我们能够得知农产品电商生态系统的商业模式是如何构建并创造价值的。

(一) 电子商务价值创造分析

在农产品电商生态系统中，依托电商，形成了价值的创造。Zott 和 Amit (2001) 认为价值电子商务的引入带来了商业模式的创新，企业、平台、政府乃至农户已经不是产业环节中的独立主体，而是由价值共创所串联起来的价值链，形成了一个多方位、多角度的电商价值共创模型。电商生态系统中价值创造有四个来源：效率、互补性、锁定、创新。如图 1 - 3 所示：

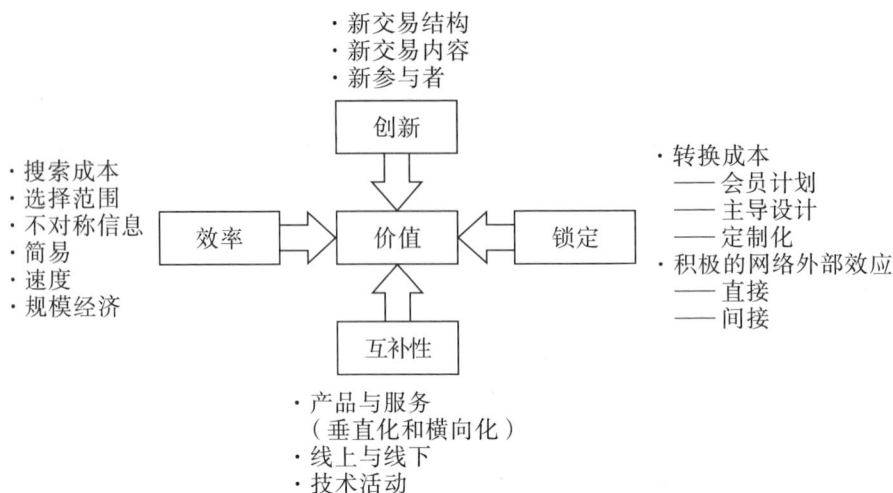

图 1 - 3　电商生态系统价值创造的四个来源（Zott，Amit，2001）

电子商务作为信息沟通技术的一项重要应用，不仅减少了流通环节，而且促进了信息收集、以销定产以及农户与消费者之间的互动（曾亿武等，2018）。在天农清远鸡案例以及茂名荔枝案例中，企业一方面依托电商得到增值，另一方面与其相互合作的农户同样能够得到价值，并进一步以合作为基础，创造价值。从农户的角度来看，采纳电子商务能够使其有效地改善在信息市场和销售渠道中的地位，在减少信息不对称的基础上弥补自身劣势。此外，电子商务的采纳能够使农产品流通的环节得到减少和管控，流通成本减少，农产品的市场需求量也会增加。

1. 效率

交易效率是电子商务的主要价值驱动因素之一。农户、农业企业采纳电商，与电商平台合作，在有效的信任机制和监督机制下，能够提升效率。通过利用电商平台所提供的廉价互联性，在消费者参与的基础上，农产品提供者与农产品消费者双方都有着明确的目标和利益点，双方以高效的决策提高了交易效率。此外，农产品提供者能够在物流端优化农产品的库存管理，并且能够从数据中了解消费者的具体需求以控制生产。物流服务创新通过资源整合、供应链管理以及顾客需求为顾客创造新的价值（刘刚，2017）。从农产品电商生态系统中的发展阶段来看，特别是在成熟阶段，农产品提供者、农产品消费者以及电商平台三者的互动机制逐渐完善。这种效率也促成了价值的产生，因此整个系统能够逐步稳定地发展。

2. 互补性

多方的价值整合后能够产生更大的价值，这就是互补性。农产品提供者拥有产品，这是平台和消费者所需要的，而平台具有 IT 资源和信息技术服务，农产品消费者可以提出意见，三者互为补充，同时能够产生超过三者的价值总和。其中，互补不仅仅是资源上的互补，更是以资源形式所体现出来的能力，这与文中所研究的农产品提供者与电商平台的互动机制相吻合。电商平台向农产品提供者提供资源，而农产品消费者以参与的方式来反馈，信息的流通形成闭环。农产品提供者利用电商平台来整合和优化自身的供应链，从而创造价值，而消费者得到了更优良和具有竞争优势的农产品。

3. 锁定

由于电商平台的应用，三者的互动带来了效率和互补性的提升，电子商务的价值创造潜力因客户积极参与、重复交易的程度以及战略合作伙伴有动机维持和改善其关联性的程度而增强，从而导致交易量的增加以及农产品消费者交易意愿的增强（也就是消费者参与的强度提升），这就是锁定所带来的价值创造。由于电商平台具有互补性的资源和效率的提升，相较于传统的线下渠道，农产品提供者很难将销售渠道迁移。

电商平台的效率特征和互补的产品、服务可以吸引与留住消费者及农产品提供者，促进锁定。双方的互动越紧密，所带来的利益就越高，它们坚持与电商平台建立网络的动机就越高。同时，当电商平台创建锁定时，这也会对其效率和提供互补性的程度产生积极影响。农产品消费者通过对农产品提供者进行评价和评级，有助于建立三者之间的信任机制，并增强黏性。这反过来也会给农产品提供者带来有效的激励机制，在互动中所建立的信任机制、监督机制以及利益分配机制明显提高了交易效率。

4. 创新

虽然新产品或新服务的引进、生产、分销或营销的新方法或新市场的开发已成为传统价值创造的来源，但电商平台也在其业务方式上进行创新。虽然在其他类型的产品交易中，电商已经十分普遍，但是对于农产品来说，适应国家精准扶贫战略发展的需要，这仍然是一个需要攻克的难题。

在价值驱动因素中，创新和锁定以两种重要的方式联系在一起。电商平台以其所建立的机制吸引和留住农产品提供者与消费者。创新来源于互补性和锁定，以及效率提升后所形成的新的商业模式。

在价值共创分析框架下，农产品提供者与农产品消费者形成了一种合作关系，对比传统的分销渠道，商业模式也不再是以往的形式，而是以服务主导逻辑为核心，关注消费者参与模式所带来的革新。农产品提供者不再被动地生产，而是以消费者需求为导向。而农产品消费者也不再被动地接受产品，而是直接或间接地参与到农产品生产过程中。电商平台不断完善互动机制，吸引线下流量。因此，创新作为价值的来源，是效率、互补性以及锁定的综合。

（二）价值共创的四个层次

在价值共创的分析框架中，则需要更系统地对其进行分析，主要有四个层次的价值共创，分别是资产层、互补能力层、知识共享层以及治理层（如图1-4所示）。关系型观点（Dyer，Singh，1998）认为，企业的资源可能跨越企业的界限，企业之间的关系可能就是公司的资源。

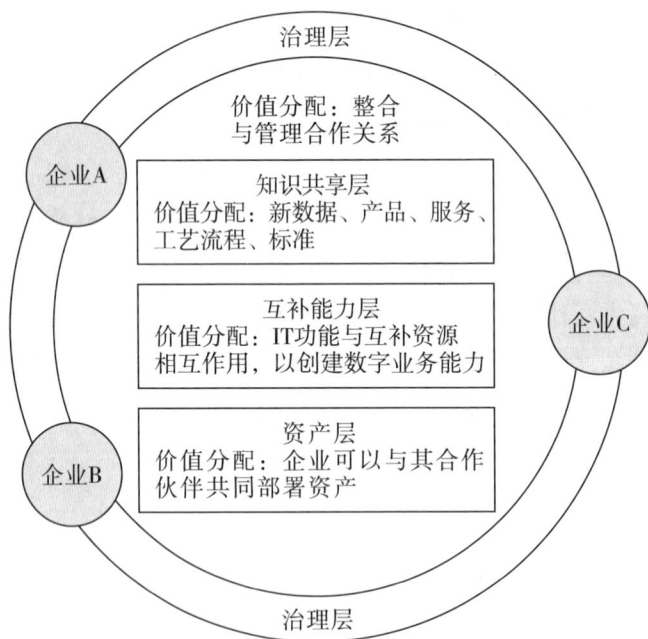

图1-4　IT价值共创（Grover，Kohli，2012）

1. 资产层

资产层涉及两个或两个以上的企业，其中，至少有一个企业提供特定的IT硬件和/或软件或网络设施（它以数据或者实物产品和服务的形式创造新的价值）。在农产品电商生态系统当中，电商平台为农产品提供者提供了一个稳定的交易环境。在这个环境下，电商平台有自身的运营规则，每一个加入电商平台的农产品提供者都要遵循运营规则，即在平台所建立的信任机制和监督机制下进行运营活动。在农产品电商生态系统的形成阶段，天农公司并没有与其他电商平台合作，单个企业的资源无法在价值网络中形成价值共创。而天农公司在加入平台后，每个发展阶段都需要在这种信任机制和监督机制下进行。无论是天农清远鸡还是茂名荔枝，这些农产品都要受到电商平台的监督。通过所得到的电商平台数据，农产品提供者会根据客户需求不断地提升自身产品水平和服务水平，进而增加电商平台的资产价值。随着农产品电商生态系统的不断扩张，电商平台与物流行业的合作也带来了价值共创。

2. 互补能力层

在农产品电商生态系统当中，农产品提供者与电商平台之间就形成了资源互补和能力互补。电商平台掌握了核心的信息技术，同样也掌握着消费者需求的数据，因此能够帮助农产品提供者优化其供应链、产品和服务。电商平台通过自身拥有的数字资源以及经验，为农产品提供者找到合适的物流合作伙伴。通过普通的线下运送方式，除了原产地以外，其他地区消费者基本上没法得到优良的生鲜农产品，如果采用高端的物流运送方式，例如空运，那运输成本会远高于农产品本身的价格。因此，电商平台运用自身优势，整合农产品提供者与物流行业之间的能力和资源，为不同的农产品找出了最适合的物流中转点和运输方式，降低了以往物流运输和仓储带来的高成本。例如茂名荔枝，电商平台与茂名市电子商务协会合作，不仅制定了荔枝的成品标准，而且引入以往其他工业品的销售模式，改善了生产和运输。

3. 知识共享层

知识共享层涉及信息和专业知识的共享，这些信息和专业知识可以为价值共创提供决策和策略（Dyer，Hatch，2006）。良好的 IT 基础设施和共享知识的过程可以增强吸收能力，也可以增强识别、吸收和利用外部（合作伙伴）信息的能力（Cohen，Levinthal，1990）。

在天农清远鸡案例中，天猫平台为天农公司提供了平台消费者的信息，在互动中分享了其所拥有的销售端数据和消费者的偏好信息。而天农公司则在电商平台充分展示了产品信息，并将一些生产信息提供给电商平台，从而找到最佳的销售方案。天农公司通过电商平台的信息技术能力预测和改进产品，并开发出新的产品来应对细分市场的需求。此外，通过电商平台所提供的客户购买信息，能够保证电商平台拥有充足的货源。同样，在茂名荔枝案例中，电商平台将预售的订单及时反馈给农产品供货端。尽管荔枝保鲜期很短，大约为两周时间，但是通过预售订单的数量能够调整荔枝采摘数量和时间，对供应端的传统模式进行调整，从而保证了产品质量并极大地符合了消费者的预期。

4. 治理层

治理层侧重于建立一个控制结构，以降低交易成本并产生新的价值共创。这通常是通过合同和正式的经济保障来完成的。然而，社会和非正式的控制也可以发挥重要作用，而且在促进价值共创方面可以说成本更低。在条件有利的情况下，当若干公司在松散耦合的合作安排下共同创造产品和服务时，治理层具有更大的意义（Dhanaraj，Parkhe，2006）。在共同创造过程中降低交易成本，可以通过竞争对手难以模仿的关系成本来创造竞争价值（Porter，1980）。

国家精准扶贫战略的提出，从价值共创的角度来看，政府在大方向的资源整合方面提供了许多政策帮助。从网上商品下行到农产品上行，都需要政府的适度支持（林家宝等，2017），通过在政策上支撑电商的应用并提供相应的基础设施（例如网络覆盖、产业园区建立），使得电商能够继续发展。但是电商生态系统也需要内生力量。在茂名荔枝案例中，除了政府的政策支撑，许多问题的解决关键在于其他组织，例如电子商务协会的作用。茂名市电子商务协会通过会员制，将农产品提供者（即农户与合作社）、物流方、电商服务商与电商平台相互连接，制定了荔枝产品标准，为多方创造了价值。

（三）小结

在分析了农产品电商生态系统中的价值来源后，价值共创能够产生的原因也由此可见。在不同的农产品电商生态系统发展阶段，价值共创的四个层次的表现基本一致，具体如表 1 - 5 所示：

表 1 - 5 农产品电商生态系统的价值共创四个层次分析

层次	主体	表现	机制
资产层	电商平台	拥有核心的信息技术基础资源，并掌握大量的客户信息	平台拥有强大的 IT 资源和技术，为交易互动提供了稳定的场所，平台自身没有产品，农产品提供者将产品置于平台，从而相互依存
	农产品提供者	拥有农产品资源和相配套的服务	
互补能力层	电商平台	平台拥有的数字化运营方式、数据分析能力	为农产品提供者提供其无法建立的交易平台和交易机制，并帮助农产品提供者优化其产业链、产品和服务，而农产品提供者通过自身的产品和服务，为平台带来流量
	农产品提供者	拥有生产农产品的技术和产业链	
知识共享层	电商平台	平台的数字化运营方式，拥有的知识库和分析功能	三者的知识通过数字化的基础来完成共享，电商平台与农产品提供者根据这些知识来找到优化方向
	农产品提供者	农产品生产的技术和流程知识	
	农产品消费者	自身所拥有的消费体验和评价	
治理层	电商平台	提供稳定的交易场所和互动规则	以信任机制、监督机制为基础，通过合理的利益分配来完成合作，并与农产品提供者的治理者在以上三个层次互动的基础上制定新的行业规则来优化全产业链
	农产品提供者	企业内部治理，以及行业的规则与规定	

价值共创的不同层次包含的主体大致相同，其逻辑表现为农产品提供者和电商平台拥有不同的资源，而资源则带来了其能力的差异。由于农产品提供者与电商平台在能力上具有差异，因此二者在合作过程中需要知识共享的填补。价值共创的其中三个层次为治理层奠定了基础，治理层通过与资产层、互补能力层以及知识共享层三者的不断交互，从而铸造成一个稳定的大环境，对各种交互过程都做了规范，保证了农产品电商生态系统的稳定发展。在资

产、能力和知识的相互作用下，农产品电商生态系统得以发展。在价值共创层次分析下可以得知，农产品电商生态系统能够持续发展，主要依托于资源与能力整合、知识共享以及保障机制的建立。

其一，资源与能力整合。农产品电商生态系统的价值共创，需要各种资源的整合。农产品提供者拥有种植、生产农产品的能力，其种植基地、生产线就是其资源，而电商平台与农产品提供者和消费者之间相互连接并互补。电子商务的能力即利用 IT 资源整合流程，从而与其他企业动态相关联（谷文辉、赵晶，2009），当合理地将这些资源与能力进行整合，形成完善的价值链，并将其他利益相关者带入电商生态系统时，价值共创就得以产生。

其二，知识共享。将电商的运营模式和运营要求共享给农产品提供者后，农产品提供者能对产品和服务进行改善，优化生产和加工流程，从而适应新的销售模式并应对复杂多变的需求市场，形成新的商业模式。同时，消费者所拥有的知识通过平台传达给农产品提供者，从而使农产品提供者创造出更多的价值。

其三，保障机制的建立。在宏观环境下，政府和行业协会提供了政策性的保障机制，从而推动农产品电商生态系统的发展，并保证其稳定运行。而平台的治理层则利用保障机制规范了农产品的交易，并保证了农产品质量。农产品提供者和电商平台都需要遵循一定的规则与规范，包含双方合作的信任机制以及平台作为第三方对农产品提供者的监督机制。消费者也受到保障机制的制约，消费者自身会受到平台的监督，防止其恶意评价。

七、结论及启示

（一）结论

农产品电商生态系统的发展同一般的商业生态系统类似，也需要经历阶段化的发展。而目前的农产品电商生态系统主要经历了形成阶段、发展阶段和成熟阶段。在这三个阶段中，价值网络是逐步扩张的。同时，在价值共创分析框架下，消费者参与和企业与平台的互动也在不同的阶段有不同的表现。

本研究的结论主要为：①农产品电商生态系统的发展依托于电商所带来的价值创造，以及农产品提供者与电商平台、农产品消费者之间的互动；②不同的农产品电商生态系统发展阶段，其主体之间的互动有不同的表现；③农产品电商生态系统发展主要依托资源与能力整合、知识共享、保障机制的建立。

（二）启示

1. 农产品提供者

农产品提供者应当把握好电商的销售方式、环境的变化并及时做出相应的对策，注重与其他利益相关者的协作以及消费市场的需要，根据市场来调整产品和服务，优化供应链的管理。农产品提供者根据消费者需求，协同政府、行业协会对供应端进行优化，并为农产品的企业品牌、区域性品牌打下基础，使价值的创造和共创过程能够更为顺利，并使农产品电商生态系统有序健康发展。

2. 电商平台

第一，加强与农产品提供者协作的能力。电商平台作为农产品电商生态系统的核心平台，应该充分发挥其作为农产品提供者与农产品消费者的沟通桥梁的优势。电商平台在与农产品提供者协作的过程中，应当利用自身的客户资源和信息技术优势帮助农产品提供者提升其产品品质。同时，也应当与其他参与者相互协作，从而带动农产品电商生态系统的发展，降低成本，提高收益。

第二，电商平台依靠自身的资源基础推动农产品电商生态系统的发展。通过共享自身知识以及利用大数据分析等方式，将市场需求以数据的方式表现出来，能够更直观地引导农产品提供者及其他利益相关者的变革方向，使市场的供给和需求能够有效对接。

第三，电商平台也需要不断创新，以技术创新来推动商业模式创新。电商平台应当注重以创新方式促进产业融合，以本身具有的资源等，建立智慧农业，助力农产品上行。

3. 政府及行业协会

第一，政府和行业协会应当拓宽眼界，找到适合本地种植、培育的农产品。通过大数据，帮助农产品实现标准化、规模化种植，帮助农民解决"种什么"和"卖给谁"的难题，进一步推动农村电商发展。

第二，构建农产品电商生态系统。政府和行业协会应主动策划，搭建销售平台，并加强舆论和宣传的导向，发挥政府宣传的职能，宣传一些成功的农产品上行案例。同时应强化对农产品电商生态系统的管理，对农产品提供商提供的农产品质量进行监管，有助于打造农产品区域品牌。此外，可帮助建立适应当地的电商运营体系，成立相应部门来加强管理，打造品牌。

第三，农产品电商生态系统的建立需要政府提供基础设施建设，为电商生态系统的发展提供基础。此外，政府还需要为农产品电商生态系统提供有力的政策支持，例如在扶持农产品电商发展时，提供相应的政策优惠，从而刺激农产品提供者加入电商生态系统，形成良好的发展和竞争趋势。

第四，政府和行业协会应当引进人才。在农产品电商生态系统下行领域，通过线上渠道把大品牌带入乡村，将线上消费者引入线下，通过线下实体店，将好产品引入广大农村地区。对农产品提供者进行相应的电商技能培训，支持有条件的地区建立专业的电商人才培训基地和师资队伍。同时，引导具有实践经验的电商从业者返乡创业。

第二节　农村电商生态系统中主体间互动机制
——两个农村淘宝县的案例研究

近年来，我国农村电子商务蓬勃发展，其形式和过程不断创新。本研究基于社会—技术系统理论，从小生境、社会技术域到地景三个层次（阶段），通过农村淘宝县的案例分析，搭建起农村电商发展过程中行为主体间创新互动的规则模型（资源共享、价值创造、利益分配），并识别影响农村电商发展的几个变量。在这个互动框架之下，平台商、政府、农产品企业、物流企业等农村电商主体根据农村电商的发展态势和系统内互动规则相互作用，共生演化，促进农村电子商务的发展。

一、引言

电子商务在农村的发展是农村社会主体借助 IT 赋能所形成的社会创新（崔丽丽等，2014；Leong et al.，2016），对于发动和引导农村电子商务进程的平台企业而言，农村电子商务战略是众多电子商务平台企业出于对周边环境的认知以及行业发展趋势的判断，主动拓展农村市场的商业模式创新行为（迟考勋等，2016），其所形成的新型商业模式是开放式创新的结果（高良谋，2014；彭华涛，2014）。这种开放式创新的实质是大型电子商务平台企业依托自身强大的品牌、技术、专业知识，同时与众多弱小的市场主体合作（培育式合作）。农村电子商务合作创新得以实现的前提是平台企业与地方政府的合作，即电子商务平台企业逐个与县域政府签订合作协议，并通过各类"县长班""研修班"等培训、辅导各县域主要领导，以形成政府与企业间共同的"认知图式"（迟考勋等，2016）；各县域则通过各类代理机构，代表政府与平台企业合作；平台企业作为合作的发起者，主导着合作过程，分布在各县域的众多市场主体适应平台规则、学习电子商务知识和技能，并逐步融入以各平台企业为核心的电子商务生态系统（潘剑英，2012）。作为开放式创新系统的农村电子商务生态系统具备自组织生长、新要素有机聚集和动态演化的特征（曾国屏、苟尤钊，2013）。

由此可见，核心问题聚焦在农村电子商务这个社会—技术系统之中，各类主体应该怎样相互作用，共同促进农村电子商务生态系统的进化与发展？

二、文献综述

使用信息技术可以减少机会主义、道德风险和不确定性（信息效应），Malone（1987）和 Hertwig（2002）认为通过加强组织间互动和合作（传播效应），或者提高价格透明度、替换供应商或提供其他市场信息可以降低事前交易成本（中介效应），这促进了企业的信息化。发展到一定阶段，即出现了专业电子商务平台，Hanseth（2004）等认为是"一系列用户群体面向开源的、标准化界面的，共享、演化、异构的 IT 技能的基础平台"；从结构上来说，它是一系列支持不同商务应用并覆盖广阔地理区域的，由不同技术、平台、组件以及 IT 技能所组成的异构集合。Hanseth 和 Ciborra（2001）提出的技术的多元性更多表现为用户经由该平台所获取的内容、信息资源、服务以及应用的复杂性。Edwardset（2007）则提出围绕电子商务平台，运营商与用户不断地开发新的技术，或者尝试新的应用，导致社会的演化与技术应用的多样性。

由电子商务平台运营商发起、推动的农村电子商务实践正在纳入研究视野（崔丽丽等，2014；Leong et al.，2016；曾亿武、郭红东，2016）。Rogers（1995）的创新扩散理论和 Davis（1989）的技术采纳理论对电子商务应用的解释基于采纳者特征、社会互动以及创新自身的特性，诸如可试用性、相对优势、适用性和复杂程度等。Orlikowski（1992）提出的用户占用理论分析了用户是如何把一项技术集成为其独特的实践过程和组织惯例的。Racherla 和 Mandviwalla（2012）认为，用户采纳信息技术开展电子商务不是被动的过程，它需要与用户背景相适应的调适和创新。Geels（2004，2007）则强调，用户自身背景、具备的相关技能以及使用该技术的动机对于技术的应用效果有重要影响，复杂的技术创新系统不断增长还会导致技术与社会环境的融合，形成社会—技术系统。系统整合了技术与社会的协同演化，以微观技术小生境（Niche）、中观社会技术域层（Regime）和宏观地景层（Landscape）构成多层次分析框架去阐述系统创新是如何发生。Levinthal（1998）提出，发生在小生境阶段的激进式创新逐渐在应用领域和细分市场中使用，形成小生境的积累过程，在相对稳定一段时期后，必然突破其所遵循的成长轨迹。Schot（1998）和 Kemp（1998）将从小生境上升到社会技术域层次分为实验、学习、调整和重构四个阶段。从社会技术域到地景层次，Geels（2004，2007）总结了转化的路径与过程，包括：复制、转变（调整）、共生创新、资源整合重构、技术替代等。多层次视角认为，三个层次间的转型通过相互作用过程形成：第一，小生境创新通过主体学习、产品（服务）的价格（性能）改善、权力团体的支持等形成了内动力；第二，地景层次的变革对社会技术域形成了压力；第三，现有社会技术域和扰动为小生境创新创造了机会窗口。三者协调的过程使得新技术应用能够在主流市场有所突破，最终实现经济和社会的转型。在社会—技术系统的演化过程中，系统、互动规则和行动者三者相互形成了各类互动机制，表现为规范型、规制型和认知型三类规则。社会技术域的转型不仅涉及技术的演化，而且涉及规制、基础设施、文化意义和产业网络等维度。

目前，国内对于农村电子商务的分析多聚焦于淘宝村，曾亿武（2016）提出农村网商以淘宝电商生态系统为依托，形成规模和协同效应的网络商业群聚。还有专门针对遂昌电商出台的研究报告（阿里研究中心，2013），提出"以本地化电子商务综合服务商为核心，以网商为基础带动县域电子商务生态系统发展"。同时，研究者也注意到，农村地区所存在的物流、金融、农产品品牌化等问题非常棘手（金晓艳，2015；Yin，1994；Eisenhardt，1989）。这些研究都涉及农村电子商务的系统视角，但目前仅止于对现象的描述与解释，而对于系统功能、结构及演进规则缺乏深入解读。本研究试图从农村电子商务生态系统（社会—技术系统）的主体间互动规则角度，阐释农村电子商务的形成与发展过程。

农村电子商务是在电子商务技术发展充分的条件下，电子商务技术在农村地区应用的一次成功实践。随着越来越多社会组织团体参与其中，电子商务在旧的农村社会生产生活基础上建立起了全新的社会网络结构和社会组织。但现阶段的研究仍未就淘宝村为农村带来的社会和经济影响及其所延伸的生态系统归纳提炼出一个一般性的框架，并深入探讨：在以农村电商平台为核心的社会—技术系统进化中，农村电商生态系统主体间如何互动？形成的创新规则有哪些？

三、研究过程

（一）研究方法

案例研究方法通过研究案例进行系统的理解和详细的描述，回答"Why"和"How"的问题，它比问卷调查分析更具有解释性（Yin，1994），能够更好地保留现实生活中有意义的特征。而案例研究的作用包括提供描述与说明、检测理论和构建理论。而本研究旨在淘宝县特色情境下，描述各电商主体间的互动和行为，挖掘构建新的理论。而且，从多案例中推导的理论更具有说服力，因此，本研究应用理论构建型的多案例研究方法，选择两个淘宝县案例，遵循逐项复制逻辑（Eisendhardt，1989；Kirsh，2004），研究案例的主体间如何互动形成创新规则，以此促进我国农村电商社会—技术系统的发展。

（二）案例选择及数据来源

1. 案例选择背景

本研究遵循以下标准选择案例样本：①早年成功发展起来，已具有一定规模的淘宝县；②所选淘宝县的发展模式不一，以便于对比。基于上述标准，本研究选择了广东阳山和吉林通榆两个淘宝县作为案例样本。2014 年 9 月，阿里巴巴启动"农村淘宝"战略，选择实施的第一个县是广东省阳山县，笔者当时以政府部门挂职人员身份参与了阳山县农村电子商务建设全过程；与阳山县差不多同时推进的是吉林省通榆县。这两个县同属贫困县，都是农村电子商务的"探路者"，后期的农村电子商务发展多借鉴了这两个县的做法。不同之处在于，阳山县的农村电子商务是完全由政府与阿里巴巴联合发起和推动的，而通榆县的农村电子商务则是在与阿里巴巴合作之前就已经自发开展起来了。

2. 数据来源

Yin（1994）指出，案例研究的数据来源主要包括相关文档、企业档案、访谈记录、实地观察、参与性观察和实物证据等，并且资料之间最好能够相互检验。因此本研究的案例数据来源分为一手数据和二手数据，一手数据主要源于：①实地考察。笔者前往案例中的淘宝县进行了调研。对淘宝县的村级代购点、农产品企业、农村电商产业园等进行实地考察，并与相关参与主体进行访谈，加深笔者对淘宝县发展的直观感受和理解。②半结构化访谈。根据事先预备好的访谈提纲，邀请淘宝县基层领导、专业合作社社长、配套服务商、物流企业负责人等约 230 位重要代表人员进行半结构化访谈。每位受访者的访谈时间大约为半个小时，为了更好获取到访谈数据，访谈提纲共有 10 个问题，笔者引导受访者回忆叙述当地淘宝县的发展过程，并回答相应访谈问题，在访谈过程中鼓励受访者讲述工作中各种细节，笔者适时提问获取更深层次的数据，保证数据收集的饱和度。同时，笔者也与相关组织的负责人相互交换联系方式，以便后续对相关疑点进行解答。二手资料则来源于现有淘宝县的调研报告和媒体报道。

（三）数据分析

本研究以社会技术理论为理论基础，运用 Nvivo 8.0 软件对数据进行编码分析，经过多级编码，不断反复查询对比，识别出淘宝县发展的三个层次：小生境、社会技术域和地景。具体如表 1-6 所示：

表 1-6　淘宝县的多层次框架及其内涵

层次	层次内涵
小生境	淘宝县发展的初期 ·"千县万村"选中试点县，与当地政府签订框架协议，启动村级代购服务点 ·服务点提供代购服务，村民反响热烈 ·物流企业提供快递进村服务

（续上表）

层次	层次内涵
社会技术域	淘宝县发展的中期 ·村民电商意识觉醒，电商培训火热开展 ·农村农产品供应链体系开始整合 ·农产品注重品牌打造 ·电商配套服务落地 ·涌现一批新型经营主体
地景	淘宝县发展后期的宏观环境 ·国家各部门密集出台了十余项扶持电商发展的政策 ·阿里巴巴、京东等互联网巨头积极参与农村金融布局 ·农业部（现农业农村部）印发《农业农村大数据试点方案》等

（1）小生境。我国大多数农村还停留在信息化程度低、工业基础薄弱、物流条件极其不发达的状态。城乡之间随着在基础设施、信息化、经济、文化、教育水平等方面出现越来越深的"鸿沟"，人才主动迁移到城市地区，农村逐渐被边缘化，电子商务在农村的发展由于种种因素的限制更是"举步维艰"。此时，只有阿里巴巴平台与政府进行合作，挑选并建立县、村级代购点，将电子商务先引进农村、服务农村，让村民切实感受到电子商务给农村的生产生活带来的巨大改变，才能让他们从形式和心理上接受并支持当地发展电子商务。该阶段类似于社会—技术系统中的"小生境"阶段，从农村原有的社会技术域突围而出，为突破性创新（淘宝县）的生成及发展提供了一个很重要的场所。

（2）社会技术域。随着电子商务运营中心在农村落实开展，村民观念转变、农村信息化程度逐渐提高、电商人才增多、物流运输状况改善等一系列条件与小生境的发展愈发协调，农村开始思考利用网上商品下行的渠道销售农产品。但农产品种类众多、标准未统一、季节性强、保鲜度要求高、认证标准繁杂等难题阻碍了淘宝县的进一步发展，而且与之相应的农产品供应链、品牌化、追溯体系等仍未建立。由小生境形成的网上商品的流通渠道也逐渐演化成创新发展的内在动力，增加了淘宝县小生境创新的潜能，现有域的张力和地景外加的压力会为小生境创造"机会之窗"，促使现有社会技术域的转型。

（3）地景。实际上，电子商务技术在农村地区的应用与发展过程中，同时伴随着农村社会更深层次的变革，如政策规则、基础设施、文化意义和产业网络等。在淘宝县发展到一定程度时，农村电商总体战略也会逐渐成形，与电商相关产业链在农村范围内慢慢整合，包括农村金融战略、农业大数据建设。宏观层面上的行业规则、信用评价体系、税收制度也会根据各省市农村电子商务的开展情况纳入法律法规。全新的市场秩序开始建立，相应的人才培养机制在农村地区逐渐得以推广应用。淘宝县已经成为转变农村经济和社会发展的重要手段，地景层次的变化会推动新的社会技术域的演化，新的社会技术域又反过来影响地景层次。小生境、社会技术域和地景三个层次既相互区分，又相互补充。

从淘宝县的发展过程来看，与上述三个层次的发展基本一致。根据社会—技术系统理论，社会—技术系统的演化涉及系统、行动者和制度的互动，系统内的行动者共享同一套规则或制度。这些规则是早期行动的结果，行动者积极地利用、解释并实施这些规则。同时他们也会根据实际情况，创造性地改革和改造这些系统。下文将以两个案例说明以电商平台为代表的行动者如何推动创新规则的形成，使淘宝县逐渐壮大；最初的小生境如何促成农村经济社会多方面的变革，使得农村旧有的社会技术域转型，从而影响地景层次形成更广泛意义上的变革。

四、案例研究

（一）案例一：广东阳山

阳山位于广东省西北部，是一个典型的贫穷落后山区农业县。县内农业资源丰富，孕育了许多优质的农产品，例如深受珠三角欢迎的"阳山鸡"，还有淮山、水果、蔬菜、七拱米等。阳山共建有十大特色种养基地、11 个无公害农产品产地认定基地、6 个出口蔬菜生产基地，被国家质检总局（现国家市场监督管理总局）批准为国家级出口食品农产品质量安全示范区。但阳山和其他农村一样，农村"空心化"、农产品滞销、交通欠发达等问题一直阻碍阳山脱贫。2014 年 9 月，阳山开始与阿里巴巴集团达成发展农村电子商务的合作协议，阳山成为阿里巴巴农村淘宝广东省第一个试点县。阳山的电子商务开始正式启动，由于缺乏电商基础，因此，阳山政府联合专业团队、高校专家共同探讨阳山的定位，坚持政府引导与市场指导并重，加强本县对于电商的宣传和培训，加快建设电商基础设施，引进孵化相关配套服务商。经过协商与规划，政府决定在阳山成立电子商务行业协会和新农村供销合作社两大组织，积极服务于阳山农村电商的建设，同时建立起农村电商物流产业园、农村电商县级运营中心和农村淘宝服务站三大平台。阳山整合并装修改造了当地的农贸市场及周边厂房，建成了全省首个农村电商物流产业园，总体规划占地面积120亩，首期70余亩，建筑面积7000多平方米，分为商务综合服务中心、农产品检测配送中心、物流企业仓储基地、农村青年创业孵化基地、农民专业合作社办公区五大功能区。园区引进阿里巴巴等知名的电商企业、相关配套的物流企业、农民专业合作社和农业龙头企业。园区内还设有物流仓储基地、农产品特产淘宝实体店、农产品检测分拣中心、电子商务服务中心、农村创业青年孵化基地。该项目负责人陈主任解释道："电商物流产业园的启动运营，通过覆盖全县的农村电商综合平台和完善的农产品储备、配送、加工管理体系，将有效整合农产品资源，控制产品质量，降低经营成本，形成产业优势，阳山现有的丰富农产品就能成为这个大'菜篮子'里的特色品种。"

　　阳山建成全省首个电商县级运营中心，并且借助原有的县镇村三级涉农服务平台，在全市推广建立了32家农村淘宝服务站，将阿里巴巴的电商服务推广到乡镇去，让人民享受电商带来的便利与实惠。其中，县级运营中心负责服务站的开发建设、运营管理、培训发展，提供县村物流服务。阳山首选阳城镇范村、岭背镇黄屋村等作为首批综合服务中心。在调研访谈的过程中，笔者发现这些村级服务站在原有小商店的基础上，店家经过培训后成为服务站的代购员，负责提供村民生活生产用品的代购，包括日常用品和一些农药化肥等，同时也能够帮助村民代收代售农产品，并提供生活缴费服务和小额借贷服务，逐渐改变并培养村民对网购及电商的观念，而且实现了电子支付在阳山的推广。其中一位受访村民提道："现在网购在村里很普遍了，不管是吃的用的还是小零件都是在网上买的，而且多了很多选择。'双十一''双十二'这些节日，我们的购物积极性很高。而且还办了网银和支付宝，购物、缴费什么的都很方便，赶了时髦，还过了一把瘾。农村淘宝满足了很多我们日常生活的需要，不会的地方直接问站点的工作人员，他能帮你搞定，确实很方便。"

此外，阳山还建立了农产品支撑、人才支撑、金融支撑、物流支撑四个支撑体系。阳山政府在与阿里巴巴合作的过程中，充分借鉴阿里巴巴在品牌、技术、营销等方面的经验，推动阳山农产品上行。正如当时阳山一位副县长所说："阳山农产品做到本地最好还不够，还要通过互联网和前端批发市场连接，建立固定的合作关系。"

阳山借助"千县万村"计划打通了商品下行渠道，推动农产品上行，一方面可以拓展阳山农产品销售渠道，另一方面也可以通过消费者对产品质量、规格的要求，反过来改进农业生产技术，提高农产品质量。于是，物流产业园区内趁机成立了县新农村供销合作社，积极将阳山现存的农村专业合作社、家庭农场、种养大户和零散农户聚集，将他们所提供的农产品统一标准和包装，统一注册为"阳农牌"。同时，阳山也建立起农产品的溯源系统，网上销售的农产品包装盒上印有二维码和物流条形码，消费者用手机在包装盒子上扫一扫，即可查询到农产品相应的信息及种植户的信息，并能实时反馈意见。将产品摆在淘宝网销售，上线两个月便销售农产品600多单，成交金额10万多元。对于供销社转型的决定，项目负责人陈主任解释道："与原供销社不同，新农村供销合作社除提供传统的农技服务、农药化肥等农业生产资料销售外，还将解决如何实现农业生产规模化、专业化、标准化等系列问题。而新供销农产品配送公司则负责进行特色农产品的普查、征集、展示、电商化等工作。"

此外，在探索阳山模式的道路时，阳山还提出了"上游＋下游"模式。从供应链上游看，提出建设"产量保障＋质量控制＋冷链运输"的发展模式。从农产品源头开始实行统筹调配，严格划分不同品种农产品的种植区域，结合不同季节挖掘阳山特色农产品，实行统一种植生产，保证农产品质量规模化、标准化，农产品采集后送往产业园的农产品检测中心、冷库和仓储分拣中心。但由于现阶段阳山的冷链配送基础建设仍未完善，生鲜农产品的配送暂时与当地顺丰达成合作，全程冷链配送保证了农产品的质量。而在下游，则是提出"品牌推广＋网上直营＋线下实销＋实体门店"的发展模式，由县供销社牵头，重点打造"阳农"区域品牌，既保证农产品品牌、包装的统一性，又能有针对性地在各大电商平台营销推广。而线下也大力发展实体营销，与阳山的旅游业相结合，在阳山各景点附近开设门店，针对阳山旅客进行体验营销。

（二）案例二：吉林通榆

通榆县隶属吉林省白山市，是东北一个国家级贫困县，由于绿豆、葵花等多项农产品的产量丰富，被称为我国著名的"杂粮杂豆之乡"。与阳山一样，通榆由于地处偏远，交通不便，以往农产品的销售渠道均为批发和零售等传统渠道。但在 2013 年底，通榆开始发展县域电商，政府组建农产品电商发展中心，并联合社会力量投资成立"云飞鹤舞"电商公司，整合生产方资源，通过天猫、1 号店等平台将"三千禾"品牌产品销往全国。通榆在国内率先走出了一条"政府背书、基地支撑、统一品牌、营销创新"的电子商务新路，后被誉为"通榆模式"。至此，通榆的电商发展在全省处于领先水平，在省内首次设立电子商务发展专门机构，也先于省内出台近十个电商扶持政策，并开设了两万人淘宝课堂普及电商知识。通榆的成功也使其顺利地被选为阿里巴巴"千县万村"计划的全国第三个试点县。随后，通榆顺利成立了16 个村级服务站，并参与阿里巴巴组织的"农村淘宝 2015 网上年货大促"活动，为村民在网上代购年货。据受访者回忆，村级服务站为了吸引更多村民参与，特意举办了写春联、电影放映、举办联欢会等文化活动。在年货大促活动期间，全县村级服务站共成交 23919 单，总金额 86.98 万元，销售单数和购买金额在全国农村淘宝服务站中均名列第一。对于此，通榆电商的创始人认为："现在发展了 16 个县的村级服务站，在平时的正常产出方面，通榆仍然保持了中上水平，而通榆的实际经济是所有这些地区中最差的，这说明在通榆试点，在某种程度上来说是对的。"

农村淘宝项目为通榆电商的发展注入更强大的动力。为了更好地配合阿里巴巴农村淘宝的试点工作，通榆成立了专门的合作领导小组，为宣传项目做前期准备，利用平台在村点建立的运营点解决了村民网购难题。完善通榆村点原来落后的电商基础设施，通过农村淘宝项目，不仅拓宽了农民日常消费购物的渠道，还改善了农村的物流、信息传输难题。通榆村级服务站开设的第一天，吸引了众多村民前来采购，其中一位年轻的村民提道："有了淘宝太方便了，价格便宜、质量好，更不用背来运去。往年春节买年货，我都要跑到镇上或者县城买，又要坐车又要运输很不方便。现在我已经成为村里'农村淘宝服务点'的粉丝。"

农村淘宝项目也让许多在外打工的青年看到了回家创业致富的希望，通过合伙人项目的考核和县内组织的电商培训，年轻人解决了就业难题，也引导他们带领家乡走向脱贫致富的道路。同时，淘宝服务站也为本地农产品的销售新增了一条上行的渠道。本地村民可与站长联系，帮助自家农产品实现网销。随着农民对电子商务的认识越来越深，为了让更多人参与到电子商务创业就业中，通榆县邀请阿里巴巴研究院和淘宝大学启动电商培训，通过电商的理论和实战技术、网上开店流程等课程，带动更多农民参与发展本地电商，村民利用村淘的项目自己开设网店，解决村民的创业难题，由此也延伸出电子商务产业链上包装、营销策划等产业的发展。通榆结合自身的电商优势，规划建成自身电子商务产业园，吸引电商产业链上的物流、金融和其他服务产业进驻。通榆县电商促进中心负责人提道："过去想推动农民返乡创业，但缺乏合适的载体。现在引入互联网和电子商务，有了这个平台，农民创业不再是梦想。"

此外，通榆还与菜鸟网络合作共建农村淘宝物流中心。中心总计 1800 平方米，日配送约 30000 单。这是"菜鸟"在东北区域建设的首个县级物流节点仓。随着农村淘宝项目在通榆的试点日渐增多，通榆政府又与阿里巴巴平台展开了新的合作项目——"云上通榆"，平台与政府共同引导传统企业参与到广阔的农村市场当中，通过"触网"拓宽企业的销售渠道。同时，村民可以通过项目享受到更大的网购选择空间和更佳的服务体验。"云上通榆"项目中，阿里巴巴的蚂蚁金服、远程医疗、网络教学等业务都将接入通榆的农村淘宝中，真正丰富了通榆的淘宝县生态圈，缩小了城乡鸿沟。正如媒体报道结尾总结该项目的益处："它为通榆传统企业转型注入了新的活力，为解决农村发展电商的根本问题开启了新途径，让农民现有的小生产能够更好地对接大市场，为电子商务进农村项目的推进开启了新篇章。"

（三）案例总结

我们通过上述两个案例研究，发现阿里巴巴平台通过与系统内其他主体互动，既扩大了农村淘宝项目的覆盖率，又降低了农村购物和农产品销售的成本，缩小了城乡差距。我们将案例按照三个层次逐一排序分析，发现每个层面的主体都创造且遵守着互动规则，这三项互动规则分别是资源整合共享规则、价值创造规则和利益分配规则，见表 1-7：

表 1 - 7　创新规则在社会技术系统不同层次的识别

规则	小生境	社会技术域	地景
资源整合共享规则	主体包括：政府、电商专业团队、物流企业； 整合共享资源分为：场地空间、政策、技术、人才、物流资源	主体包括：政府、电商专业团队、物流企业、专业合作组织、供应链集成商、配套服务商； 整合共享资源分为：场地空间、政策、技术、人才、物流、信息、财力资源	利用场地空间、政策、技术、人才、物流、信息、财力等资源，使行业规则、电商政策、服务平台、金融、云端大数据、税收制度等在更广泛的维度发生变革
价值创造规则	农村成立村级代购点，为村里提供了一批电商岗位，物流配送状况更为便捷，网购消费模式逐渐被村民所接受，农村信息化程度提高	电子商务园区落成，农民相关合作组织形式改变，培养一批从事电商运营销售的本地人才，同时展开相关的金融信贷服务，农产品实现网销，与之配套的服务也开始形成，颠覆了农村生产经营方式	电子商务生态系统形成，主体间分工已然明确，相应政策法规落实，农村各生产要素均重新洗牌，从分工协作到共享各类数据与信息，成功以电子商务带动信息化发展，解决贫困问题
利益分配规则	政府履行了经济职能；专业团队和物流企业将业务拓展至农村市场，获取经济利益和知名度；村民改变了消费方式，工作机会增加	政府履行了经济职能和行政职能；专业团队和物流企业将业务拓展至农村市场，获取经济利益和知名度；专业合作组织成功转型；供应链集成商、配套服务商等改变合作形式，实现互利共存；村民工作机会和收入增加	政府提高了执政水平和监管能力；专业团队、物流企业、供应链集成商、专业服务商、新型经营主体既独自运作获取经济利益，又相互依存；村民全方位参与到互联网经济中

（1）资源整合共享规则。Sirmon，Hitt 和 Ireland（2007）认为资源整合是一个动态过程，是企业通过不同渠道、层次获取所需的资源后，将其进行融合、筛选，摒弃无用的资源，将资源体系重构并形成能力的过程。按资源涉及范围的大小，将其分为稳定调整的资源整合方式（Stabilizing）、丰富细化的资源整合方式（Enriching）和开拓创造的资源整合方式（Pioneering）。Ge 和 Dong（2008）则将企业定为边界，将资源整合分为资源识取（Resources Identification and Acquisition）和资源配用（Resources Allocation and Leverage）。前者是企业识别资源和获取资源，后者是企业对已有资源的配置和使用。随着市场经济的发展，Robin 和 Chase（2015）认为应该积极调动社会各界过剩闲置资源，并进行整合优化，打破各方利益藩篱并运用到消费者、政府、供应商和各个平台上，并且人人参与，从技术、知识到平台和商业基础设施，实现共享资源，形成共享经济，用共享经济重构商业新模式。而且共享行为已不仅仅是有形产品的共享、租赁或所有权二手转让，而更趋向对于时间、知识和技能等无形资产的共享。阳山物流产业园区内的村级服务点和电商服务中心、农业合作社、农产品企业和物流企业等行动主体就实现了场地空间和政策等资源的整合与共享，扩大了平台的农村市场占有率。

按照清远市委"把公共服务下移"的要求，阳山目前已建成了 32 家村级服务站、一批村级综合服务中心，为群众提供生活用品网上代购、特色农产品代收代售、农资供应、农技服务、医疗救助、农村金融等便民服务。

而对于通榆来说，平台、通榆县政府与物流企业在服务站内实现了技术和制度的资源整合与共享，生活成本向城市看齐。

阿里集团为每个村级服务站统一配置电脑、电视等设备，实时显示淘宝网上商品的价格及优惠动态等，目前通榆 15 家村级服务点全部试营业，农民可以享受到与城市居民一样的消费选择和生活品质。

（2）价值创造规则。在"互联网+"时代，信息的快速流动及对信息的快速处理分析打破了信息不对称的情况，促使价值创造的内涵发生了变化。Porter（2005）提出的价值链框架中强调企业层面的价值创造，而 Zott 和 Amit（2009）则认为企业的绩效很大程度上受活动的价值影响。Alvarezh 和 Busenitz（2001）认为资源转化程度可以产生不同的价值，Cooper 和 Kaplan（1999）也明确指出资源共享是价值网创造价值的基础。从价值创造和获取上看，价值创造由产业链逐渐向产业网络拓展。随着云经济发展，价值创造不再单一依赖于内部的价值链，更多由消费者主导（金帆，2014）。平台服务商主动与消费者及整个生态系统协调形成各类机制，实现价值创造。分析两个案例，本研究发现两个模式都是推动网上商品下行和农产品上行，通过增加收入、降低生活生产成本的方式创造价值，而且两者相互关联。比如阳山模式，降低生活生产成本有利于扩大农村市场占有率。

阿里巴巴搭建起乡镇物流体系，为当地提供了采购所需的电视、电脑和显示屏，并会对本地代购员进行简单的运营培训。村级服务站建立后，代购员完成交易后会获取相应的佣金。这种方式下，代购员基本不需要自身投入资金，还能在原有实体店铺收入基础上实现增收，农村淘宝项目自推出以后深受群众支持，阳山代购点迅速增加。

至于通榆模式，降低成本也为通榆本地带来积极的经济效应。阿里巴巴集团农村淘宝通榆项目，不但破解了农村群众网购难题，还将推动通榆优质农产品实现网上销售，为通榆电子商务发展注入强劲动力。

（3）利益分配规则。任何行动者群体的行为最终都是为了获取相关的利益，因此一个公平、合理的利益分配规则是其维持良好、高效、稳定的合作关系的前提。在合作中，不同主体间的利益随着投入资源的多寡、责任的轻重得以合理区分。为了更好地解决利益的合理分配问题，学者在企业供应链、产学研合作（张捍东等，2009）、企业动态联盟（高宏伟，2011；Meade et al.，1997）等方面都提出了合理的利益分配机制，通过交互资源实现资源共享和相应的价值创造，最后实现利益在各个主体间合理分配。对于阳山而言，在此发展过程中农民和农业企业获益良多。

一方面，村民足不出户就能买到物美价廉的商品，拿到货后，对货品满意就付钱给代购员，不满意就由代购员帮忙交到县里的运营中心退货，村民不用支付运费。另一方面，村民和农业企业足不出村就能把农产品销往全国、销向世界，电商平台比实体市场售价提高了16%，促进了农业增效、农民增收和农村青年创业成才，促进了农业生产的转型升级。

而通榆在此过程中获取了更多社会效益，不仅是在网购网销层面。通过农村淘宝服务中心，利用两年时间在全县设置100个村级淘宝服务点，推动项目在基础设施、物流通路、发展环境等方面的建设，带动本土企业向电子商务领域拓展，吸引更多电商企业落户通榆，促进通榆电子商务行业的整体发展。

随着三个层次的递进演化，价值创造规则、资源整合共享规则和利益分配规则并非静态地存在于一个层次，而是每个时期都与行动者、系统产生互动，相互作用。虽然两个案例在发展过程中都形成和体现了这三个规则，但在规则侧重上各有不同，广东阳山的电商基础为零，需要完全依托阿里巴巴平台给予的人才、技术资源带动本地电商发展，从工业品下乡到农产品上行逐步实现当地的价值创造。而吉林通榆在农村淘宝项目之前，本地已建成专门的电商运营中心和农产品电商公司，在意识和物质上都具备一定的电商发展基础，与阿里巴巴平台的合作更侧重于进行资源整合共享与利益分配。所以，创新规则的应用需根据不同情况落实开展。

（四）影响农村电子商务发展的因素

为了进一步识别出影响农村淘宝项目在农村顺利实施的因素，笔者逐一回放了录音材料，仔细检查了访谈记录等文本数据。通过两个案例间的多个影响因素的筛选与对比，挑选出四个有助于推动广东阳山和吉林通榆的农村淘宝项目顺利进行的因素：有效的用户需求感知、IT 创新项目的信心、持续的学习跟进和规范灵活的组织形式。

（1）有效的用户需求感知。用户需求是个体对某种事物感到匮乏的一种状态，这种需求可以推动用户行为的改变，企业或商家对用户需求能形成有效感知，并做出相应的策略以更好地形成用户忠诚。在城市，电子商务市场已经进入瓶颈阶段，但农村市场仍未被开发。随着互联网技术逐渐渗透到农村，农村淘宝项目对农村市场和用户需求进行有效感知，了解农村需求，迅速进入农村消费市场，扩大平台市场占有率。

（2）IT 创新项目的信心。阿里巴巴坚信电子商务技术可以改变农村落后的经济、社会现状。自 2014 年"千县万村"计划提出以来，无论在新闻舆论还是在实践推广上，全国都在谈论发展农村淘宝，农村处处可见农村淘宝的宣传字样。这让其他电商主体切实感受到发展的信心，从而更加积极投身到农村电商的发展中。阿里巴巴利用这一个 IT 创新项目实实在在地降低了农村的生产生活成本，提高了农村的经济水平。此外，还改变了农村群众的守旧观念，缩小了城乡鸿沟，具有不可估量的社会效应。

（3）持续的学习跟进。优秀的企业不仅要熟悉熟知自身的业务工作，更要密切关注当地情境下的变化。该项目上至平台高层，参与合作的各省市制订农村电商发展中长期计划，便于随时跟踪动态，定期进行参观考察；下至淘宝合伙人或村级代购员，对村民代购代卖予以耐心讲解，长期跟进，随时解决突发状况。

（4）规范灵活的组织形式。农村传统的消费方式较为单一，缺乏选择性和多样性，传统农业产业组织形式为"公司＋农户"或"公司＋合作社＋农户"，农民往往因缺乏谈判能力而处于劣势地位。而项目引进以来，村内小店化身淘宝村级代购点，一台电脑、一个显示屏就可以帮助农民购买到称心的商品，既节约了时间和金钱，又易于全国各地模仿推广。打工青年回乡创业变身合伙人，电商培训团队频繁下乡启蒙村民电商意识，村内日益改善的交通运输环境，无疑都在推动农村淘宝项目落地全国。

农村电商发展及其创新互动规则的模型如图 1 - 5 所示。

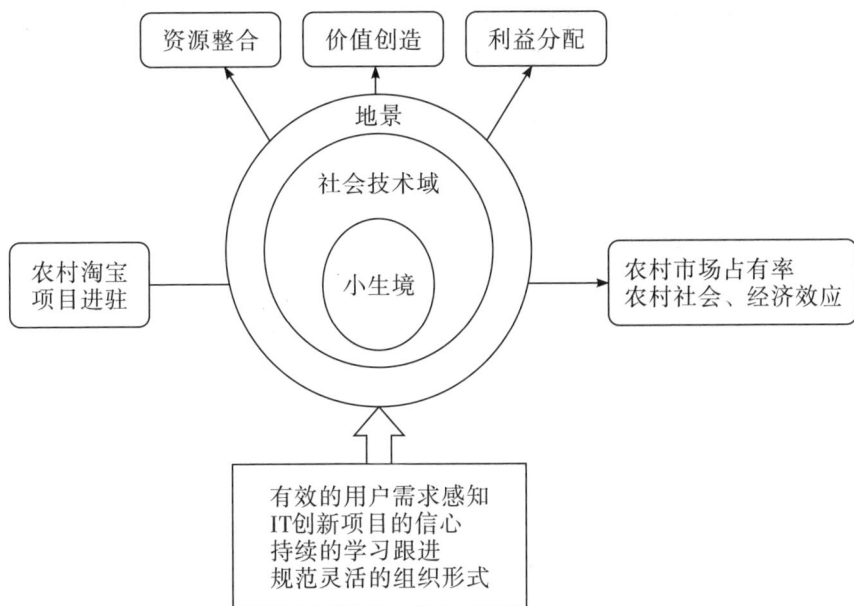

图 1 - 5　农村电商发展及其创新互动规则模型

五、结论

通过对我国两个淘宝县的案例研究，本研究提出了一个农村电商的多层次分析框架，从小生境、社会技术域和地景三个层次解剖淘宝县的发展，从最初的网上商品下行的小生境到社会技术域的壮大，到后期电子商务使得整个农村的生产方式面临转型形成新的地景，村民生活和收入产生了巨大的变化。在农村电子商务的三个层次演化过程中，本研究也总结归纳了阿里巴巴平台与其他电商主体共同形成的三大规则：资源整合共享规则、价值创造规则和利益分配规则。此外，有效的用户需求感知、IT 创新项目的信心、持续的学习改进和规范灵活的组织形式这四个重要因素也是促成淘宝快速进驻农村市场，加强农村基础设施建设，改善农村社会生产生活水平的关键。结合本研究对于农村电商演变过程的研究，站在政府角度，应在不同层次根据实际发展情况做出相应的政策支持，吸引更多人才、资金、技术资源等进驻农村。另外，还要加强基础设施的建设、改善本地交通运输状况、增加当地村民贷款额度等。除了保证小生境阶段各行动主体的进一步需求，政府更需要就农产品的特性关注整条农产品供应链的建设、农产品品牌的建设。而在宏观外围环境，如今大数据的分析与运用是区域经济增长的关键点，政府应该紧紧把握大数据技术，并灵活运用在下一阶段的经济发展竞争中。而对于平台商而言，在继续提高整合各类有效资源能力的前提下，应设计更多商业模式，与政府开展更多有效合作，使得农村经济实现可持续发展。

第二章 | 农产品上行研究——基于 行动者网络理论 |

第一节 农产品上行现状与问题

我国的农村电商发展正处于关键期。从政策层面来看，2015 年 5 月，国务院《关于积极推进"互联网+"行动的指导意见》中将"积极发展农村电子商务"专列为一节；2016 年中央"一号文件"《关于落实发展新理念加快农业现代化 实现全面小康目标的若干意见》明确指出："促进农村电子商务加快发展，形成线上线下融合、农产品进城与农资和消费品下乡双向流通格局。"同年 4 月，农业部等八部委发布的《"互联网+"现代农业三年行动实施方案》将"互联网+"农业电子商务作为 11 项主要任务之一，也将"农业电子商务示范工程"作为六项重大工程之一，而"互联网+"现代农业也是 2017 年中央"一号文件"明确支持的国家级专项工作之一。2017 年 8 月，商务部、农业部联合颁发《关于深化农商协作大力发展农产品电商的通知》，提出了十项重点任务，包括开展农产品电商出村试点；打造农产品电商供应链；推动农产品产销衔接；实施农村电商百万带头人计划；提高农产品网络上行的综合服务能力；强化农产品电子商务大数据发展应用；大力培育农业农村品牌；健全农产品质量安全检测和追溯体系；开展农产品电子商务标准化试点；加强监测统计和调查研究等，为下一阶段的农产品电商发展明确了方向和道路。

从实践来看，农产品网络销售快速发展。销售机构方面，2015 年全国共有涉农网站 30000 多家，其中农产品专业电子商务平台已达 3000 家。2015 年阿里巴巴平台上，经营农产品的卖家数量超过 90 万个。京东以特产馆为特点，大力促进农产品网络销售。截至 2016 年 9 月 1 日，京东网上建立了特产馆 376 家，涉及 32 个省（自治区）及直辖市。在销售额方面，2014 年农产品的网络销售额首次突破 1000 亿元，到 2015 年，突破 1500 亿元，2016 年达到 2200 亿元，年均增长率达到 50%，占全部电商交易额的比重超过 4%。与此同时，农产品上行受到诸多问题困扰。农产品电商平台创新能力不强，盈利能力较弱，难以持续发展。另外，30000 多家涉农网站大部分是同一个模式，即农产品网上销售，创新能力不足，存在重复建设的问题。数据显示，目前国内农产品电商只有 1% 能够盈利，7% 巨额亏损，88% 略亏，4% 持平。相关配套设施相对较差，服务体系尚不完备。农产品物流在可及性、可靠性、服务水平、速度等方面，与城市物流仍存在着较大差异。而在农产品上行的相关配套设施方面，更存在着诸多不足：农产品的分级技术、包装技术、保鲜技术、储存能力、配送力量参差不齐，农产品进城"最初一公里"仍然困难重重。在农产品上行服务方面，与电商相关的软件、数据、摄影、美工等诸多服务仍没有形成体系，位于农村区域的网店经营者获得此类服务仍较困难等。

第二节　相关文献述评

一、农产品电商生态系统

我国学者王胜和丁忠兵（2015）基于电商生态系统理论，认为农产品电商生态系统是电商生态系统的子系统，具有开放互动、多元共生、协同共进以及动态演化四个方面的特征，即由农产品生产者、加工者、流通者、消费者、电商企业以及其他利益相关群体与外部经济、社会、政策环境共同组成，具有协同功能和一定的环境适应能力。

农村电商是促进农业转型、农村发展、农民增收的重要手段（汪沛栋，2016），发展农村电商，"工业品下乡"和"农产品进城"是关键。目前，我国已经初步形成"工业品、农资产品下乡"与"农产品进城"双向流通的格局，但仍以"工业品下乡"为主导。"农产品进城"即发展农产品电商，但目前我国大部分县域农产品电商发展规模小、实力弱，缺乏品牌，还处于初步发展阶段（谢天成，2016）。总结学者们的研究，目前，制约我国"农产品进城"的因素主要体现在以下几个方面：①产品因素，即由于农产品本身具有易腐易变质等特征，使得其在保鲜、运输、处理上难度较大（孟晓明，

2009）。②生产因素，即因为农产品具有季节性从而限制了其生产规模，难以实现标准化生产（施威等，2017）。③运营因素，即在运营环节缺少对供应链的整合，缺乏完整的电商服务体系。④政府因素，即在基础设施、监管和人才引进等方面，政府的支持力度还不够（赵芝俊等，2015）。农产品电商生态系统是一种以电商平台为核心的商业生态系统（Moore，1993），包含了农户或农业企业、消费者、平台企业、物流企业、金融机构、其他利益相关者、信息技术、产品或服务、政府及政府政策等不同主体，这些主体之间形成利益连接，通过资源协调、模式创新等方式形成一个共生、自治、进化并且价值外溢的生态闭环（孙金云等，2016）。在这一生态系统中，平台管理者（或核心企业）是实现平台成功的关键，因为他们通过对用户基础（User Base）这一有价值资源的管理（Eisenmann，2011），组合资源，实现价值创造（孙金云、李涛，2016），并推动平台主体协同，调和成员的竞争和合作，最终实现系统成员能力和价值的共演（Li，Garnsey，2014）。

二、行动者网络理论

行动者网络理论（Actor Network Theory，ANT）以行动者、转译和网络为核心概念，其中参与到科学实践中的所有因素，包括人类因素与非人类因素，皆为行动者，且行动者都是转译者而非中介者。行动者还可以分为关键行动者和其他行动者（Callon，1984），关键行动者在行动者网络构建过程中起主导作用。"共同强制通行点"（Obligatory Passage Point，OPP）是实现各方利益要解决的关键问题，通过"共同强制通行点"后关键行动者和其他行动者发生利益联结，形成网络联盟（Sarker et al.，2006）。由于不同行动者的利益取向、行为方式等都是异质的，行动者需不断相互界定各自的角色以使自身通过"共同强制通行点"，此过程称为转译。转译包括四个基本环节，即问题呈现、利益赋予、征召、动员（见表2-1）。通过这四个基本环节，各个行动者的角色和利益被重新赋予，它们之间相互协调、磋商，最终达成共识，形成紧密联结的网络（李峰等，2014）。另外，在网络构建的过程中，其他行动者可能会由于种种变化而衍生异议（Callon，1984），关键行动者要对产生异议的行动者进行重新转译，以此来保证网络的正常运行。行动者网络理论能动态、系统地分析建构过程中物质与非物质因素间的互动路径及其运作机制。

表 2 - 1　转译的四个基本环节

转译环节	含义
问题呈现	关键行动者识别其他行动者，并证明解决问题要经过的"共同强制通行点"，以此强化自己在网络构建中的主导地位
利益赋予	关键行动者与其他行动者发生利益联结并与之协商，试图强化和稳定其他行动者的身份过程
征召	不同行动者之间具有异质性，征召就是行动者不断相互界定各自角色以通过"共同强制通行点"
动员	关键行动者根据协议来确保其他行动者能够忠实于该网络体系的构建。此时，关键行动者能够调动相关资源协调运作，并对其他行动者行使权利，以维护网络的稳定运行

三、行动者网络理论视角的农产品电商生态系统

行动者网络理论作为一种强调各行动主体连接、协同的理论，在解决网络型组织的问题上具有很大优势（屠羽等，2018），因而适合应用于有关农产品电商生态系统的研究。首先，该理论既强调人类行动者与非人类行动者的平等地位，又承认不同行动者在农产品电商生态系统中的差异及其协同作用（屠羽等，2018）。而农产品电商生态系统涉及各类行动主体，各方有不同的利益诉求，但又追求整个系统的协调和持续发展，行动者网络理论能够打破社会因素的绝对区分，赋予人和物同等的能动性（Callon，1984），使得研究者能够充分识别农产品电商生态系统中的各类行动者并分析其作用机制（卢宝周等，2017）。其次，农产品电子商务的发展是一个动态的过程，它的演化阶段有多种划分方法，比如，形成—发展—自我更新（Leong et al.，2015）三个阶段；集成式服务枢纽—平台中心性分布式网络—商业模式形成—模式推广—生态系统拓展（Jha et al.，2016）五个阶段等。行动者网络理论强调把社会看成联结的、动态的，结合该理论的转译机制，能够从动态变化的角度分析系统不同阶段行动者之间协同创新的变化与演进过程，并深入研究内外部网络与辅助网络的互动过程，通过跟踪各行动者的行动，破译彼此之间互动、组合的模式（屠羽等，2018）。最后，系统的概念与网络相对应（卢宝周等，2017），通过转译的四个环节分析农产品电商生态系统中

各行动者之间的关系和利益诉求，能够对如何解决"农产品上行"问题进行具体阐述。

四、简要述评

农产品电商生态系统不仅为落后地区的农户和农业企业提供了接入更大市场的机会，还提供了政府资源、物流资源、金融资源、技术资源等以改善农村基础设施建设、带动人才下乡创业就业、完善电商服务体系，从而为农产品上行提供强有力的途径。综上，可以认为农产品电商生态系统是一个行动者网络，农户或农业企业、消费者、电商平台企业、物流企业、金融机构、其他利益相关者、信息技术、产品或服务、政府及政府政策等行动者形成利益连接，通过资源协调、模式创新等方式形成一个共生、自治、进化并且价值外溢的生态闭环（孙金云等，2016）。电商生态系统理论正在随着实践快速发展而日渐完善，其形成与演化机制逐渐达成共识，但生态系统只是一个分析框架，构成系统的要素都不是同质的，且会动态变化，在演化过程中，各要素自身的成长发展机理，即系统主体的能力与行为绩效如何随着系统演进以及外界变化而演化，目前还鲜见相关研究。行动者网络理论对于技术—社会系统的演进规律有很强的解释力，且大量用于阐释各类复合创新系统，但尚未用于解释农产品电商生态系统的发展规律。

第三节　研究方法

案例研究尤其是单案例研究，适用的范围之一就是通过纵向案例（Longitudinal Case）来展示现象随着时间变化而发生变化的过程（Yin，2003）。与大样本的定量研究相比，案例研究更贴近理论构念（Siggelkow，2007），许多理论研究给出的都是推测性假设，缺少现实基础，案例研究可以清晰地回答"怎么样"和"为什么"的问题，既有助于研究者把握事件的本质，也有利于说服读者（Yin，2003），通过对现象细节进行丰富的描述，可以告诉读者"黑匣子"中到底发生了什么，并发掘随着时间的演变，现象背后隐含的动态机制是什么并如何发挥作用（黄江明等，2011）。

本研究采用单案例研究方法，选取了广东省茂名市的荔枝产业作为案例研究对象。主要原因在于：首先，茂名荔枝电商从 2012 年发展至 2018 年，尽管只有6年左右时间，但在国内生鲜水果电商中一枝独秀，具有典型性，符合理论抽样原则（Eisenhardt，1989）。自2012年以来，随着互联网电商的发展，茂名果农开始在网上销售荔枝，当地快递公司承接的荔枝快递业务，从总重量不到10吨，发展到2017年的2.2万吨，全市在各大电商平台销售茂名荔枝的网店，也从36家增长到2017年的3600多家。其次，茂名市荔枝产业的电商活动已经形成了一个生态圈，且该生态圈具备了开放互动、多元共生、协同共进以及动态演化四个系统特征，可视为一个以荔枝为核心产品的农产品电商生态系统，因而也是一个行动者网络（王胜等，2015）。四个系统特征主要体现在互联网技术、保鲜技术、运输设备技术的进步，现代金融体系的支持，专业人才的提供，政策法规所提供的制度框架等，为该生态圈提供了物质基础，同时该生态圈的良好运转又能为社会增加财富、创造价值，因而该生态圈是一个不断与社会环境进行物质和能量交换的开放互动的系统。农户或农业企业、消费者、电商平台企业、物流企业、金融机构、其他利益相关者、信息技术、产品或服务、政府及政府政策等不同的参与者使得行为主体多元化和产品供应链复杂化，因而该生态圈是一个多元共生的系统。多元行为主体借助网络平台能够进行便捷、实时的信息交流，从而大幅度降低农产品在生产、流通、销售各环节的信息搜寻成本，协调资源，压缩中间环节，优化供应链，因而该生态圈是一个协同共进的系统。茂名荔枝电商生态圈经历了兴起、发育到逐渐成熟的过程。由于行为主体越来越多也越来越丰富，荔枝的产业链日益复杂并逐渐形成一张相互交织、相互补充的网络，系统的协同功能越来越强大，因而该生态圈是一个动态演化的系统。

茂名荔枝网销的成功，为解决我国农产品上行中遇到的种种困难提供了解决办法以及经验指导。综上，本研究基于行动者网络理论对茂名荔枝这一案例进行研究，以解决两个方面的问题：一是茂名荔枝的农产品电商生态系统是如何形成的；二是该农产品生态系统中各行动者是如何发挥作用解决荔枝上行中遇到的难题的。

第四节　案例分析

一、案例简介

广东茂名是我国的一个水果生产基地，它也是全球规模最大的荔枝生产基地，该市利用430多万亩土地种植水果，其中，荔枝种植面积超过176.57

万亩，约等于除中国外世界各国荔枝种植面积的总和。荔枝年总产量占全国的 25%，占全球的 20%。2015 年，茂名化州成为粤西首批阿里巴巴农村淘宝"千县万村"项目入驻的县市，阿里巴巴牵手化州市政府，把"实现电子商务集中突破"作为化州市经济发展战略的重要内容之一；同年，京东集团业务也在电白、信宜、高州、化州落地，并于 2016 年开设京东中国特产信宜馆。除第三方平台以外，茂名市自建涉农电商平台也如雨后春笋般涌现，比如丰盛食品、明湖商城等都集中精力打造供应链，效益显著。截至 2017 年，茂名市农产品电商在淘宝网、京东等网络平台开设荔枝网店和微店 3600 家；设有乡镇快递网店 661 个，实现了"乡乡有网点"；2016 年有 1000 个统一标志的信息惠民综合服务站进驻各村居，2017 年实现 1902 个村居全覆盖；另外，茂名市政府还通过创新通信基础设施建设模式，大胆整合三大电信运营商资源，共建通信管道和无线基站，加快推进农村信息基础设施建设。通过整理资料，得到茂名市荔枝电商发展重要事件，如图 2-1 所示。

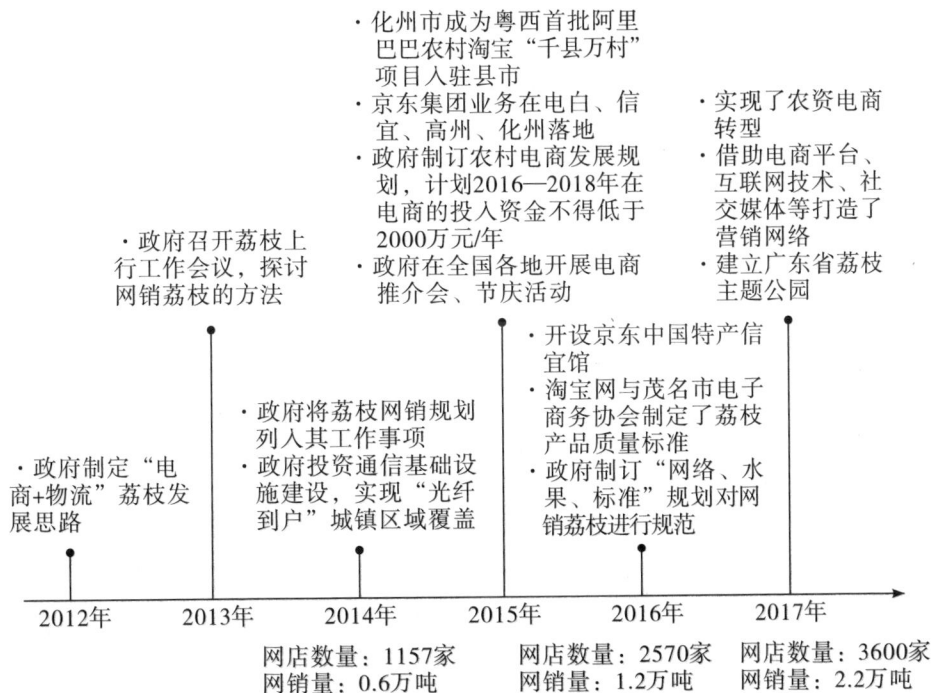

图 2-1　茂名荔枝电商发展重要事件

二、茂名荔枝电商生态系统的发展过程

茂名市是广东省第一农业大城市，农产品资源丰富、品种多样，比如荔枝、龙眼、桂圆干、三华李、化橘红、番石榴等。在众多的特色农产品中，荔枝最为出名，茂名市是我国最大的荔枝产地，也是全球最大的荔枝产地，有"荔枝王国"的美誉。尽管现如今茂名荔枝形成了一定的品牌效应，但是在过去，由于荔枝的季节性很强，只有在夏季短短的几个月时间才供应，受季节的限制，以种植荔枝为主业的农户在其他月份往往没有收入来源。同时，市面上销售的荔枝多是来源于单个家庭农场，很少有企业直接承包土地雇用员工建立大型荔枝种植产地，因而销售的方式也以到市场叫卖或者经过经销商层层批发给水果店、超市等零售商为主。茂名位属粤西，与珠三角城市相比，无论是基础设施还是市场环境都较为落后。借助电商平台提供的发展机遇，茂名市荔枝产业的发展思路越来越清晰，即依托地方产业优势，加强政府引导，强化市场驱动，盘活优势资源，深化生态赋能，整合产业链，促进产业链上下游企业的高效协同，提升电商核心竞争力，激发持续发展的内生动力。

（一）识别产业链中主体——行动者界定

行动者是行动者网络理论的三大要素之一，通过跟踪行动者的行动能够破译行动者之间的互动、组合模式，分析行动者之间联结的动机、行为和结果，因而在分析由行动者所形成的网络时，应该首先界定参与活动的所有行动者。现如今，茂名市的荔枝品牌已发展至成熟阶段，不仅在广告、促销、采摘等多方面取得规模效益，还具备了范围经济效益、品牌效应大的特点。电商的发展使得茂名市的荔枝产业形成了一个囊括政府、电商平台、荔枝生产商、农资企业、物流企业、金融机构、农技服务公司等多主体的生态圈，这些不同的利益主体借助信息技术不断协调行动、整合资源以使整个生态圈产生最大价值，同时不断协调资金流、物流、信息流，实现全产业链的最优化发展。这些参与主体都属于行动者，此外，技术和政策等非人类参与者也属于行动者，它们之间的互动协商构建了茂名荔枝特有的电商生态网络。这些行动者在电商生态系统发展的不同阶段有不同的角色，所发挥的作用也不相同，因而，可以将其分为关键行动者、主要行动者和共同行动者三大类。

其中关键行动者在电商生态系统中处于核心位置，能够识别其他行动者，明确当前要解决的问题，同时调动其他行动者共同解决问题；主要行动者主动与关键行动者协同来实现电商生态系统的发展；共同行动者则指的是电商生态系统中其他互动和联结中涉及的角色和资源。这三类行动者在不同阶段形成不同的组合并且相互作用，促使行动者网络不断优化和发展（李峰等，2014）。

（二）产业链重构过程——转译过程

根据 Leong 等人（2015）的研究，本研究将茂名荔枝电商生态系统的发展分为三个阶段，即形成阶段、发展阶段和自我更新阶段。通过追踪三种行动者在生态系统发展不同阶段的行动、所发挥的作用以及角色的转变等来分析行动者网络的构建过程。

1. 形成阶段（2012—2014 年）

茂名是全国的水果大市，相传有 2000 年以上的荔枝种植历史，且荔枝品种丰富，比其他产区的同类品种早熟 20 天左右，荔枝产量约占广东省荔枝产量的 50%，全国荔枝产量的 25%。在此阶段，茂名市采用电商和物流结合的方式来销售荔枝产品。2012 年，随着互联网电商的发展，茂名市果农开始在网上销售荔枝，当年通过电商卖出的荔枝达 10 吨，这对于以往的当地农户来说是不可能发生的事情。在初次尝到了电商带来的好处以后，当地种植荔枝的主体由单个农户开始向家庭农场和专业合作社等演变，他们与物流企业之间的联系也越来越紧密。但茂名位属粤西，是广东省欠发达的地区之一，该市很多乡镇地区地理位置偏远，道路又未硬化，交通极其不方便；另外，宽带在农村地区的收费要比在城市地区高很多，普通宽带在农村地区年租金大约 1000 元，造成很多乡镇地区的村民难以获取互联网服务。因此，此阶段要解决的关键问题就是农村地区基础设施的建设。当地政府注意到了这一现象，在 2013 年组织召开荔枝上行工作会议，探讨网络销售荔枝的方法和途径，并在 2014 年的市委政府工作事项中列入了有关茂名农产品网络销售的规划。此外，政府还通过创新通信基础设施建设模式，大胆整合三大电信运营商资源，共建通信管道和无线基站，加快推进农村信息基础设施建设。2012—2014年，通信基础设施建设投资完成 10.65 亿万元，并逐步实现"光纤到户"全市城镇区域覆盖，大幅度提升农村宽带网络速率和覆盖面，为农村电商的发展提供了有力支撑。在政府的支持下，茂名市荔枝的网销量从 2012 年的 10 吨发展到 2014 年的 60 吨，快递网点的数量也逐渐增加。

在此阶段，"共同强制通行点"就是在农村地区铺设基础设施，如图 2-2 所示。政府作为关键行动者，通过与通信运营商合作投资农村互联网建设，并制订荔枝网销计划，提供政策、资金和技术支持，征召和动员电商企业与物流企业发展当地电商；在政策、资金、技术的支持下，电商企业为荔枝生产者和消费者提供了一个直接交易的平台，缩减了荔枝销售的中介环节，物流企业则与电商企业配合，开展具体工作，故主要行动者包括农户/家庭农场、物流企业、电商企业；互联网技术和政策等则为共同行动者，为荔枝网销提供技术和环境支持。

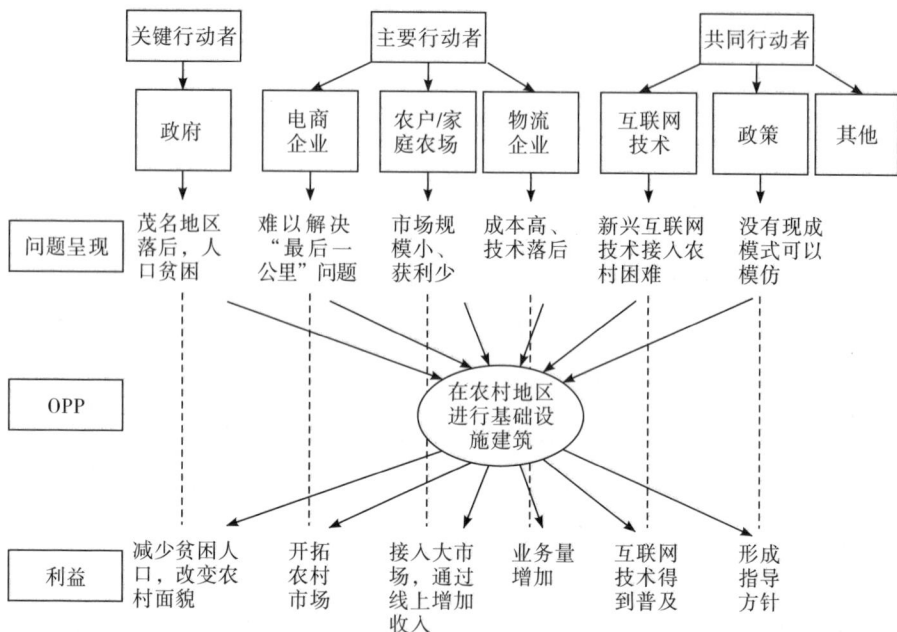

图 2-2 荔枝网销形成阶段转译过程

2. 发展阶段（2015—2016 年）

在电商网络形成阶段，荔枝借助电商平台提升了销量，扩大了销售范围。尽管农户都以"茂名荔枝"作为品牌在网上销售，但是由于茂名荔枝包含多个品种，每个农户销售的品种不一定相同，即使是销售同样品种的荔枝，也难以保证荔枝在口味、外形、安全指标等方面一致。没有标准化的生产流程，不仅影响了茂名荔枝品牌的建设，也造成不同行动者面临不同的问题。因此，在此阶段，"共同强制同行点"就是标准化荔枝网销，形成品牌效应，见图 2-3。

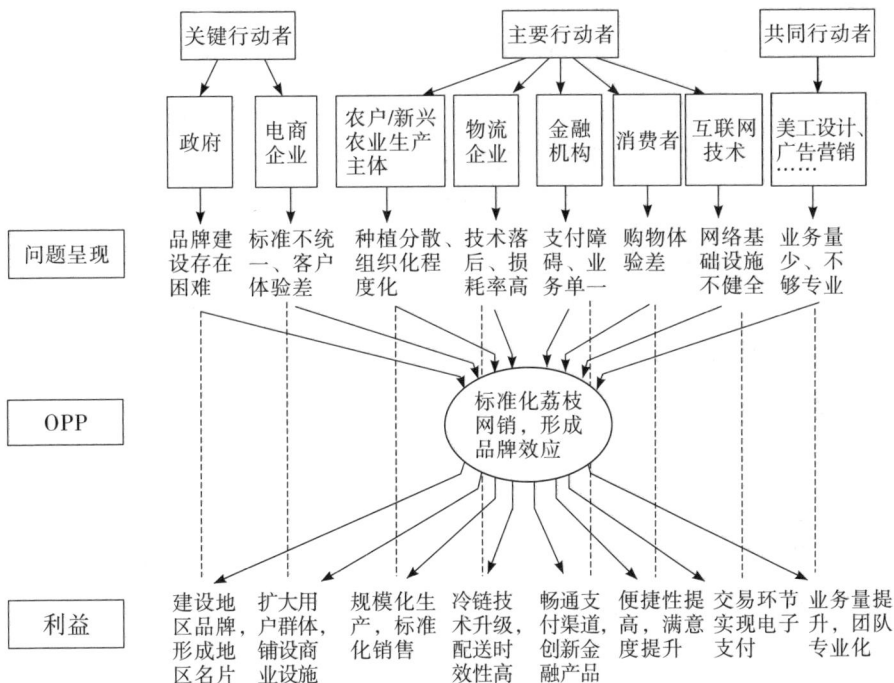

关键行动者　　　　主要行动者　　　　共同行动者

| 政府 | 电商企业 | 农户/新兴农业生产主体 | 物流企业 | 金融机构 | 消费者 | 互联网技术 | 美工设计、广告营销…… |

问题呈现

| 品牌建设存在困难 | 标准不统一、客户体验差 | 种植分散、组织化程度化 | 技术落后、损耗率高 | 支付障碍、业务单一 | 购物体验差 | 网络基础设施不健全 | 业务量少、不够专业 |

OPP　　标准化荔枝网销，形成品牌效应

利益

| 建设地区品牌，形成地区名片 | 扩大用户群体、铺设商业设施 | 规模化生产，标准化销售 | 冷链技术升级、配送时效性高 | 畅通支付渠道，创新金融产品 | 便捷性提高，满意度提升 | 交易环节实现电子支付 | 业务量提升，团队专业化 |

图 2-3　荔枝网销发展阶段转译过程

网络销售荔枝不仅增加了当地农户的收入，也吸引了越来越多的荔枝生产者，荔枝种植户从单个农户和家庭农场逐渐演变成专业合作社、电商产业园、电商服务站等新兴农业生产主体，还自发成立电商协会形成产业集群效应。2015 年，茂名化州成为粤西首批阿里巴巴农村淘宝"千县万村"项目入驻的县级市；同年，京东集团业务也在电白、信宜、高州、化州落地，并于2016 年开设京东中国特产信宜馆。2016 年，淘宝、京东两大电商平台与当地电商协会合作，对荔枝等级进行划分，为网络销售荔枝制定了标准和规范，对荔枝的果色、酸度、固形物、单果重量做出了明确的规定。除了第三方电商平台以外，茂名市自建涉农电商平台也如雨后春笋般涌现，比如较为出名的丰盛食品，按照一定的标准从农户手中收购荔枝，为农户提供种植、管理技术，从卖货到打造供应链，取得了良好的效益。在物流方面，淘宝、京东两大电商平台将物流服务延伸到镇村级，比如，阿里巴巴利用互联网技术对物流线路进行优化，实现菜鸟体系落地；而京东除了与第三方物流企业合作以外，还自建物流体系。自建涉农电商平台也大力投资建立冷库，还对冷链运输标准、配送时间标准等做出了详细的规定。政府则在 2015 年制订了农村电商发展规划，计划 2016—2018 年每年在电商发展中投入的资金不得低于2000 万元；另外，每年荔枝上市时，当地政府都会组织开展电商推介会、节庆活动，以此扩大茂名荔枝的品牌影响力；同时，政府还在成都、北京等城市组织展开各类活动，拉近消费群体和荔枝产地的距离。

茂名采用"网络、水果、标准"相结合的方式扩大了荔枝销售范围，树立了良好的品牌形象。共同的利益诉求吸引了众多行动者加入原有的网络中，荔枝种植户也从单一的农户种植和家庭农场发展为新兴农业生产主体。同时，农产品电商的发展也吸引了与电商相关的行业在此聚集，比如美工设计、广告营销等，企业间的协调和互补会加速推广荔枝的种植和管理经验，并派生出更多创新。如图 2-3 所示，政府和电商企业充当了关键行动者角色，电商企业不仅为荔枝网络交易提供了平台，还制定产品标准，解决了农产品上行中难以标准化的难题；同时，与优质物流企业合作进一步完善物流体系，在农村地区铺设了一套商业基础设施。政府则为合伙人提供基础设施，鼓励人才返乡创业、提供资金支持、组织开展电商推介会等。而农户/新兴农业生产主体、物流企业、金融机构等属于主要行动者。同时，互联网技术得到普及，它在促进电商平台扩大用户群体、克服支付障碍、标准化物流运输等方面都发挥了作用，因而也属于主要行动者。共同行动者还有美工设计、软件开发、广告营销等众多与电商相关的企业。

3. 自我更新阶段（2017 年至今）

在扩大了行动者网络规模以后，茂名荔枝已具备一定的品牌效应，但是网络规模的扩大也反映出信息共享存在困难，比如，虽然茂名市电商平台众多，但各个平台的建设都是自成体系，数据信息更是没有相通；同样，物流企业也是各自运作，整个农产品物流过程的信息链阻断，配送成本高。除了电商平台和物流企业以外，其他行动者也面临着不同的问题，对于政府来说，缺乏相应的技术人才建设和维护电商信息公共平台，缺少相应的专业人才采集、发布市场信息，反馈市场行情；而对于金融机构，借助于移动支付技术在交易端发挥了重要的作用，但是农户或农业企业贷款手续复杂、农业信贷保险难、农业金融产品单一等现象突出。为了使成员各尽其责，茂名市的电商并不局限于荔枝的买卖，而是在协调资源、扩展功能的基础上建立生态体系，因此，此阶段的"共同强制通行点"就是要通过形成完善的产业链、打造广泛的营销网、建立生态体系以维持电商生态系统的持续发展与创新，见图2-4。

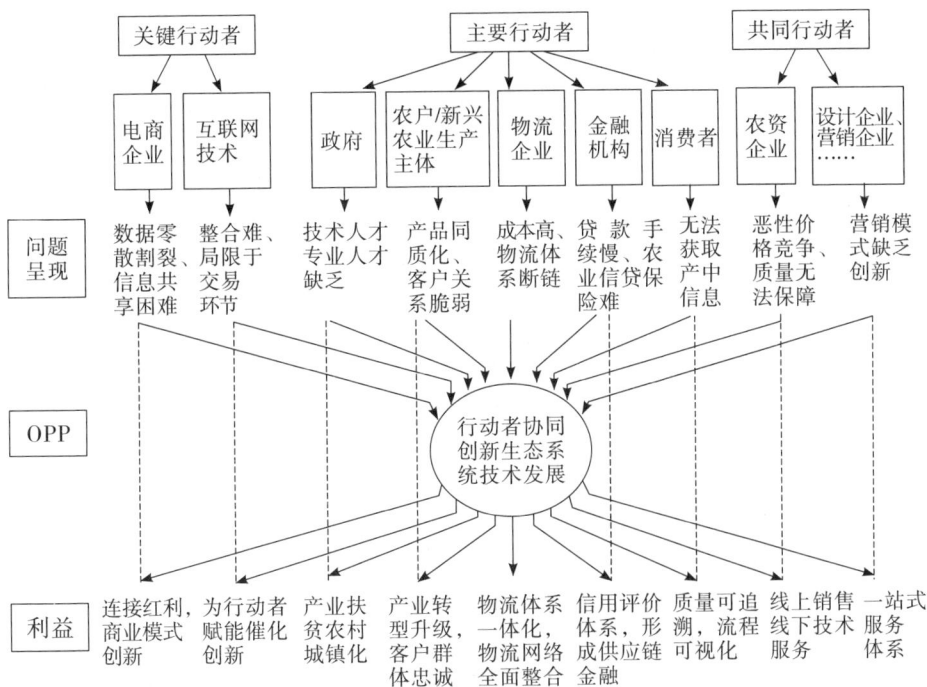

图2-4　荔枝网销自我更新阶段转译过程

在此阶段，电商企业、互联网技术在完善荔枝产业链中发挥了重要的作用，因而充当了关键行动者角色。在荔枝产业链前端，过去由于农资质量的隐蔽性和复杂性，小农户缺乏农资质量判断知识、搜寻合格农资产品的路径，再加上成本较高，导致价格成为农户选择农资的主要甚至是唯一标准。借助电商平台，农资市场发生转型，不仅在线上为农业生产者提供了直接对接和低成本购买高质量农资产品的渠道，还在线下为农业生产者提供农技服务。在荔枝交易环节，电商平台以及微信、微博、QQ等社交媒体构建了荔枝营销网络，同时结合大数据精准定位目标客户，以精良的服务实现与客户的密切互动，从而不断改进产品质量。政府、农户/新兴农业生产主体、物流企业、金融机构以及消费者都属于主要行动者。2017年，当地政府联合电商平台，在茂名建立广东荔枝主题公园，线下为消费者提供采摘体验，满足公众休闲旅游需求，线上则借助电商平台宣传；此外，政府还聘请了广东省各大高校农业专家，为当地荔枝种植户、企业提供知识指导。物流企业借助电商企业之间的信息共享平台整合物流信息，构建现代化物流体系；金融机构则借助互联网技术，不仅在交易环节发挥作用，比如茂名市惠龙邦金融服务平台为农户提供了多元化融资渠道，推出信贷担保，同时还为农村物流提供委托收款、信用贷款、便捷支付渠道。农资企业同其他设计营销企业一样，在关键行动者以及共同行动者所提供的支持环境下发挥自己的作用，充当共同行动者的角色。

（三）茂名荔枝电商生态系统的形成——网络构建

在茂名荔枝电商生态系统的形成阶段，政府首先识别出了发展荔枝产业所需要的行动者，并通过提供政策支持以及在农村地区铺设基础设施来创造条件吸引他们加入；在发展阶段，越来越多行动者开始意识到茂名荔枝可观的发展前景，并加入网络构建，荔枝的种植也从单一的农户种植/家庭农场发展为专业合作社、电商产业园、电商服务站等新兴农业生产主体，并成立了电商协会。这一阶段，标准化荔枝网络销售、打造知名品牌成为必须解决的关键问题，电商企业和政府在此阶段注重发挥协调与引导的作用，通过利益赋予来强化和稳定其他行动者的身份地位，使其他行动者具备参与电商网络构建的信息和能力。具体做法就是电商企业对荔枝的生产、配送、销售等做出了详细的规定，解决荔枝网销过程中难以标准化的问题；政府则大力提供资金支持发展当地电商，并在全国各大城市举办电商活动，扩大茂名荔枝的品牌影响力。在自我更新阶段，互联网技术的运用则帮助荔枝产业打造了特定的营销网络，借助社交媒体，荔枝生产者可以实时与消费者进行沟通互动，增强用户黏性，而电商企业在此阶段则借助互联网技术缩短了荔枝供应链环节，比如当地本土化电商平台就借助互联网技术公司——"茂乡供应链"进行供应链管理，助力平台自身渠道扁平化，实现采购与销售的利益最大化。在经历以上三个发展阶段以后，茂名市荔枝电商最终形成了以电商企业、互联网技术为核心，结合政府政策、社会资本、新兴农业生产主体、物流企业等多元主体的信息网络平台，成为覆盖荔枝全产业链的开放式生态系统（见图2-5）。

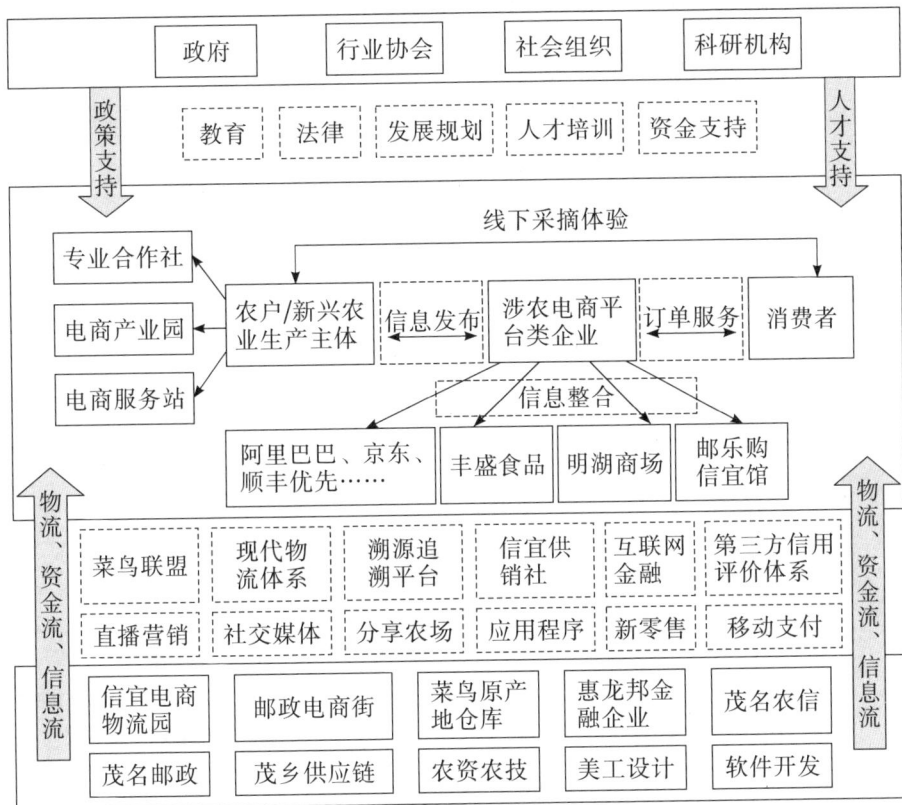

注：`[ ]`人类行动者；`[ ]`非人类行动者。

图2-5 茂名荔枝电商生态系统

（四）关键行动者的角色演变

行动者是行动者网络理论的三大要素之一，通过跟踪行动者的行动能够破译行动者之间的互动、组合模式，分析行动者之间联结的动机、行为和结果。关键行动者在网络中处于核心位置，能够识别其他行动者，明确当前要解决的问题，同时调动其他行动者共同解决问题（李峰，2014）。但在行动者网络发展的不同阶段，关键行动者可能会发生变化，这会导致行动者网络朝着不同的方向发展，因而，分析关键行动者的变化很重要。

从图2-2、2-3、2-4中可知，茂名市荔枝电商生态系统中发生变化的关键行动者有政府、电商企业以及互联网技术。它们发生的变化分别为：政府在生态系统发展的形成阶段和发展阶段充当关键行动者角色，在生态系统的自我更新阶段充当主要行动者角色；电商企业在生态系统形成阶段充当主要行动者角色，在生态系统的发展阶段和自我更新阶段充当关键行动者角色；互联网技术在生态系统的形成阶段充当共同行动者角色，在生态系统的发展阶段充当主要行动者角色，在生态系统的自我更新阶段充当关键行动者角色。通过分析该生态系统的转译过程可知，它们发生变化的原因在于：在形成阶段，农村地区基础设施落后，发展电商首先就是要在该市的城镇和乡村铺设基础设施。这不仅需要政策支持，而且更需要资金支持，在此阶段，只有政府具备这样的能力，因而此时政府为关键行动者。电商企业则充当了主要行动者的角色，在政策和资金的支持下为农户与消费者提供了一个交易平台，帮助农户在网上卖荔枝。同时，在形成阶段之后，互联网技术在茂名市农村地区得到普及，比如在该市农村地区建立的"大喇叭""村村通""农信通"等农村信息化工程中，就为农户提供了供销流通、灾前预警、防灾减灾等服务，帮助农户进行科学的农业生产，因而互联网技术在其中充当了共同行动者的角色。

在该生态系统发展的第二阶段，基于政府所提供的物质基础，社会资本开始进入农村地区，但对于企业来说，在农村地区开拓市场，没有相应的经验范式可以模仿，一切都处于探索之中，未来的盈利也并不可观，此时社会资本力量较小，还不足以带动该地区电商的发展，政府所提供的政策和资金支持仍然重要。随着茂名荔枝品牌效应不断显著，电商企业不再局限于商品的买卖，同时还与物流企业、金融机构等合作，为农户提供基本生活服务。此外，电商企业也吸引了众多与之相关的产业在此聚集，在农村地区铺设了一套商业基础设施，带动农村地区商业化，因而与政府一同成为生态系统中的关键行动者。互联网技术也并不局限于为农户提供生产服务信息，而是更多聚焦于交易端，形成了多种多样的支付渠道，比如移动支付在农村地区的普及，使得交易变得十分便捷，因此，互联网技术成为主要行动者。

最后是在该生态系统发展的第三阶段，电商企业在经过发展阶段以后，不仅拥有大量的用户群体，而且在农村地区铺设了商业基础设施。电商企业借助互联网技术与其他行动者进行信息整合、资源协调，从而共同实现商业模式的创新。比如菜鸟联盟就将物流信息整合在一起，实现了对农产品各物流环节的实时跟踪；"茂乡供应链"则打造了一个线上线下相融合的产业生态圈，致力于优化供应链中的商流、资金流、信息流和物流，目前已经开展了包括产业孵化、供应链管理、供应链金融、溯源服务平台、咨询平台等多项业务；惠龙邦金融服务平台则致力于为电商平台上的供需双方解决资金缺口，通过创新担保方式和构建完善的风控模型，引进金融合作和政府性基金，共同推出互联网信贷产品。因此，电商企业和互联网技术在此阶段共同充当关键行动者角色；政府则充当主要行动者角色，更多地发挥辅助作用，尽可能给予社会资本发展最大支持。这些表明了该生态系统此阶段的发展方向是商业模式的协同创新。

三、电商生态系统解决农产品上行问题的机理

目前，制约我国农产品上行的因素主要有四大类，即产品因素、生产因素、运营因素以及政府因素。茂名荔枝以电商企业和互联网技术为核心，在协调资源和扩展功能的基础上构建出了农产品电商生态系统，成功解决了荔枝网销中遇到的障碍，具体来说，茂名荔枝网销的成功主要有以下几方面的原因：

（一）针对产品因素，完善物流配送体系

荔枝与其他农产品一样，具有易变质、不易保存的特性，因此对物流配送的要求较高。但是，传统物流体系的保鲜方式和保鲜技术较落后，无法长期保鲜荔枝；运输环节衔接不连贯，常常造成一些需要空运到其他地区的荔枝产品错过航班。为了解决这些问题，茂名市的一些物流企业采取了多种措施，比如当地的邮政公司请教农业专家，对荔枝产品进行统一包装，利用泡沫箱储存，同时配备冰袋、保鲜膜和吸水纸，对包装流程做出了明确的规定。另外，建立专门的冷库，在运送荔枝产品前对其进行预冷，严格控制冷链运输中的温度。为了确保各个运输环节紧密联系在一起，当地邮政公司还租赁场地建立了集散中心，在产地封发荔枝产品后，直接将其运送到广州白云机场。在收寄高峰期间设计出了应急方案，配备了多台运输车辆和设备，增加人员开展封发、揽收等工作，确保荔枝邮件即时发送，极大地缩短了荔枝从产地到消费者手中的时间。

（二）针对生产因素，标准化荔枝生产、配送、销售

为了确保消费者购买到新鲜可口的农产品，不仅要提高配送效率，还要保证产品的质量。荔枝的季节性限制了其生产规模，没有一定的规模就很难实现产品标准的统一，不同批次产品质量就可能出现差异。在电商企业和政府的征召与动员之下，越来越多的利益主体开始加入茂名荔枝的电商发展队

伍，荔枝种植户也从单一的农户和家庭农场向专业合作社和农业企业转变，形成了产业集群效应并成立了电商协会。为了解决这些问题，2016 年，茂名市质监局通过开展调研工作，为电商协会制定了网络销售荔枝的标准和规范，对荔枝的果色、酸度、单果重量等做出了明确规定，并且沿袭了传统消费习惯，电商平台可以销售带枝带叶的荔枝。2017 年，淘宝网与当地电商协会一起制定了荔枝产品质量标准，这项标准涉及的品种有"桂味""妃子笑"等，包括的内容有允许缺陷值、产品感官特征、产品物理指标等，质量标准以数字指标为主，对荔枝产品的等级做出了明确划分。这不仅保证了标准的统一性和科学性，也使标准更容易实施和操作，不仅为荔枝种植农户或企业提供了重要指导，还进一步扩大了茂名荔枝的影响力。

（三）针对运营因素，整合产业链，打造广泛的营销网络

在产业链方面，茂名市农业企业或合作社等组织成立电商协会，集产、供、销于一体，借助电商平台和互联网技术，荔枝产业链不断向前向后延伸，实行一体化经营、专业化生产、社会化服务。在产业链前端，借助电商平台发展农资电商；在荔枝流通环节，借助电商缩短供应链帮助荔枝生产者与消费者直接联系；同时借助微信、微博、QQ 等社交媒体进行产品宣传，打造广泛的营销网络。除此之外，政府还通过在全国各大城市举办电商活动来拉近消费者与茂名荔枝的距离，进一步扩大茂名荔枝的影响力。而在产业链后端，建立荔枝主题公园，进行农旅结合以满足消费者的休闲娱乐需要，由此构建出荔枝从田间到餐桌的完整的农业产业链，真正打造"茂名荔枝"这一品牌，使得当地荔枝产品具有较高的竞争力。

（四）针对政府因素，大力提供资金支持，鼓励人才返乡创业

农村电商发展速度较慢，发展水平偏低，主要原因有两个：一个是内因，另一个是外因。内因主要指农村地区缺少丰富的教育资源，配备的教育设施较少，教育制度存在诸多漏洞和缺陷，影响了人才的培养和发展；外因主要指农村地区缺少良好的条件，由于各项条件较差，导致专业人才不愿意进入农村工作，农村地区无法为优秀人才创造良好的发展条件，影响了他们的工作积极性。茂名市政府为了吸引人才返乡创业就业，与三大电信运营商合作，大力投资资金在农村地区铺设网络基础设施，逐步实现"光纤到户"全市城镇区域全覆盖，将发展当地农村电商列入政府规划当中；并于 2015 年制订规

划，要求 2016—2018 年每年投资于电商的资金不得少于 2000 万元。除此之外，政府还与广东省各大高校专家合作，为当地电商协会、荔枝生产者开设电商培训班，提供科学指导，增加他们的知识储备，提高他们的网络销售技能水平，帮助他们掌握更多的网销技巧等。

四、结论

　　"工业品下乡"和"农产品上行"是发展农村电商的两大关键，但是根据 2017 年中央电视台《焦点访谈》的调查，我国农村电商的"工业品下乡"和"农产品进城"双向流通格局远未形成，而"农产品进城"则更为困难。农村地区许多政府都寄希望于农村电商，希望借助电商平台让地方农产品畅销全国，增加农民收入。但是，上了网，并不等于就能得到消费者的认可，就能卖得好。电商如果想要在网上打出名气，就需要各方协作，通过系列努力，打造本地特色品牌，避免农产品同质化；还要通过严格的产品质量监控，取得消费者信任。茂名荔枝已从过去的区域品牌发展为如今的全国性品牌，2017 年，茂名一棵千年老树所产的 36 颗荔枝在淘宝网上拍出了 4 万元的天价，可见其已经形成了强大的品牌效应。借助于行动者网络理论，本研究最终得出结论，认为茂名荔枝网销的成功在于构建了以电商企业和互联网技术为核心，结合政府政策、社会资本、新兴农业生产主体、物流企业等多元主体共同发展的电商生态系统网络。多元主体的加入，解决了荔枝生产环节在物流配送、标准化等方面遇到的问题，同时缩短了供应链、延伸了产业链，借助互联网技术打造了特有的营销网络。

第三章 │ 电商服务与农村电商发展 │

第一节 电商服务如何有效促进农村电商持续发展
——基于主体参与的视角

　　农村电商在稳定农产品价格、实现小农与现代市场对接、倒逼农业生产的标准化与品牌化、推动农村就业创业、扶贫减贫等方面发挥了重要作用；电商的应用，使得农村地区各类产品和资源的市场供给方式得以创新，传统产业和服务业加快融合并实现数字化转型升级，多主体在各产业环节实现专业协同，带动低收入农民群体创业就业和增收脱贫。然而，由于市场对农村电商认识水平不一，区域间缺少明确规划和配套服务，质量安全缺乏有力保障等问题，许多有益措施和典型模式不能有效地指导各地农村电商的可持续发展，需要通过构建农村电商服务体系，以完善的服务供给满足多样化的农村电商发展要求（胡晓杭，2017）。

　　农村电商在经历了多年的发展后，已经步入了"服务体系阶段"；人才队伍、物流配送、冷链、追溯、营销等服务环节的重要性越来越突出，农村电商以农村线上线下结合、上行下行贯通的、本地化的服务体系为核心，从前端的交易沿着产业链向更深处延伸（汪向东，2016），这代表着农村电商服务的模式、内容以及提供方式正在朝着系统化和复合化的方向发展。在这个时候，市场主体参与的重要性就会突显出来。一方面，市场主体参与可以提高服务绩效，改变公众对政府服务的看法，提高服务与市场需要的匹配度（范柏乃等，2016）；另一方面，市场主体参与又是农村电商服务效果的直接体现，比如，在部分农村地区，初始阶段市场主体参与的积极性很高，当地的农村电商发展也很快，但是随之而来的是，继续参与农村电商的行为明显减少了①，电商活动表现为"退潮"状态，退出的主要原因基本可以归结为"农村网商获利难"和"农产品上行难"，这两大难题更说明了人才队伍、物流配送、冷链、追溯、营销等农村电商服务的重要性和艰巨性。因此，政府在农村电商发展过程中，不仅需要通过制度与政策扶持营造环境（鲁钊阳，2018；钮钦，2016），更需要通过具体的工具性手段（电商服务）来落实政策，鼓励多元市场主体参与农村电商的发展。那么，什么样的农村电商服务体系才能有效引导众多市场主体参与，进而促进农村电商持续发展呢？

一、文献回顾

（一）农村电商服务

在新的农村电商发展阶段，最重要的工作就是构建立足本地、线上线下结合、上行下行贯通的农村电商服务体系（汪向东，2016）。当前，农产品上行主要是以开展特色农产品网络销售活动和村级电商物流系统试点为载体，包括了由线上营销体系、电商公共服务体系和线下电商物流体系三部分构成的农产品电商模式；在农村电商服务体系中，政府起到了主导和引导的作用：以整合各种资源为基础，建立培训、物流、农村服务站、农村产品营销和供应链，力求解决理念、创业培训、氛围营造、农产品销售、O2O 农村消费等问题（杨旭等，2017）。

在目前阶段，农村电商服务的基本做法包括：政府实施的"电子商务进农村综合示范"项目，通过建立"县级电子商务公共服务中心"，为市场主体提供农村电商公共服务；同时，国内大型电商平台公司也会积极地参与进来，或者充当公共服务中心的运营方，承接政府公共服务职能，帮助网商和农村居民对接政府相关职能部门及第三方服务商等，让他们能够找到自己需要的相应服务。通过提供公共仓储和代运等基本服务，促进农特产品出口；强化农产品品质管理，制定标准，构建农村商品流通链（杨旭等，2017）。与此同时，平台电商服务也发挥着重要的作用：电子商务服务平台是整个农村电商生态系统的领导者，它在为系统其他成员提供发挥能力、创造价值的

---

① 　中央电视台《焦点访谈》栏目于 2017 年 4 月 10、11、12 日连续三天播出了《农村电商调查》，调查结果表明，在经过最初的电商热潮之后，很多电商参与主体由于农产品上行难、自身应用电商能力不强等原因导致难以盈利而退出。

平台的同时，发挥着整合资源和协调成员关系的职能，更致力于增进整个系统的稳定性、效益性和创新性（汪怡等，2014）。

从电商服务的基本内容来看，主要是面向农村电商企业、农户等市场主体，借助政府的行政力量，建设农产品标准与溯源体系，推动非标农产品静动态追溯、检测、分级、冷链与保险一体化，建立产品溯源体系；依照标准和溯源体系的要求，为合作社、农村生产企业、新型农业经营主体提供产品分拣、包装、检测、品牌注册、品牌培育、网络营销策划等增值服务；通过农产品的网络销售，推动民俗、旅游等产品的供需对接，实现一二三产业的融合发展（杨旭等，2017）。

从本质上来说，农村电商服务是"回应市场需求"的服务（何艳玲等，2014），即农村电商服务是随着电商发展需要而产生的，这种需求驱动型的服务从根本上推动了"市场主导、政府引导、公众参与"的电商服务供给及其协同治理模式（杨旭等，2017）；电商服务的深入推进既能使部分公共服务通过市场化方式得到有效供给，也可破解市场服务短缺的问题，从而形成农村服务的"连带"供给模式（黄俊尧，2017）。

（二）农村电商参与

所谓参与（Participation），是指人们参加政治、经济、社会文化以及其他社会生活不同方面活动的过程（Sidorenko，2006），在过去的几十年时间里，由"参与"概念衍生出了诸如"公民参与""民主参与""政治参与""公共参与"和"员工参与"等类别（邵科等，2013），比如，农民专业合作社的"社员参与"指的是依法加入农民专业合作社的成员个体，通过多种形式参加合作社的生产经营活动；社员的参与行为包含了业务参与、资本参与和管理参与三个维度。

农村电商的主要组织形态，是在利益相关主体之间依赖性和互动性的基础上，构建起来的一种电商生态系统，也就是由涉农生产者、电子商务平台、服务商、供应商、消费者、行政机构以及社会环境等各类主体共同构成，将互联网作为最主要的交流、合作、竞争平台，以实现物质、价值有序流动和信息有效传递为最终目标，具有协同功能和一定的环境适应能力的动态有机整体（王胜等，2015）。电商生态系统采用了新的组织方式，以及对技能与资源的重新组合使用过程，从而促进了可持续发展的转型变革。由资源依赖型关系所构成的农村电商生态系统中的合作创新，其实质是参与者之间共生共存的资源互补机制，参与主体的参与动机或合作态度对其产生了重要影响（张华，2016），市场主体的参与可以通过互动，在生态系统中促进创新和合作，从而促进电商资源的高效共享和整合。电子商务参与是从构建生态系统、形成协商共识、培养行动能力三个角度来实现的（孙德超等，2017）。参与属于一种协商合作的方式，参与活动在将参与者置于农村电商系统这个共同的空间中，可以促进参与者之间的情感沟通，并对他们的互动行为进行规范，进而逐步形成农村电商系统中的非正式行为规范和准则。在参与的过程中，要鼓励进行多种形式的沟通，把自己的网络营销经历和其他农村网络营销问题相结合，建立起相互信任的关系，一起探索网络营销问题的多种解决方法；一方面，参与的过程能够培养个体在行动中的自信和能力；另一方面，参与的过程能够培养出合格且能干的参与者，进而促进在协商一致基础上的协作行为。

农村电商生态系统中，农村主体的参与类型多样化。首先，农村主体的参与表现为业务参与，即"通过产品和服务参加电商生态系统的组织运行活动"（邵科等，2013）。产品参与主要是指农业从业者把自己所生产的农产品卖出或者通过生态系统买卖农业生产资料，本研究将其概括为交易参与；服务参与主要是指农村主体参加由地方政府或电商平台组织的生产信息技术培训与指导等。除此之外，农村主体的参与形式还有通过网上开店或做微商等创业经营活动参与（崔丽丽等，2014；王金杰，2017；邱泽奇，2018）。

实现农村电商广泛参与的路径包括主体吸纳、协商嵌入和激励相容等方式，即强化对有参与意愿的群体的有效吸纳，鼓励自下而上主导探索型电商实践，建立多方利益联结机制，进而促成包括政府、市场、社区和农村群体在内的多方主体之间有效的集体行动与合作（孙德超等，2017）。

（三）农村电商服务与电商参与

对于大众参与互联网活动的动机的研究，目前还处于探索阶段，可能具有的参与动机主要包括获取金钱、获得实用价值、获得间接或长远的收益、提升自己在社区中的头衔或地位、满足个人兴趣、满足胜任性、满足自治需要、互惠以及获得尊重（常静等，2009）。

二、数据来源、变量选择与模型设定

（一）数据来源与研究方法

1. 数据来源

本研究选择广东省作为研究区域，使用的数据来自课题组于 2018 年在广东省农村电商发展迅速地区进行的调研考察。该项调研覆盖了广东省的清远市阳山县、惠州市博罗县以及汕头市。这些地区的村庄大部分是率先兴起农村电商的区域，在农村电商、经济发展等方面具备一定的典型性与代表性。

本研究的调研内容主要包括了家庭人口特征、接受农村电商服务等有关信息内容。调研采取了分层抽样、面对面访谈形式，总共发放 600 份问卷，剔除缺失和无效问卷后，共得到 484 份问卷，有效回收率为 80.6%。

2. 研究方法

分析农村居民接受电商服务问题时，既有研究未能给出一个合理的研究框架。本研究借鉴 Anderson（1968）的医疗服务使用行为模型，借鉴的理由在于：一是该模型研究主题为是否愿意接受医疗服务，同本研究的主题是否愿意参与电商具有非常相似的特点，它们都是以一种个体的行为选择为中心，二者没有明显的差异。二是无论医疗服务使用还是电商参与，二者均在理性人假设条件下来实现个体效用最大化的行为。医疗服务使用行为模型明确指出了前置因素、保障因素、需求因素这三大因素对接受服务意愿有着显著的影响。本研究延续了这一框架，并根据农村居民的实际情况，做出了一些合理的改进。

其中，前置因素是指个体的基本特征，在此不做过多分析。关于保障因素，本研究着重考虑政府和平台的双重保障。既有研究表明，支持型文化氛围能够使得创业活动得到社会认同（Davidsson，1995），这能部分解释农村电商商户集聚的现象，其中政策支持不仅能够营造一种支持的大环境，还能直接积极提升农民的创业意愿（朱红根等，2013），这也在淘宝村的农民包容性创业中得到了印证（梁强等，2016）。对于农村居民来说，政府对于商户的扶持，降低了商户的经营成本，组织开发的商户经营培训可能间接地提高了农村居民的服务体验或者商品价格。与此同时，基于信任转移理论，个人对已知组织机构的信任可以转移至未知组织机构，政府积极推进与电商合作，个人对于政府的信任可以转移至对电商的信任，从而增强了个人的参与意愿。

对于平台保障因素而言，首先，电商平台网站制度自身能够增进消费者信任（赵学峰等，2012）。其次，平台通过组织培训、人才引导等多种手段，保证农民能够从事交易活动，减少农民交易的风险，增进对电商商户的信任。此外，无论是线下服务站点还是线上网商平台交易，通过平台对农民的培训都有助于农民增进对电商的理解，也提升了农民感知自身风险的能力，从而限制商户的违约、不正当行为，反而增进了交易的持续性，提升了农村居民的参与意愿。

需求因素中，我们重点考虑了服务质量对参与意愿的影响，服务质量直接影响了参与意愿的强度。另外，我们考虑了营销因素，如价格优势、销售优势对参与意愿的影响。农村电商网络环境下，顾客能够主动搜寻低价格进行交易，对价格的敏感度相对更高（岳鹤，2009）。基于互联网、服务站平台，农村居民能找到自己理想的商品，而这可能在现实中很难直接找到，销售渠道简化成便捷的物流配送，取代了传统营销体系中的销售渠道（Standfird，2001；Melnik，Alm，2002）。在我国农村，社会创新因素对电商发展的影响不可忽视（崔丽丽等，2014），大部分村民受到周围已经开展电商活动的亲朋好友的影响，开始逐步了解电商服务，又通过前辈们的经验传授，进一步增进了对电商的信任关系，从而对参与意愿产生正向影响。

（二）变量选择及其描述性统计

（1）因变量。本研究中，特别值得注意的是因变量为参与意愿，而非传统意义上的交易意愿，参与意愿反映出了微观主体农村居民是否愿意继续参与到农村电商服务活动中的一种心理状态。问卷通过询问"您愿意再次接受电商服务吗？"来衡量参与意愿，并分别赋值为 1~3 的有序整数。从最终调查结果中我们发现，超过半数的个体选择了"未来可能愿意"这一选项，这从一个侧面反映出，在我们调研的地区，农村居民对电商服务活动处于观望的状态，并不具有盲目乐观跟风的态度。

（2）解释变量。本研究基于 Anderson（1968）模型，构建了参与意愿影响因素的理论框架。因此，本研究从前置因素、保障因素、需求因素出发引入解释变量。其中，核心解释变量是服务质量满意度。问卷询问每个人的满意度状况，分别是"极不满意""不太满意""一般""比较满意""非常满意"，为五级分类变量。通过被调查者的回答我们可以看出，大多数被调查者都选择了"一般"或者是"满意"，这是符合因变量的大致分布规律的，大致可以表明二者之间呈现出较强的相关性。

同时，本研究将前置因素作为代表个体特征的变量，保障因素作为保障再次交易顺利完成的代表变量，尽可能多地容纳影响参与意愿的因素。具体而言，前置因素包括了性别、年龄、受教育程度、月收入水平、个人电商倾向。保障因素结合农村电商具体环境，设置了基础设施、技能培训、人才引导、互联网使用等因素。其中，基础设施、互联网使用属于政府保障；技能培训、人才引导属于平台保障。同时在最关键的需求因素中，我们考虑到线下电商村级服务站能够同时买卖生活资料和农产品，从买方和卖方考虑，分别设置了销售优势和价格优势两个变量，并且考虑到社交邻里的示范引导作用（崔丽丽等，2014），设置了亲邻邀请这一变量，衡量农村居民由于亲朋好友、邻居的推荐而诱发的使用电商需求。最后，考虑到绝大多数文献中，对于截面回归都控制了来自不同地级市样本的差异，本研究也以虚拟变量形式控制地区效应，以控制地区层面电商发展水平不一致或是政府对电商的驱动力和补助不同导致的估计偏误。

所有变量的定义、赋值及其描述性统计结果见表 3 - 1。

表 3 - 1　变量指标定义及描述性统计特征

变量分类	变量名称	变量含义及其赋值	最小值	最大值	均值	标准差
因变量	参与意愿	您愿意再次接受电商服务吗：不愿意 =1；未来可能愿意 =2；愿意 =3	1	3	2.06	0.67
前置因素	性别	被调研对象性别：女 =0；男 =1	0	1	0.48	0.50
	年龄	被调研对象真实年龄（周岁）	15	58	38.28	7.91
	受教育程度	被调研对象最高学历：初中及以下 =1；高中/中专/技校 =2；大专/本科 =3；硕士及以上 =4	1	4	1.94	0.90

（续上表）

变量分类	变量名称	变量含义及其赋值	最小值	最大值	均值	标准差
前置因素	月收入水平	被调研对象平均月收入的自然对数	6.21	10.93	8.24	0.55
	个人电商倾向	您喜欢使用手机等便捷支付购买方式吗：不喜欢 = 0；喜欢 = 1	0	1	0.91	0.29
保障因素	基础设施	被调研对象所在村电商设备等硬件设施保障：缺乏 = 0；完善 = 1	0	1	0.72	0.45
	互联网使用	被调研对象所在村互联网使用是否迅速快捷：不是 = 0；是 = 1	0	1	0.86	0.34
	技能培训	被调研对象接受过相关电商平台专业人才培训吗：没有接受过 = 0；接受过 = 1	0	1	0.25	0.44
	人才引导	被调研对象在接受服务过程中有本地人才服务人员实际引导帮助吗：没有 = 0；有 = 1	0	1	0.39	0.49
需求因素	销售优势	被调研对象的销售渠道能否方便快捷地满足买卖商品需要：不能 = 0；能 = 1	0	1	0.69	0.46
	价格优势	被调研对象认为接受的电商服务与传统百货商店价格对比是否低廉：不是 = 0；是 = 1	0	1	0.65	0.49
	亲邻邀请	被调研对象是否受到过亲朋好友、邻居的邀请再次接受电商服务：没有 = 0；有 = 1	0	1	0.42	0.50
解释变量	服务质量满意度	被调研对象服务质量满意度自评：极不满意 = 1；不太满意 = 2；一般 = 3；比较满意 = 4；非常满意 = 5	1	5	3.17	0.86

　　注：对分类变量计算均值、标准差等统计量并没有实际意义，这里只是反映该变量的分布情况。

(三) 计量模型

（1）基准回归模型。本研究的因变量是参与意愿，是一个离散型排序变量，取值范围为 1~3，适用于文献中广泛运用的 Oprobit（Ordered Probit）模型。该模型与 Probit 模型同根同源，依然使用潜变量法推导出极大似然估计量。本研究模型处理如下：

$$y_i = F(\beta quality_i + \gamma X_i + \delta Area_i + \varepsilon_i) \tag{3.1}$$

其中，y_i 是因变量第 i 个个体的参与意愿，$quality_i$ 是核心解释变量第 i 个个体的电商服务质量满意度，也是一个排序变量且取值范围为 1~5，逐级递进。X_i 是其余所有反映前置因素、保障因素和需求因素的控制变量。$Area_i$ 是个体所在地区的虚拟变量，$F(\bullet)$ 为一种非线性函数，具体形式如下：

$$F(y_i^*) = \begin{cases} 1, y_i^* \leqslant r1 \\ 2, r1 < y_i^* \leqslant r2 \\ 3, y_i^* > r2 \end{cases} \tag{3.2}$$

其中，y_i^* 是 y_i 参与意愿的不可观测的连续变量，称作潜变量，潜变量与服务质量满意度等各解释变量之间存在如下关系：

$$y_i^* = \beta quality_i + \gamma X_i + \delta Area_i + \varepsilon_i \tag{3.3}$$

经过以上变换，将待估计模型标准化，β、γ、δ 都是待估计参数，ε 是随机扰动项，$r1$、$r2$ 被称为切点，也是待估计参数。与 Probit 模型相同的是，Oprobit 模型估计的系数缺乏精确的经济学含义，只能从显著性和正负号角度得到有限的结果信息，因此，本研究后续所有回归结果均是各解释变量对因变量参与意愿的边际效应。值得一提的是，本研究核心解释变量 $quality_i$ 也是一个排序离散变量，取值范围为 1~5，因此本研究将其设置为 4 个虚拟变量进行处理。

（2）样本选择偏误。需要注意的问题是，式（3.1）仅仅是针对已经产生交易的样本估计参与意愿，而无法观测到未发生交易的样本，被排除在样本范围外。因此，式（3.1）的估计可能会存在样本选择偏差（Heckman，1979）。但是，这里比较特殊的是，本研究的参与意愿、电商服务质量满意度均是有序多分类变量，而传统的 Heckman 两步法第一阶段因变量是二元变量，第二阶段因变量则是连续变量。因此，不能采用传统的 Heckman 两步法进行纠正。

针对上述情况，我们建立 Heckoprobit 模型（Luca, Perotti, 2011）来进行纠正。具体过程分为两个阶段。第一阶段，定义选择方程如下：

$$select_i = I(select_i{}^* > 0) = I(v_0 + v_1 infra_i + v_3 \overline{Z}_i + \mu_{1i} > 0) \quad (3.4)$$

$$select_i{}^* = v_0 + v_1 infra_i + v_3 \overline{Z}_i + \mu_{1i} \quad (3.5)$$

其中，$select_i{}^*$ 表示个体是否发生了交易，当 $select_i{}^*$ 大于 0 时，该个体处于已经交易状态。其余未交易状态则取值为 0。$I(\bullet)$ 为示性函数。为了模型的可识别，我们加入了后文中需要提及的区域公路基础设施建设的密度 $infra_i$，但不出现在第二阶段估计方程里。$\overline{Z}_i$ 为影响个体是否选择交易的一系列控制变量，例如个体特征等变量。μ_{1i} 服从二元正态分布，$\mu_{1i} \sim N(0, 1)$。第二阶段，定义结果方程如下：

$$y_i{}^* = \beta quality_i + \gamma X_i + \delta Area_i + \varepsilon_{1i} \quad (3.6)$$

显然，式（3.6）的设定与式（3.5）相同，其中各变量含义均与基准回归模型保持一致。但是 ε_{1i} 服从的是二元正态分布，$\varepsilon_{1i} \sim N(0, 1)$。简化上述模型式（3.7）、式（3.8），令 $y_i = \sum_{k=1}^{3} \sigma_k I(r_k < y_i{}^* \leq r_{k+1})$、$A_i = \overline{X_{ai}}\lambda_1 + v_{1i}$、$B_i = X_{bi}\gamma + \varepsilon_{1i}$，其中，$\sigma_k$ 是实际观测值，且 $\sigma_1 < \sigma_2 < \sigma_3$ 可得对数似然函数如下进行参数估计：

$$\ln L_1 = \sum_{i \notin \Omega} \ln \{\Phi(-A_i)\} + \sum_{k=1}^{3} \sum_{i \in \Omega}^{y_i = \sigma_k} \ln \{\Phi_1(A_i, r_{k+1} - B_1, -\rho_1) -$$
$$\Phi_1(A_i, r_k - B_i, -\rho_1)\} \quad (3.7)$$

其中，Ω 为参与意愿可被观测到的样本集合，$\Phi(\bullet)$ 是标准累积正态分布函数，$\Phi_1(\bullet)$ 是二元累积正态分布函数。

三、实证结果及分析

（一）基准回归结果

如表 3-2 所示，本研究参考祝仲坤（2017）的做法，同时汇报 OLS 均值回归与 Oprobit 的估计结果。采用逐步回归法，将前置因素、保障因素、需求因素逐次加入回归模型中，（1）、（4）列汇报了只有前置因素的回归结果，（2）、（5）列汇报了前置因素和保障因素的回归结果，（3）、（6）列汇报了前置因素、保障因素和需求因素的回归结果，六个回归方程均控制了个体所属的地区效应。观察结果可得，OLS 的连续变量均值回归同 Oprobit 模型回归估计结果无甚差异，需求因素所涵盖的全体变量均是正向显著，特别是电商服务质量满意度，其边际效应明显高于其他解释变量，这说明影响农村居民参与意愿的因素中，占主导地位的是电商服务质量满意度，当然其余变量也有一定程度的影响，但是不如电商服务质量满意度那样至关重要。

表 3 - 2　基准回归结果

	Oprobit			OLS		
	（1）	（2）	（3）	（4）	（5）	（6）
性别	0.351*	0.359*	0.369*	0.596*	0.634*	0.758*
	(0.205)	(0.200)	(0.184)	(0.324)	(0.340)	(0.376)
年龄	-0.006	-0.007	-0.006	-0.010	-0.012	-0.013
	(0.007)	(0.008)	(0.007)	(0.011)	(0.014)	(0.014)
受教育程度（以"初中及以下"为参照组）						
高中/中专/技校	0.051	0.052	0.099	0.089	0.098	0.188
	(0.128)	(0.126)	(0.122)	(0.215)	(0.224)	(0.226)
大专/本科	0.130	0.143	0.172	0.220	0.269	0.332
	(0.134)	(0.128)	(0.129)	(0.226)	(0.231)	(0.240)
硕士及以上	0.054	0.068	0.038	0.094	0.114	0.047
	(0.170)	(0.241)	(0.246)	(0.293)	(0.424)	(0.444)
月收入水平	0.133	0.099	0.113	0.230	0.175	0.218
	(0.091)	(0.105)	(0.098)	(0.160)	(0.187)	(0.182)
个人电商倾向	0.140	0.170	0.056	0.235	0.329	0.125
	(0.181)	(0.176)	(0.185)	(0.310)	(0.322)	(0.344)
基础设施		0.330***	0.285***		0.612***	0.558***
		(0.109)	(0.108)		(0.198)	(0.203)
互联网使用		0.155	0.096		0.230	0.190
		(0.164)	(0.162)		(0.306)	(0.311)
技能培训		0.385***	0.300***		0.722***	0.590***
		(0.118)	(0.117)		(0.224)	(0.224)

（续上表）

	Oprobit			OLS		
	（1）	（2）	（3）	（4）	（5）	（6）
人才引导		0.432***	0.368***		0.834***	0.756***
		(0.116)	(0.115)		(0.202)	(0.200)
销售优势			0.177**			0.720***
			(0.084)			(0.260)
价格优势			0.351***			1.239***
			(0.083)			(0.253)
亲邻邀请			0.180**			0.575***
			(0.073)			(0.205)
服务质量（以"极不满意"为参照组）						
不太满意			0.548***			3.897***
			(0.476)			(0.978)
一般			0.847***			4.521***
			(0.325)			(0.689)
比较满意			1.177***			5.756***
			(0.410)			(0.886)
非常满意			0.824***			5.203***
			(0.578)			(1.102)
常数项	0.951	0.852	1.217			
	(0.742)	(0.823)	(0.932)			
地区效应	已控制	已控制	已控制	已控制	已控制	已控制
R方	0.039	0.143	0.211			
伪R方				0.020	0.079	0.120
Wald检验值				18.64	31.51***	45.28***
样本容量	464					

注：***、**和*分别表示在1%、5%和10%的统计水平上显著。括号内为稳健标准误。

在前置因素上，大多数变量不显著，只有性别在10%的显著性水平上显著为正，这说明在农村居民中男性更偏好于再次享受电商服务。而年龄、受教育程度、月收入水平、个人电商倾向均不具备显著性。这可能是由于农村电商服务面向的是全体农村居民，无论老少，都可能需要在线上平台、线下服务站点进行交易。因此年龄并不具备明显的差异性。在受教育程度方面，与多数研究，如金融知识这种认知能力和金融排斥这种行为反应之间的关系的研究文献（张号栋等，2016）不一致的是，基于微观主体本身的受教育水平也可视为对电商的理解能力水平，与其接受电商服务参与意愿这种行为反应并没有必然联系，这很大可能是因为我们所选择的地区其电商服务已普及，且政府大力提倡，全部农村居民都了解电商村级服务站的具体情况，与个人对电商的理解认知相关性不大。这从电商个人倾向变量的显著性上再一次认证了这一可能的原因，无论其对电商的偏好程度如何，其对参与意愿的影响都十分微弱。最后，月收入水平也与电商服务参与意愿无关，这在一定程度上说明电商服务具备天然的普惠性，电商服务无处不在，渗透到农村居民的点滴生活之中，与农村居民收入水平并不具备联系，这与传统农村金融服务排斥的状态（王修华等，2012）形成鲜明对比。

在保障因素上，就基础设施而言，其对参与意愿的影响显著为正。这说明农村居民比较关注村级服务站的设备是否齐全、完善，基础设施保障力度越大，农村居民的参与意愿越强。从技能培训上看，电商平台对农村居民的技能培训有显著的正向影响，这说明农村居民接受培训后更乐于前往村级电商服务站接受生产、生活服务，技能培训可以在一定程度上帮助他们理解村级服务站的经营业务和服务模式，也可以直接教导他们怎样获得电商服务交易，这也证明了大型平台委派专业型人才深入农村的举措是行之有效的。同时，交易过程中的本地人才引导亦是正向显著，且从边际效应上看高于前二者，三者之间呈现出递增的趋势，这可能是因为村级服务站的本地人才帮扶切实在交易过程中帮助农村居民解决了交易过程中所遇到的问题，且本地人才的帮助缓解了农村居民在面对新兴事物时的陌生感和不信任感，农村居民在情感上更为放心。本地人才能够帮助交易者高效、妥善地完成交易，这是与基础设施、接受培训相比，切实发生在交易过程中的促成交易的保障，而基础设施是交易前的硬件保障，接受培训也是交易前的能力保障，这一结果证明交易过程中的保障至关重要。与此同时，互联网使用对接受电商服务参与意愿的影响并不显著，这很大可能是因为我们所调研的地区互联网已经普及，互联网使用的方便快捷程度并没有受到制约，因此，互联网使用与参与意愿之间并不具备相关性，没有通过经验检验。

在需求因素上，销售优势和价格优势两者均在1%的显著性水平上显著为正。这从农村居民接受电商服务的农产品出售端（供给端）和生产生活资料的购买端（需求端）两个层面上反映出影响农村居民参与意愿的因素。线上线下农村电商服务能够高效帮助农村居民出售农产品，并在购买生活生产资料上提供价格上的优惠，使农村居民更乐于前往村级服务站再次接受服务。这说明农村居民非常看重村级服务站的实际交易结果，与常理是一致的，也为农村电商未来发展指明了方向，即农村电商平台、微商、村级服务站作为农村电商的标志性成果，要在效率和价格优惠上聚焦，助力农村电商的可持续发展。而亲邻邀请对农村居民参与意愿的影响有较强的促进作用，这说明在农村地区亲朋好友和邻居的带动作用不可小觑，这在一定程度上印证了崔丽丽等（2014）的研究结论，社会创新、邻里示范的确对农村电商的发展起了不小的推动作用。

本研究最为关注的核心解释变量服务质量对参与意愿的影响最为关键。以"极不满意"作为对照，各级满意度都是正向且在1%水平上拒绝原假设，其边际效应也明显高于其他解释变量，说明农村居民在前次交易中累积的体验感、满意度能影响参与意愿。与此同时，我们将服务质量满意度视为连续型变量直接纳入回归模型（朱晨等，2017），得到的结果与上相同，在1%水平上显著且边际效应最大。由此，我们认为，服务质量对参与意愿的助推作用明显，能够积极促进农村居民接受村级服务站的再次交易服务。

（二）样本选择偏误和内生性问题

本研究的模型设定可能会存在遗漏变量或是逆向因果的内生性问题。首先，本研究中我们重点关注的是服务质量可能影响农村居民的参与意愿，然而，从本质上说，参与意愿衡量的是电商服务的一种可持续消费行为，可能会提升村级服务站的客观销售业绩，这一点已被研究顾客可持续消费行为的学者Wang等（2018）所证实。村级服务站的盈利提升可能会使其自身更加注重服务的质量，从而与顾客即农村居民的消费行为形成一种良性循环机制，由此便发生了双向因果关系问题。其次，一些难以衡量的影响参与意愿的变量（如自身心理状态、心情状态等）也导致了不可避免的遗漏变量问题。

为解决上述内生性问题，本研究遵循了国内外通用的工具变量法，但是因为服务质量满意度是离散型变量，基于连续型变量的工具变量回归估计不再适用。本研究借鉴祝仲坤（2017）和董香书等（2012）处理内生性问题的研究方法，同时使用 Heckoprobit 模型、Bioprobit 模型和 CMP 方法来保证模型估计的一致性与稳健性。Bioprobit 模型和 CMP 方法均是以似不相关回归（SUR）为基础，利用极大似然估计方法估计，构建递归形式的结构方程系统而实现的两阶段回归。与 Heckoprobit 模型类似的是，本研究的三种回归方法在两个回归阶段模型工具变量选取上一致，在控制变量选取上也保持一致，回归过程中根据扰动项相关系数检验来判断模型的内生性问题。Bioprobit 模型两个阶段的唯一联系是扰动项的相关性，采用完全信息极大似然估计（FIML）方法。而 CMP 方法适用于多种回归模型，具体细节见董香书等（2012）的研究。本研究只是想通过上述三种方法的运用，有效控制样本选择偏误和模型的内生性问题，得到比较稳健可靠的经验验证，对处理方法本身不做过多延伸。

在工具变量的选取上，我们同大多数截面回归文献一样，采用了各地区（地级市）水平上的基础设施建设水平作为工具变量，工具变量必须同时具备与内生解释变量相关，与因变量无关的双重条件，因此我们选择地区公路基础设施建设作为工具变量。借鉴 Demurger（2001）的做法计算公路基础设施建设的密度，具体衡量指标是地区等级公路和等外公路加总后除以地区的国土面积。对于该指标，从相关性上考虑，地区公路基础设施建设影响了农村物流服务的速度，进而可能会影响居民整体接受服务的满意度。从无关性上考虑，地区公路基础设施建设并不直接影响个体的参与意愿。

我们进一步检验工具变量选取的外生性，仿照郑志丹等（2017）的做法，我们将工具变量对残差序列进行线性拟合，结果显示拟合线基本是一条水平线，因此，我们认为地区公路基础设施建设是一个比较好的工具变量。三种方式具体回归结果如表 3-3 所示：

表 3 - 3　样本选择偏误和内生性问题回归估计结果

	Heckoprobit		Bioprobit		CMP	
	第一阶段	第二阶段	第一阶段	第二阶段	第一阶段	第二阶段
服务质量满意度		0.857*** (0.273)		1.514*** (0.411)		1.210*** (0.268)
地区公路基础设施建设	0.803*** (0.294)		1.253*** (0.246)		1.101*** (0.283)	
控制变量	已控制	已控制	已控制	已控制	已控制	已控制
地区效应	不控制	已控制	不控制	已控制	不控制	已控制
athrho	0.243*** (0.044)		0.232*** (0.051)			
atanhrho_12					0.108*** (0.037)	
Wald 检验值	110.75***		8.67***		24.64***	
样本量	464		464		464	

注：＊＊＊表示在1%的统计水平上显著。括号内数据为稳健标准误。为避免地区效应和工具变量的多重共线性问题，我们在第一阶段回归中没有加以控制。

根据表 3 - 3 回归结果，首先，从 Heckoprobit 模型的结果上看，一阶段回归的工具变量系数在 1% 水平上显著，这与我们的预期是相符的，区域公路交通的发达程度能够影响农村地区的物流速度、农产品输送供给速度，从而影响个体的交易行为。其次，模型的两个方程随机干扰项的相关系数显著不为 0，且 Wald 检验 P 值为 0.000，显著拒绝相关系数为 0 的原假设，再次说明样本存在选择性偏误。这也能从 Bioprobit 和 CMP 方法的第一阶段回归结果和相关系数显著性中得到验证，Bioprobit 和 CMP 方法的回归结果十分接近。同时，三种方法的第二阶段结果方程显示服务质量满意度对参与意愿在 1% 水平下显著为正，两个内生性检验参数显著说明基准模型中存在内生性问题。以上结果说明，在纠正样本选择偏误和处理内生性问题之后，我们所得到的结论依旧稳健。

四、稳健性检验

为了保证基准回归模型估计结果的稳健，本研究对实证模型进行了如表 3 - 4 所示的一系列更改。首先，我们将基准模型替换称为 Ologit 模型。其次，我们将因变量替换成交易频率。相较于参与意愿而言，交易频率更为客观，也是一个离散变量，取值为 1 ~ 5，具体含义是"每月 4 次及以下"赋值为 1、"5 ~ 8 次"赋值为 2、"9 ~ 12 次"赋值为 3、"13 ~ 16 次"赋值为 4、"每月 16 次以上"赋值为 5。再次，我们将基准模型中回答"未来可能愿意再次接受电商服务"的样本赋值为 0，这样因变量成为一个二值变量，适用于经典的 Probit 模型和 Logit 模型。最后，我们依据年龄大小分样本进行回归检验，划分标准为年龄序列的中位数取整，发现结论依旧稳健，年龄差异并没有导致结果的不显著。综上，本研究所得出研究结论保持稳健。

表 3 - 4　稳健性检验回归估计结果

		替换模型	替换被解释变量	变量重新定义		分样本回归	
		Ologit	交易频率	Logit	Probit	不超过 41 岁	超过 41 岁
服务质量满意度	不太满意	6.046 *** (2.224)	3.206 ** (1.501)	12.914 *** (1.914)	3.059 *** (0.954)	6.481 *** (0.919)	3.076 *** (1.387)
	一般	7.016 *** (1.578)	4.340 *** (1.628)	16.820 *** (2.209)	4.978 *** (0.571)	7.009 *** (0.687)	4.427 *** (0.756)
	比较满意	9.159 *** (2.059)	4.344 ** (1.766)	19.061 *** (3.477)	6.514 *** (1.553)	7.966 *** (0.772)	5.424 *** (0.934)
	非常满意	7.885 *** (2.042)	3.522 *** (1.302)	21.166 *** (6.718)	7.562 *** (2.578)	8.750 *** (1.098)	9.777 *** (1.134)
控制变量		已控制	已控制	已控制	已控制	已控制	已控制
地区效应		已控制	已控制	已控制	已控制	已控制	已控制
伪 R 方		0.392	0.390	0.770	0.771	0.508	0.4893
Wald 检验值		262.64 ***	432.67 ***	1873.68 ***	2364.03 ***	742.84 ***	924.17 ***
样本量		464	464	464	464	464	464

注：* * *、* *分别表示在 1%、5% 的统计水平上显著。括号内为稳健标准误。

五、结论及政策建议

本研究基于农村电商蓬勃兴起过程中的"电商退潮"现象，立足微观主体农村居民再次接受电商服务交易的视角，运用 Anderson（1968）的框架，构建了服务质量等多种因素共同作用农村居民参与意愿的计量模型，分析了农村电商服务质量对于农村电商可持续发展的影响，并利用调研获取的 464 份微观数据进行经验检验。研究发现：第一，政府支持、平台保障对农村居民再次接受电商服务具有显著的影响；更进一步地，销售、价格等营销因素、社会创新因素均对农村居民参与意愿有着正向影响，但影响最大的还属农村电商服务质量因素，服务质量的满意感能够显著增进农民的参与意愿。第二，在控制样本选择性偏误和内生性问题后，运用 Heckoprobit 模型、Bioprobit 模型和 CMP 方法进行回归估计后，上述结论依旧成立；再次更换模型、分样本回归结果依旧显示结论稳健、可靠。

本研究的结论具有较强的现实和政策含义。在农村地区政府大力提倡发展农村电商的形势下，探讨影响农村电商可持续发展的多种因素，并且基于"消费者"农村居民这一视角，更能说明现实问题。这为广大推进农村电商服务的地区提供了一条政策启示，即在政府、平台多种外在助推方式作用情况下，不能忽略服务质量这一重要的市场化评价指标，农村居民需要的不是量多而是质高，要保证农村电商线上线下的服务质量，以此保证可持续发展态势，避免农村"电商退潮"的情形发生。本研究的结论也从另一个侧面证明了当前政府支持、平台保障促进电商发展是行之有效的。

第二节　电商服务下农村居民再次交易意愿影响因素研究
——以农村淘宝为例

电子商务在中国农村的应用和推广，伴随着农民学习仿效、多元主体参与的过程，产生了新交易主体（网商），导致各地农村电商呈现出多样化的发展形态。各类电商从业人员打破传统行业和部门界限，积极与快递公司、培训机构、品牌运营商、公益机构等组织建立联系，开展电商服务，客观上提升了电商行业附加值，由此，涌现出电商交易服务、业务外包服务、技术培训服务、多方物流服务等多种业务类型（崔凯等，2018）。阿里巴巴、京东、苏宁、慧聪等电商平台，则以建立服务型电商生态系统为目标，组建新型服务组织与专业服务团队，扎根农村基层，为农村居民提供电商服务。以阿里巴巴"农村淘宝"项目为代表的农村电商体系，以村级服务站作为服务末端，以县级运营中心作为综合服务枢纽，以平台作为服务依托，通过网上代购、农产品网上代销及后期不断丰富的各类服务，在农村电商快速普及和发展中起到了重要推动作用。

现阶段，包括"农村淘宝"在内的农村电商项目主要由政府与平台企业合作，主要通过两种方式来促进电商在农村的发展。一是降低物流成本，例如在村中建立快递收取点，政府补贴运费等；二是降低贸易壁垒，例如在村中建立电商终端，帮助村民进行网上买卖等（Couture et al.，2018）。从在线交易的角度看，电商的购买行为可以分为两个阶段，即"购买前"与"购买后"（Bhattacherjee，2001）。在"购买前"阶段，商家关注的是如何吸引客户参与线上交易，购买相关产品或服务，或者说如何促使客户产生购买行为，农村电商通过代买代卖的方式比较容易地实现了；在"购买后"阶段，在线消费客户的再次交易行为决定了商家的在线交易是否可持续，从平台角度来说，农村居民的再次交易行为代表着他们是否愿意持续接受村级代购点提供的电商服务，也代表着他们是否持续参与农村电商生态系统，进而也决定着农村区域的电商生态系统能否持续扩张和演化。

电商时代之前的营销理论对于顾客重购（再次交易）① 意愿的影响因素有着较为详尽的研究，一般认为服务质量对顾客重购意愿的影响十分显著（Hemmasi et al.，2011）。同时，顾客满意度高对顾客重购意愿会产生积极的正向影响，并且满意度越高，两个变量之间的正向影响关系越稳定、越显著（Cardozo，1965）。随着研究的深入，人们发现，现实中存在所谓"顾客满意悖论"：即使顾客满意度很高，也会有很多顾客的重购意愿较低，也就是说，影响顾客重购意愿的因素不仅仅是顾客满意度，还存在其他变动的因素。进入电商时代，影响顾客重购意愿的因素也会随之变化（Cyr et al.，2005；

---

① 农村居民接受村级服务站电商服务的主要内容为代买代卖，也包括日常生活服务；而传统营销理论的重购（Repurchase）则指单纯的重复购买行为，Repurchase 也可以翻译为再交易，所以本研究借用重购理论框架来研究农村居民接受电商服务的过程，把农村居民第二次及以后接受电商服务的行为称为"再次交易"。

Tsai，Huang，2007），且随行业和场景不同而变化。

另外，调查还发现，在建有农村淘宝村级服务站的农村地区，农村居民初始参与的积极性很高，当地的农村电商发展也很快，但过了一段时间之后，继续参与到农村淘宝的居民数量就明显减少了[①]，电商活动表现为"退潮"状态，农村居民接受电商服务的行为没有开始时那样积极了。那么，已经参与农村淘宝的农村居民为什么会退出？究竟是哪些因素影响着农村居民的再次交易意愿呢？

一、文献综述

（一）服务质量与顾客满意度

Lewis 和 Booms（1983）认为，服务质量是一种衡量企业服务水平能否满足顾客期望程度的工具。Lewis 和 Booms（1983）指出，服务质量是（服务）期望与实际表现的比较，即服务质量是顾客感知到的服务水平与服务期望相比较的衡量结果。PZB（2010）将服务质量定义为实际服务绩效感知与服务期望之间的比较结果，顾客对服务质量的感知包含在服务的交付过程及结果之中（白海燕，2013）。Hoffman 和 Bateson（2001）认为服务质量是顾客对服务提供者的活动表现做的持续性、整体性的评估，以及由此形成的态度。Ren 和 Gregory（2007）将服务质量定义为消费者的感受价值同预期价值的差距。付媛和茹少峰（2012）认为电商服务质量是包括广告、交易、支付、服务等在内的基于网络平台进行的各种商务活动，能够便捷、高效、被满意以及被信任的程度。PZB（1991）认为服务质量的构成要素包括可靠性、有形性、反应性、保证性和移情性。除了以上所提北欧及北美两大学派具有代表性的研究成果以外，其他学者也对感知服务质量的维度进行了深入研究，并提出了不同的观点。

学术界广泛采纳的度量服务质量方法是由 Zeithaml，Berry 和 Parasuraman 三位学者提出的 SERVQUAL 量表，它通过衡量顾客服务预期与服务感知的差

---

①　中央电视台《焦点访谈》栏目于 2017 年 4 月 10、11、12 日连续三天播出了《农村电商调查》，调查结果表明，在经过最初的电商热潮之后，很多电商参与主体由于各种原因退出。

值来测度服务质量。如果后者大于前者，消费者会认为服务质量是令人满意的。SERVQUAL 量表把服务质量分解成五个维度，分别为可靠性、响应性、保证性、移情性和有形性。可靠性是指可靠、准确地履行服务承诺的能力（陈敬科，2012）。可靠的服务行动是顾客所希望的，它意味着服务以相同的方式，无差错地准时完成。响应性是指能够帮助顾客并迅速提供服务，减少顾客等待时间，当出现服务失败时迅速解决问题。保证性是指员工表达出自信和可信的知识、礼节的能力（赵践锋，2010）。移情性是指设身处地地为顾客着想，并给予顾客特别的关注（陈建军等，2009），包括接近顾客的能力、敏感性，理解顾客新的需求等。有形性指有形的设施、设备、人员和宣传资料等（景丽萍，2016）。

学界对顾客感知服务质量与顾客满意度关系的看法较为复杂。一种观点认为服务质量是顾客满意的前因（Anderson，Sullivan，1993；Anderson et al.，1994；Gotlieb et al.，1989），满意被描述为"消费后对感知质量的评价"（Anderson et al.，1994），"消费者对服务维度进行满意判断的一个因素"。另一种观点则认为满意是服务质量的前因。Westbrook 和 Oliver（1981）建立了满意度、服务质量和消费者行为之间的关系概念模型。研究结果表明，服务接触满意（Service Encounter Satisfaction）是服务质量的前因。后续研究结果表明，满意和服务质量的因果顺序所基于的假定是服务质量，与全面态度（Global Attitude）是类似的，因此会包含瞬时的满意评估。

盛天翔、刘春林（2014）在电子服务质量对顾客满意度与忠诚度影响的研究过程中，将电子服务质量的维度作为满意度的前因变量，顾客满意度是对电子服务质量感知的一种结果。赵艳林等（2016）的研究表明，感知服务质量的保证性、移情性、文化学习、审美愉悦、压力释放五因子对顾客行为意愿总影响效应显著，是刺激顾客行为意愿产生的激励因素。

（二）重购意愿及其影响因素

重购意愿（Repurchase Intention，RI）是指顾客与某一特定商家保持一种持续交易的购买意愿或倾向，顾客在消费和使用过程中，通过实际感受所形成的一种再购意愿。Zeithaml（1996）认为，重购意愿是指顾客在全方位考虑了自身现状和其他一系列相关因素后，会在将来继续购买某个商家所提供的产品或服务的一种态度或倾向。这种倾向可以包括再次交易行为以及向他人推荐等。Oliver（1999）认为，重购意愿是指顾客在消费产品或服务的过程中，对其所产生效果的一种态度，当该顾客对这类产品或服务需求增加时，会继续选择该商家作为其指定的购物提供商。

非电商环境下，Cardozo（1965）研究指出，顾客满意度对顾客的重购意愿具有非常重要的影响。Anderson 等（1993）发现，顾客满意度高对顾客重购意愿会产生积极的正向影响，并且满意度越高，两个变量之间的正向影响关系越稳定、越显著。顾客重购意愿影响因素模型把顾客满意度、替代产品或服务质量以及顾客投入视作主要影响因素（Oliver，1999）。Johnson 等（2001）提出，顾客满意度和转换障碍会综合影响顾客的重购意愿，顾客感知质量、价值、权益、顾客满意度、以往的品牌忠诚度、转移成本、品牌偏好这 7 个因素均会对顾客重购意愿产生影响。

随着电子商务的发展以及越来越多的顾客对服务的重视，很多学者针对B2C 这种在线交易背景下的顾客重购意愿展开了研究，并得出了很多新颖的结论（Cyr et al.，2005；Flavi et al.，2006；Tsai，Huang，2007）。比如，Celuch 等（2004）的研究发现，电商购物过程中，服务质量和客户满意度对顾客重复购买的影响十分显著。

综上所述，众多学者在研究服务质量与满意度的关系中，都将服务质量作为前因变量，顾客对多次消费后形成的包含认知和情感两方面的整体评估即是总的顾客满意度。本研究也将服务质量作为满意度的前因变量；此外，根据重购的含义，如果把购买的内容延伸到产品和服务，重购可以表述为再次交易，本研究将借用重购研究框架，研究影响农村居民在接受电商服务过程中再次交易意愿的因素。

二、研究设计

SERVQUAL 量表包括 5 个维度，即有形性、可靠性、响应性、保证性、移情性，共 21 个题项，如表 3 - 5 所示：

表 3 – 5　SERVQUAL 量表

构成	定义	题项
有形性	服务中的实体部分	1. 设施外表具有吸引性
		2. 具备完善的设备
		3. 员工具有清洁、整齐的外表
		4. 公司的各项设备与所提供的服务匹配
可靠性	提供所允诺服务的能力	5. 能履行对顾客的承诺
		6. 顾客有困难时表现出协助的诚意
		7. 公司是可信赖的
		8. 准时提供所承诺的服务
		9. 将与服务相关的记录正确地保存
响应性	乐于帮助顾客与提供及时的服务	10. 确实告知顾客各项服务的时间
		11. 所提供的服务符合顾客的期待
		12. 服务人员总是乐于帮助顾客
		13. 服务人员不会因忙碌而无法提供服务
保证性	知识和态度使顾客信任放心	14. 服务人员是可以信任的
		15. 提供使顾客安心的服务
		16. 服务人员总是很有礼貌
		17. 服务人员能互相帮助，提供更好的服务
移情性	对顾客的关心与照顾	18. 对不同客户付出个人关怀
		19. 服务人员关心顾客
		20. 了解顾客特殊需求
		21. 重视顾客的利益

调查发现，村级服务站的服务功能主要包括：

首先，村级服务站可进行代买活动，农村居民需要的生活用品、农资都可以通过村级服务站的服务人员进行代买，能享受到淘宝网上同样的价格实惠以及打折促销活动。村级服务站也会进行实时促销，由代购人进行代买，统一配送到村级服务站，再由村级服务站的人员进行配送，村级服务站就成为农村里的"淘宝网"。

其次，村级服务站在农产品上行阶段也发挥了重要功能。农产品千差万别，村级服务站从生产者手中收集农产品后，能为其制定统一的农产品产销标准。村级服务站在农村电商的发展和农村经济的发展过程中扮演了重要角色，成为连接农村居民与互联网平台的重要一环，可以为农村居民提供各种个性化服务。因此，研究村级服务站的服务质量对促进农村电商进一步发展具有重大意义。

此外，村级服务站还具有公益功能，村级服务站既有别于过去的农村供销社，又不同于城市社区。它建于自然村中，能够为农民提供直接和高效的服务，不仅能够为农民提供所需的技术和市场信息，还能解决农民日常的生活需求和文化需求，部分村级服务站建有老人娱乐中心，并且能为留守儿童提供亲情视频，发挥了重要的公益作用。

具体来说，农村淘宝的村级服务站提供十大服务：①网购平台，为村民提供网购平台，帮助村民购买更实惠的生活必需品、大型家电设备等，大家电由村级服务站派送人员送货到家；②特产推广，收集村内特色农产品、工艺品等在网上进行推广，并帮助农户在网上售卖农产品；③亲情视频，乡镇农村淘宝体验馆每月定期为留守儿童与外出务工父母提供亲情视频平台；④娱乐天地，目前部分村级服务站内有政府出资建立的娱乐场所，为留守儿童、空巢老人提供娱乐；⑤交通服务，为周围村民提供汽车、火车、飞机时刻表及司机的联系方式；⑥信息发布，发布天气信息，正规企业招工信息、产品信息；⑦公益读书，为附近村民提供公益读书，免费借阅；⑧农牧培训，每月农技公司、化肥公司等企业不间断开展培训讲座，拓展村民学习渠道；⑨资源对接，当地旅游资源与阿里巴巴平台进行对接；⑩创业基地，开办农村青年电商培训班，帮助其拓宽就业渠道。

根据 SERVQUAL 量表的维度，同时结合村级服务站具体服务内容，本研究提出村级服务站服务质量的六个维度：

有形性：在提供网购服务、特产推广、亲情视频以及娱乐服务等方面，村级服务站都对服务人员有专业的要求，服务人员的仪表和服务设施方面要具备相应条件，这些和 SERVQUAL 模型的有形性相关。因此，有形性作为村级服务站服务质量的一个维度。

可靠性：村级服务站在替村民网购的时候要提供承诺。比如，如果货物在中途发生损毁，村级服务站要负责退换；买回的货物村民不满意，服务人员要帮忙退换；大型家电村级服务站的派送人员要送货到家等。这些承诺与

SERVQUAL量表的可靠性相关，因此，可靠性作为村级服务站服务质量的一个维度。

响应性：村级服务站在帮村民卖货、提供送货上门、信息发布等服务以及处理农户退换货要求时，都有及时性的要求，这与SERVQUAL量表的响应性在概念上基本相同。因此，响应性作为村级服务站服务质量的一个维度。

保证性：村级服务站从事代买和代卖服务的人员一般都为本村的年轻人或中年人，他们与当地村民比较熟悉，容易得到当地村民的信任；代买和代卖都比较安全，在村级服务站购物不存在不安全的风险。因此，本研究将保证性作为村级服务站服务质量的一个维度。

移情性：村级服务站的亲情视频、娱乐服务都体现了对村民情感的关怀与照顾，这与SERVQUAL量表的移情性有关。因此，移情性作为村级服务站服务质量的一个维度。

便利性[①]：在罗定和揭阳的调查中，研究人员了解到村民选择到村级服务站买东西或者卖东西的一个很大原因，就是村级服务站离自家近，交易更方便、更快捷；而且，村级服务站直接连接淘宝平台，商品种类更多，选择空间更大。因此，将便利性作为村级服务站服务质量的一个维度。

根据以上分析，本研究把村级服务站提供的服务从感知服务质量的角度归纳为六个方面，即有形性、可靠性、响应性、保证性、移情性、便利性。本研究旨在研究影响村民再次交易意愿的服务质量因素有哪些，以及服务质量是否会影响满意度，进而满意度是否会影响再次交易意愿，概念模型见图3-1。

---

① 便利性的概念最早出现在对产品分类的营销文献中，Copeland（1923）将便利商品（Convenience Goods）定义为那些在购买过程中只需花费很少时间和精力的消费品。本研究将便利性定义为用户通过电商服务所能得到的相对便利。便利条件具体分为操作过程便利和及时性两个方面：①操作过程便利会影响农村居民接受电商服务的行为，如"在村点服务人员的帮助下，网购或在线销售农产品的过程很方便、快捷""如果在线购买过程变得复杂，自己会放弃网购""网购很便利则会尝试一下"；②及时性会影响农村居民接受电商服务的行为，如"通过网络购买很快就能收到需要的商品，及时性很强"（张帅等，2017）。

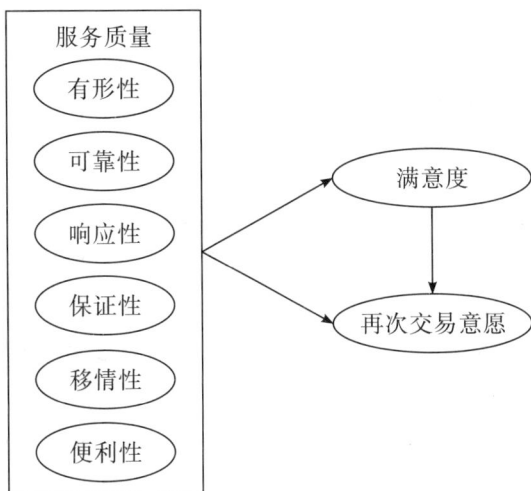

图 3 - 1　研究的概念模型

有形性是指在服务过程中，能够被顾客感知到的实体部分。许多学者（Shamdasani，Balakrishnan，2000；Hsieh，Hiang，2004）的研究指出，实体环境或服务场所的物质环境（包括服务场所的布置、特殊的硬件设施等）会对顾客对于企业的信任和满意度产生重要的影响。陈永愉等（2010）研究了服务质量对满意度和购买意愿的影响，结果表明服务质量有形性对满意度和再次购买意愿都有显著的正向影响。根据大多数学者的研究结果，本研究提出如下假设：

*H*1：有形性高对农户的满意度有促进作用。

*H*2：有形性高对农户的再次交易意愿有促进作用。

可靠性指公司或组织是可靠的，能够及时、正确地履行所做出的服务承诺。可靠的服务意味着及时、高效、一致、无差错地完成所承诺的服务内容。Morgan 和 Hunt（1994）在以汽车轮胎经销商为对象的研究中发现，承诺能够降低经销商与供应商解除合约的可能性，减少顾客离去的倾向，即当企业愈加强承诺时，顾客离去的意愿愈低，而合作的意愿将会加强。黎冬梅、朱沆（2007）从服务接触的角度对引起顾客不满的因素进行了分析，研究结果发现，服务操作系统的差错及服务组合设计的缺陷是导致顾客不满意和合作意愿降低的重要因素。因此，若能切实提高村级服务站对农户服务的承诺并避免履行承诺过程中的差错，将有助于提高农户的满意度和再次购买意愿，所以本研究提出如下假设：

*H*3：可靠性对农户的满意度有促进作用。

*H*4：可靠性对农户的再次交易意愿有促进作用。

响应性是指服务商具有及时、有效地服务顾客的能力，对于顾客的咨询、提出的要求和投诉，企业应该迅速地给予解决，长久、毫无原因的等待会使顾客对服务体验产生强烈的消极后果。Albrecht 和 Zemke（2001）的研究表明，如果顾客投诉能够得到及时处理，企业可以留住顾客；反之，如果企业拖延处理，虽然问题最终得以解决，但留不住顾客，因此，快速响应性对再次购买意愿有积极的影响。范秀成（2005）指出在服务失败的情况下，如果服务人员能够做出快速和积极的响应，往往会给顾客留下记忆深刻的好印象，甚至出现顾客的评价高于服务未失败时的情形，仍能得到较高的顾客满意度。徐翼等（2007）在 B2B 环境下实证研究发现供应商服务质量对再次交易意愿和顾客忠诚度有着直接的正向影响，且及时性是服务质量的组成部分。基于此，本研究提出如下假设：

*H*5：响应性高对农户的满意度有促进作用。

*H*6：响应性高对农户的再次交易意愿有促进作用。

保证性是指服务人员的知识和态度能使顾客信任放心。范秀成、杜建刚（2006）在研究我国服务业服务质量时指出，服务人员具备专业的知识能提高顾客的满意度，并使顾客对企业更忠诚。阿里县级服务中心不定期对村级服务站的负责人进行培训，不断完善村级服务站负责人专业知识的水平，使其能够顺利完成代买、代卖、生活服务等工作，这种培训能提高顾客的信心和满意度。所以，本研究提出如下假设：

*H*7：保证性高对农户的满意度有促进作用。

*H*8：保证性高对农户的再次交易意愿有促进作用。

移情性是指服务人员具有同理心，体会顾客的情感，了解顾客的真实需求并予以满足。它需要服务人员具备了解顾客需求的意识和对顾客需求敏感性的反应，给予顾客充分的关心和相应的体贴，使服务过程充满人情味。移情性是进行情感沟通的基础，而情感沟通是交换双方建立和发展关系的重要活动（Mohr et al.，1996）。苏秦等（2007）的研究表明不论是在 B2C 还是在 B2B 环境下，员工与客户的交互质量（包括同理心和客户意识）都对满意度与购买意愿有显著的正向影响。所以，本研究提出如下假设：

*H*9：移情性高对农户的满意度有促进作用。

*H*10：移情性高对农户的再次交易意愿有促进作用。

便利性：指顾客容易接触且易于获取服务的方便程度。笔者在罗定、揭阳、清远、高州等地的调查中了解到，农户选择到村级服务站进行交易的一个重大原因是，村级服务站地理位置方便，离家近，购物更方便、更快捷；农户去镇上买东西或卖东西要花费更多的时间成本，而且村级服务站直接连接淘宝平台，商品种类更多，选择空间更大。便利性是影响农户满意度和再次交易意愿的重要原因。所以，基于村级服务站的具体情况，本研究提出如下假设：

H11：便利性高对农户的满意度有促进作用。

H12：便利性高对农户的再次交易意愿有促进作用。

在顾客满意度和行为意愿二者关系的研究中，Bolton（2002）认为满意度可能在很大程度上影响顾客对服务质量、行为意愿和购买意愿的评价。Boulding 等（2005）则认为影响整体服务满意度评价的因素应为顾客对服务质量的感知，同时顾客行为意愿又会受到服务满意度的影响。Cronin 等（2000）在研究中指出，满意度与行为意愿二者间存在直接影响关系。Rust 和 Oliver（2000）发现，满意度高能够提高顾客的品牌偏好，进而促进再次交易意愿，同时也有研究者认为满意度高很可能会直接影响再次交易意愿（Mazursky et al.，2010）。基于以上研究，本研究提出如下假设：

H13：满意度对再次交易意愿有促进作用。

综上，本研究提出的变量定义如表 3 - 6 所示。

表 3 - 6　本研究的变量定义

变量	定义
有形性	村级服务站中的实体部分，包括有形设备、实体环境
可靠性	村级服务站提供所允诺服务的能力，即承诺是否实现的能力
响应性	村级服务站乐于帮助顾客与提供及时服务的能力
保证性	村级服务站服务人员的知识和态度使顾客信任放心
移情性	指村级服务站服务人员具有同理心，体会顾客的情感，了解顾客的真实需求并予以满足
便利性	指顾客容易接触且易于获取服务
再次交易意愿	再次进行交易（找村级服务站代买或代卖）的意愿
满意度	对村级服务站的服务情况的满意程度

三、数据分析

（一）样本选取

本研究将广东省的清远阳山、茂名高州、揭阳揭西、云浮罗定和揭阳军埔作为实证分析的样本来源地。为了保证本研究的科学性和合理性，提高研究变量的信度和效度，笔者在正式大规模发放问卷和收集数据之前先进行问卷的预调研，对初始问卷进行内容效度的分析。内容效度即逻辑效度，是指测验题目对有关内容或行为取样的适用性，从而确定测验是否为将要测量的行为领域的代表性取样，即测量内容的适当性和相符性。本次预调研邀请预调查对象对问卷设计与内容陈述提出修改意见，并基于此对问卷进行修改，以获得更好的实证研究结果。根据预调研的结果，笔者对问卷的主体部分进行修改。首先对部分重复设置的题项、不属于变量范围的题项进行删除，继而对表述不当的题项进行重新描述，对某些概念重新进行明确的界定，最后梳理修改后的问卷并敲定最终问卷，并将最终问卷于线上和线下进行发放。

本次问卷正式发放时间为 2016 年 11 月中旬至 2017 年 5 月底，发放形式分为线上电子问卷和线下纸质问卷相结合。笔者选取了广东省的清远阳山、茂名高州、揭阳揭西、云浮罗定和揭阳军埔等地的几个村淘点，针对在村级服务站有过交易的顾客进行线上与线下问卷发放。共有 412 个被调研者参与答卷，剔除不完整的问卷、网络渠道中有相同 IP 来源的问卷以及存在无效填写的问卷，共回收有效问卷 364 份，有效问卷率为 88.3%。

总体样本中女性稍高于男性，符合日常的购物行为，一般女性比男性更倾向于去村淘点进行买卖行为；参与者趋于年轻化，样本年龄在 25 岁以下的占 42.30%；从学历上看，初中、高中/中专/技校所占比例超过总体样本的 70%，其中初中学历的占 40.38%，高中/中专/技校的占 32.69%。从频次来看，顾客每月去村淘点进行交易的频率集中在 0~8 次，占 79.48%，其中交易频率在 4 次及以下的占 52.56%，交易频率在 4~8 次的占 26.92%。总体来说，本次调研样本符合研究定位，有助于提高研究结果的有效性和可靠性。

表 3 - 7　描述性统计分析

指标名称	详细分类	百分比（%）
性别	男	39.10
	女	60.90
年龄	18 岁及以下	26.92
	19 ~ 25 岁	15.38
	26 ~ 39 岁	42.31
	40 岁及以上	15.38
学历	小学	13.46
	初中	40.38
	高中/中专/技校	32.69
	大专/本科	10.90
	硕士及以上	2.56
交易的频率	每月 4 次及以下	52.56
	每月 4 ~ 8 次	26.92
	每月 9 ~ 12 次	8.33
	每月 13 ~ 16 次	3.21
	每月 16 次及以上	8.97

（二）数据分析

运用统计软件 SPSS 19.0 和 AMOS 17.0 对回收的有效问卷进行统计分析，具体方法包括描述性分析、信度与效度分析、探索性和验证性因子分析、模型拟合优度分析等，以验证本研究的研究假设。

1. 测量变量的统计描述

本研究对题项进行描述性统计，其中主要包含平均值、标准差、偏度、峰度等方面。A1、A2、A3、A4 是有形性的测度，B1、B2、B3、B4 是可靠性的测度，C1、C2、C3、C4 是响应性的测度，D1、D2、D3、D4 是保证性的测度，VE1、VE2、VE3、VE4 是移情性的测度，F1、F2、F3 是便利性的测度，G1、G2、G3 是满意度的测度，H1、H2、H3 是再次交易意愿的测度。

表 3 - 8　各个测量题目描述分析

测量题项	N	最小值	最大值	平均值	标准差	偏度	峰度
A1	364	1	5	3.48	1.267	-0.473	-0.865
A2	364	1	5	3.47	1.225	-0.456	-0.853
A3	364	1	5	3.50	1.274	-0.470	-0.910
A4	364	1	5	3.52	1.263	-0.506	-0.834
B1	364	1	5	3.21	1.152	-0.013	-0.883
B2	364	1	5	3.31	1.181	0.029	-1.137
B3	364	1	5	3.14	1.135	0.177	-0.989
B4	364	1	5	3.18	1.104	0.301	-0.870
C1	364	1	5	3.41	0.918	-0.214	-0.176
C2	364	1	5	3.55	0.885	-0.466	0.145
C3	364	1	5	3.46	0.860	-0.112	-0.297
C4	364	1	5	3.50	0.966	-0.534	0.041
D1	364	1	5	3.43	1.196	-0.169	-0.989
D2	364	1	5	3.57	1.208	-0.455	-0.829
D3	364	1	5	3.57	1.237	-0.464	-0.861
D4	364	1	5	3.57	1.219	-0.456	-0.841
VE1	364	1	5	3.52	1.274	-0.564	-0.677
VE2	364	1	5	3.60	1.161	-0.601	-0.455
VE3	364	1	5	3.48	1.254	-0.540	-0.674
VE4	364	1	5	3.55	1.224	-0.566	-0.577
F1	364	1	5	3.65	1.103	-0.553	-0.278
F2	364	1	5	3.72	1.054	-0.734	0.181
F3	364	1	5	3.66	1.096	-0.549	-0.279
G1	364	1	5	3.69	1.093	-0.512	-0.540
G2	364	1	5	3.80	1.139	-0.870	-0.048
G3	364	1	5	3.58	1.046	-0.307	-0.490
H1	364	1	5	3.66	1.217	-0.534	-0.785
H2	364	1	5	3.81	1.204	-0.774	-0.357
H3	364	1	5	3.57	1.185	-0.278	-1.012

2. 结构方程分析

本研究采用 AMOS 进行结构方程建模，并验证这些变量之间的关系。根据本研究的假设，笔者运用 AMOS 22.0 建立了待验证的完整结构方程模型。

表 3 - 9　结构方程模型拟合指标

拟合指标	CMIN/DF	RMSEA	GFI	RMR	AGFI	NFI	IFI	TLI	CFI
判断标准	<3	<0.08	>0.85	<0.1	>0.8	>0.9	>0.9	>0.9	>0.9
模型结果	1.704	0.044	0.899	0.063	0.874	0.923	0.967	0.961	0.967

从表 3 - 9 可知 $CMIN/DF$ 为 1.704，小于 3；RMR 为 0.063，小于 0.1；NFI、IFI、TLI、CFI 均达到 0.9 以上的标准；$RMSEA$ 为 0.044，小于 0.08；GFI、$AGFI$ 分别为 0.899、0.874，大于 0.8。在可接受范围内，大部分拟合指标均符合一般的研究标准，因此这个模型具有不错的配适度。路径系数见表 3 - 10。

表 3 - 10　路径系数

路径			标准化系数 β	非标准化系数	S.E.	C.R.	p	假设
再次交易意愿	←	有形性	0.052	0.055	0.044	1.269	0.205	不成立
再次交易意愿	←	可靠性	0.189	0.223	0.050	4.483	***	成立
再次交易意愿	←	响应性	0.259	0.427	0.073	5.819	***	成立
再次交易意愿	←	保证性	0.203	0.234	0.050	4.638	***	成立
再次交易意愿	←	移情性	0.286	0.291	0.046	6.387	***	成立
再次交易意愿	←	便利性	0.302	0.300	0.044	6.800	***	成立
满意度	←	有形性	0.071	0.064	0.033	1.933	0.053	不成立
满意度	←	可靠性	0.174	0.174	0.042	4.169	***	成立
满意度	←	响应性	0.141	0.198	0.062	3.173	0.002	成立
满意度	←	保证性	0.200	0.196	0.042	4.626	***	成立
满意度	←	移情性	0.129	0.111	0.040	2.765	0.006	成立
满意度	←	便利性	0.227	0.191	0.040	4.761	***	成立
再次交易意愿	←	满意度	0.339	0.288	0.075	3.833	***	成立

注：＊＊＊表示 $p<0.001$。

有形性对再次交易意愿（$\beta = 0.052$，$p > 0.05$）不具有显著影响，假设不成立；可靠性对再次交易意愿（$\beta = 0.189$，$p < 0.05$）具有显著影响，假设成立；响应性对再次交易意愿（$\beta = 0.259$，$p < 0.05$）具有显著影响，假设成立；保证性对再次交易意愿（$\beta = 0.203$，$p < 0.05$）具有显著影响，假设成立；移情性对再次交易意愿（$\beta = 0.286$，$p < 0.05$）具有显著影响，假设成立；便利性对再次交易意愿（$\beta = 0.302$，$p < 0.05$）具有显著影响，假设成立。

有形性对满意度（$\beta = 0.071$，$p > 0.05$）不具有显著影响，假设不成立；可靠性对满意度（$\beta = 0.174$，$p < 0.05$）具有显著影响，假设成立；响应性对满意度（$\beta = 0.141$，$p < 0.05$）具有显著影响，假设成立；保证性对满意度（$\beta = 0.200$，$p < 0.05$）具有显著影响，假设成立；移情性对满意度（$\beta = 0.129$，$p < 0.05$）具有显著影响，假设成立；便利性对满意度（$\beta = 0.227$，$p < 0.05$）具有显著影响，假设成立；满意度对再次交易意愿（$\beta = 0.339$，$p < 0.05$）具有显著影响，假设成立。经过以上分析，之前提出的研究假设得到了验证。由此得到本研究假设检验结果，如表 3 – 11 所示：

表 3 – 11　研究假设验证结果

假设	研究假设	验证结果
H1	有形性高对农户的满意度有促进作用	不成立
H2	有形性高对农户的再次交易意愿有促进作用	不成立
H3	可靠性高对农户的满意度有促进作用	成立
H4	可靠性高对农户的再次交易意愿有促进作用	成立
H5	响应性高对农户的满意度有促进作用	成立
H6	响应性高对农户的再次交易意愿有促进作用	成立
H7	保证性高对农户的满意度有促进作用	成立
H8	保证性高对农户的再次交易意愿有促进作用	成立
H9	移情性高对农户的满意度有促进作用	成立
H10	移情性高对农户的再次交易意愿有促进作用	成立
H11	便利性高对农户的满意度有促进作用	成立
H12	便利性高对农户的再次交易意愿有促进作用	成立
H13	满意度高对再次交易意愿有促进作用	成立

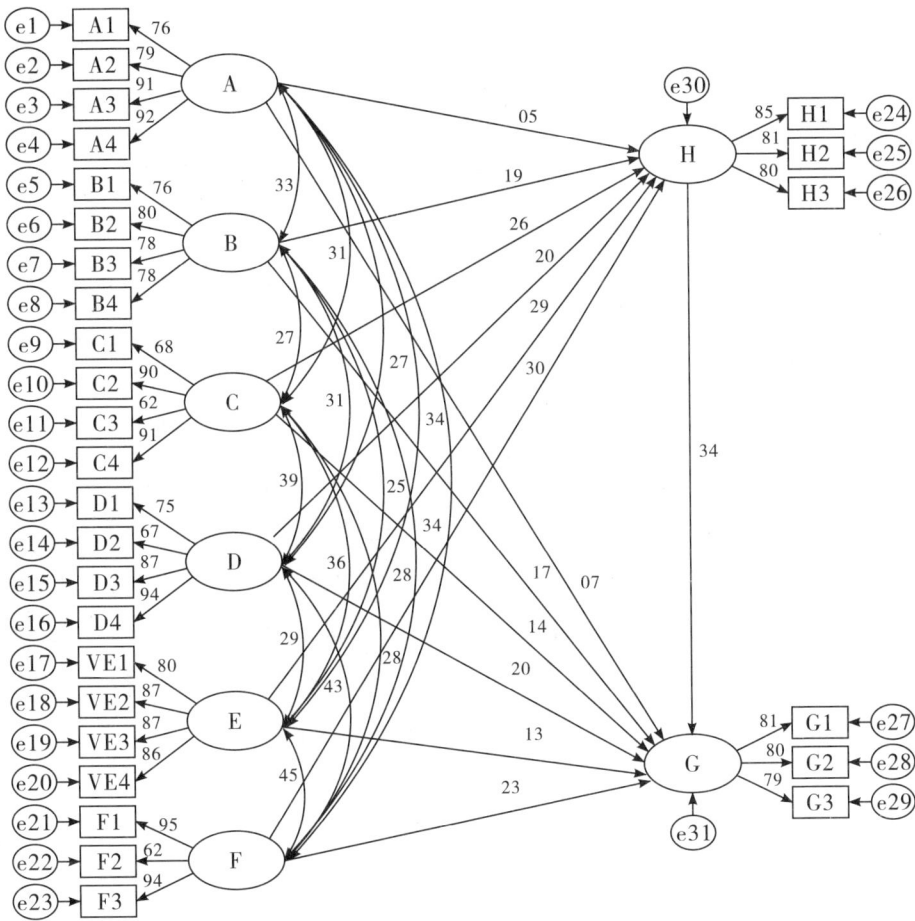

图 3 - 2　结构方程模型

综上分析，可知此模型可以接受。至此，农村淘宝服务质量对农户再次交易意愿的影响模型运行结果，反映了各潜在变量之间的相关关系及影响程度，如图 3 - 3 所示（其中，实线表示显著影响，虚线表示不显著影响）。

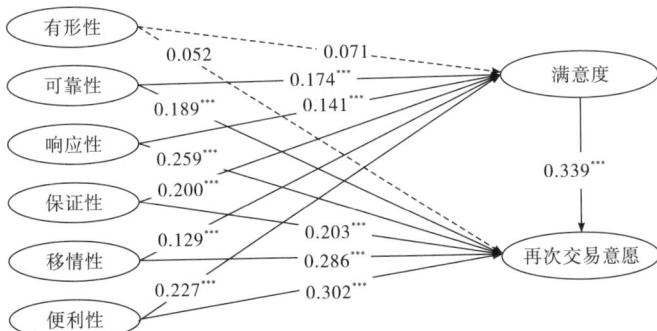

图 3 - 3　模型路径系数

四、研究结论

本研究运用服务质量理论，对"千县万村"项目推行中的广东省的清远阳山、茂名高州、揭阳揭西、云浮罗定和揭阳军埔等地在当地村级服务站有过交易经历的农户进行调研，运用因子分析将影响农户再次交易意愿的影响因素归纳为有形性、可靠性、响应性、保证性、移情性、便利性，并运用路径分析得出标准化回归系数对农村电商关键影响因素进行实证分析，得出以下几点研究结论。

（1）从路径分析结果得出，有形性对农户再次交易意愿的影响 $Sig.=0.205>0.05$，未通过显著性检验；同时，有形性对满意度的影响 $Sig.=0.053>0.05$，未通过显著性检验。表明有形性对农户的满意度和再次交易意愿没有影响。有形性是指村级服务站中的实体部分，包括有形设备、实体环境。和城市不同，大部分农村地区条件一般，基础设施落后，农户对村级服务站的环境、基础设施和设备的要求不高，村级服务站正是在农村各种基础设施发展薄弱的背景下建立的，这也与我们的调研结果一致。

（2）可靠性对再次交易意愿的影响 $Sig.=0.000<0.05$，路径系数为0.189，通过显著性检验，且呈正相关关系；可靠性对满意度的影响 $Sig.=0.000<0.05$，路径系数为0.174，通过显著性检验，也呈正相关关系。可靠性是指村级服务站提供所允诺服务的能力，即承诺是否实现的能力。可见村级服务站承诺实现能力越高，农户的满意度就越高，再次交易意愿也会越高。因此在交易过程中，村级服务站要慎重许诺，并要完成所承诺的服务。

（3）响应性对再次交易意愿的影响 $Sig.=0.000<0.05$，路径系数为0.259，通过显著性检验，且呈正相关关系；响应性对满意度的影响 $Sig.=0.002<0.05$，路径系数为0.141，通过显著性检验，也呈正相关关系。响应性即村级服务站乐于帮助农户与提供及时服务的能力，响应性越高，农户满意度就越高，再次交易意愿也会越高。因此在交易过程中，村级服务站要及时提供服务，及时处理农户的订单，缩短农户的等候时间。

（4）保证性对再次交易意愿的影响 $Sig.=0.000<0.05$，路径系数为0.203，通过显著性检验，且呈正相关关系；响应性对满意度的影响 $Sig.=0.000<0.05$，路径系数为0.200，通过显著性检验，也呈正相关关系。保证性是指村级服务站服务人员的知识和态度使农户信任放心的程度，村级服务

站提供服务的专业化水平。保证性越高，农户满意度就越高，再次交易意愿也会越高。因此在交易过程中，服务人员要不断学习新知识、新技能，电商平台要及时对人员进行培训，使服务人员不断提高自身专业化水平。

（5）移情性对再次交易意愿的影响 $Sig.$ = 0.000 < 0.05，路径系数为0.286，通过显著性检验，且呈正相关关系；移情性对满意度的影响 $Sig.$ = 0.006 < 0.05，路径系数为0.129，通过显著性检验，也呈正相关关系。移情性表现了服务人员的同理心，同理心越高，农户满意度就越高，再次交易意愿也会越高。因此在交易过程中，服务人员要多换位思考，考虑农户的需求与切身利益。由于农村居住群体的特殊性，村级服务站服务的农户大部分是街坊邻居，服务人员与他们维持较好的关系，有利于提高他们的满意度与再次交易的意愿。

（6）便利性对再次交易意愿的影响 $Sig.$ = 0.000 < 0.05，路径系数为0.302，通过显著性检验，且呈正相关关系；移情性对满意度的影响 $Sig.$ = 0.000 < 0.05，路径系数为0.227，通过显著性检验，也呈正相关关系。便利性表现了农户获取服务的便利程度，在服务质量的六个显著因素中，便利性对农户满意度与再次交易意愿的影响都是最大的。许多农村地理位置偏远，置办生活用品或购买家电都要去到镇上。农村淘宝直接落户村落，不管是生活用品还是家电都能从网上购买，且物品丰富，这是影响农户满意度与再次交易意愿的重要因素。

（7）满意度对再次交易意愿的影响 $Sig.$ = 0.000 < 0.05，路径系数为0.339，通过显著性检验，呈正相关关系。研究结果表明，满意度越高，农户的再次交易意愿越强。因此，服务人员一方面要注重顾客的满意度，另一方面也要不断提升服务的质量。

第三节　政府公共服务助力 BoP 群体缩小电商参与能力鸿沟

一、引言

农村电商作为实现农业产业链延伸和小农户与现代市场对接的重要方式，在稳定农产品价格、促进农业生产的标准化与品牌化、推动农村就业创业、扶贫减贫等方面都发挥了重要作用。电商的应用，使得农村地区各类产品和资源的供给方式得以创新，加快了传统产业和服务业的融合并实现数字化转型升级，多主体在各产业环节实现专业协同，带动低收入农民群体创业就业和广泛参与增收脱贫。农村电商发展的趋势是众多行业性小平台依托某个大型电商平台所集聚的海量用户资源，快速打通行业上下游，形成新的行业生态系统（李广乾等，2018）。数字技术在电商生态系统中的使用，从根本上改变了农业农村的性质和结构，使各种创新参与者群体得以加入，其创新过程更深入地改变了整个行业的发展（Majchrzak et al.，2013）。但是，由于电商发展所依托的 ICT 资源在不同社会群体之间的不公平分配，形成了数字鸿沟（Digital Divide），实际上可能会加剧现有的社会分层。数字鸿沟会导致信息资源鸿沟（邢小强等，2019）、社会资本鸿沟（万倩文等，2019）等，除此之外，还会直接导致 BoP 群体的互联网资本鸿沟，并最终导致数字收益鸿沟（Srivastava，Shainesh，2015；邱泽奇等，2016）。在 BoP 区域缩小或弥合由数字鸿沟导致的次生鸿沟（信息资源鸿沟、社会资本鸿沟、互联网资本鸿沟、数字能力鸿沟等）的挑战无疑是巨大的，因此学术界纷纷从不同视角探讨缩小或弥合鸿沟的有效解决之道（Srivastava，Shainesh，2015；邢小强等，2019；万倩文等，2019）。

已有研究认为，解决数字鸿沟问题需要满足以下条件：①政府有充足的资源去提供必要的数字产品；②社会群体具备将数字产品转换成预期产出的能力。但是，BoP 市场的障碍与约束并非属于商业范畴，社会企业难以完全依靠传统的商业技能予以克服，必须通过社会嵌入（邢小强等，2011；万倩文等，2019）、互联网嵌入（芮正云等，2018）的形式，与当地政府部门、社区组织、中介机构、BoP 群体自身等非传统伙伴建立具有特定关系与结构的合作网络，从中获取所需技术、知识和资源。BoP 群体是农村电商的直接推动者，也是农村电商生态系统的参与者。在部分农村地区，初始阶段市场主体参与的积极性很高，当地的农村电商发展也很快，但是随之而来的是，继续参与农村电商的行为明显减少了，电商活动一度表现为"退潮"状态。退出的主要原因基本可以归结为"农村网商获利难"和"农产品上行难"，这两大难题就是由农村 BoP 群体的电商参与能力鸿沟所导致的。

作为新一代信息技术与农业系统深度融合的产业生态，农村电商平台为 BoP 群体实现能力提供了一种全新的路径。电商生态系统实现了全要素、全价值链、生产链的深度互联，为参与者提供涵盖整个价值链的服务，以应用程序（App）的形式，接入分散、海量的资源，对资源管理、业务流程、生产过程、供应链管理等进行优化（Nambisan et al.，2017；刘祎等，2019），进而提升参与主体把握商业模式创新的能力（刘祎等，2019）。不仅如此，它还有效地弥补了 BoP 群体互联网资本不足的缺陷（邱泽奇等，2016）。生态系统的数字化技术可供性（Digital Technology Affordance）帮助生态系统参与主体通过界面建构、意境营造、模仿学习等过程实现各种数字化创新，在此过程中也形成了参与主体的数字化能力（Lenka et al.，2017）；同时，根据数字化技术可供性与约束（Digital Technology Affordance Constrains，DTAC）理论（Majchrzak et al.，2013），生态系统的服务赋能结果取决于参与主体所处的客观环境，由于受到整体知识水平、互联网技能、市场信息以及交通、通信、制度等因素的制约，BoP 群体很难直接通过生态系统赋能服务掌握电商技能。于是，政府通过电商公共服务，提供适当的制度性支持（例如培训、沟通、物流服务以及相应制度环境等）来提升 BoP 群体的电商参与能力就成为缩小数字能力鸿沟的重要途径。

二、文献回顾

（一）数字化能力理论

Lenka 等（2017）在解释数字化服务如何通过感知和响应机制与客户共同创造价值的研究中，从服务企业角度归纳出了数字化能力的内容，他们认为数字化能力包括三个方面：①信息获取能力，即"通过配置硬件组件以较少的人工干预就能感知和捕获信息的能力"。该能力又包含两个维度，第一个维度涉及使用智能子组件管理硬件组件，例如嵌入式传感器、微处理器、嵌入式操作系统、软件应用程序和数字用户界面等；第二个维度主要涉及提供新的可能性方案来收集有关产品质量反馈和客户反馈信息。②连接能力，即通过无线通信网络连接数字化产品的能力。连接能力第一个维度是可以将信息或信号从智能产品传输到服务企业的存储和处理中心，并通过服务云对其进行虚拟化；第二个维度是智能产品之间的连接潜力，即通过更多的监视、控制和优化机会，连接各种智能产品或硬件网络层次的潜力。③数据分析能力，即将可用的大数据转换成对企业有价值的和可行性建议的能力。分析能力的第一个维度涉及开发规则、业务逻辑和算法，以及将信息或数据加工成对组织具有运营价值的预测性建议；分析能力的第二个维度是通过以客户为中心的模拟来使运营价值可视化的潜力（Lenka et al.，2017）。具备以上三种数字化能力的服务企业通过感知和响应两种机制，在服务生态网络中的参与主体实现价值共创。

（二）数字化技术可供性与约束理论

技术可供性是指一种行动潜力，即具有特定目的的个人或组织可以使用技术或信息系统做什么。它被理解为关系概念，即人与技术之间的潜在交互作用，而不是人或技术的属性（Majchrzak et al.，2013）。技术可供性与约束理论强调的是，具有特定功能的技术可能为具有特定目的人员和组织提供（或阻碍）行动的潜在能力，它关注的是人员或组织与他们使用的技术之间的非确定性交互。技术可供性可以帮助管理者更成功地完成技术项目，即更高水平的技术预期使用、技术使用中的有益创新等积极成果，以及避免意想不到的负面后果。技术可供性的形成一方面取决于技术工具的功能和结构，另一方面取决于用户的属性，如目标、能力等。技术可供性既充分考虑技术工具客观的物理属性，又结合了行为主体的主观能动性。同时，技术可供性作为一种潜在、尚未发生的行为，并不能保证真正的实践行为，它仅仅为完成目标指明了行动方向。为了将这种可能性变为现实，用户必须在预期目标的指引下，利用技术工具完成具体的业务实践，这一实践过程被称为"可供性实现"（刘祎等，2019）。技术可供性与约束理论还认为，有必要通过评估用户的需求，修改技术功能，并向服务接受者提供适当的支持（例如培训、沟通和服务等），使得技术的潜在功能与实际业务需要相一致（Majchrzak et al.，2013）。

三、BoP 群体电商参与能力的提升途径

本研究借用 Lenka 等（2017）的数字化能力概念，把数字化能力定义为电商参与能力，即电商参与能力包括三个方面：信息获取能力、互联网连接能力和数据分析能力。本研究认为，互联网的数字技术可供性为所有电商参与者的数字能力提升提供了潜在的可能性，而 BoP 群体参与农村电商的能力提升则需要建立在政府提供的电商公共服务基础上。当农村地区的基础设施、制度环境和市场环境条件都有所改进时，他们才有可能借助互联网提供的数字化创新资源，提升电商参与能力。

（一）电商平台服务提升

在电商生态系统中，平台企业主要通过普遍连接、界面重构和复合式提供三种机制进行商业模式创新来实现服务赋能。普遍连接使得平台企业构建起以自身为中心的广泛覆盖的生态系统；界面重构使生态系统中的各种资源得以有效整合与创造性使用并实现价值共创；复合式提供则能够为生态系统参与者带来多样化的价值从而促使其持续参与该系统（易法敏等，2019）。电商平台通过资源整合，发展可持续的特色化产业，并以此构建扶贫服务支点；农户在平台协同下，通过参与产业链获取市场机会以及直接参与生态系统的价值分配，进而获得知识与技能，积累持续发展能力（易法敏，2018）。互联网平台企业通过数字内容技术与数字连接技术来支持 BoP 群体进行内容生产与消费的价值主张，进而通过 BoP 群体内容生产者赋能、"智能+人工"内容推荐、BoP 群体社交网络拓展与共享式价值获取等其他创新策略与手段，使得 BoP 群体平等参与内容价值的创造与分享。在此过程中，BoP 群体当地资源信息被广泛传播、市场价值被激活，BoP 群体自身的市场意识与市场化能力得到提升（邢小强等，2019）。平台企业在构建运营模式时会考虑企业经济收益与当地社会价值这两个目标，巧妙运用 BoP 群体中的社会资本实现二者间的平衡，即通过识别 BoP 群体中的社会资本（社交优势者），从加强其社会资本的角度出发，提升关系价值，并为其带来个人收入以进行经济激励，完善并固化运营模式（万倩文等，2019）。

（二）电商生态系统赋能提升

从信息技术运用角度看，电商是一种数字化创新。而数字化创新过程可被视为问题与解决方案设计匹配的动态组合，即可以把它看作用户需求、用户能力、数字人工和相关的社会技术之间的临时、不稳定的耦合过程（Nambisan et al.，2017）。平台企业通过整合内部和外部各方以及各种不同的在线社区来实现数字创新，创新生态系统的参与者是连接到系统中的异质性主体，整合利用各类资源实现自身的创新。数字技术可供性为参与者提供了各类行为潜力，它提供各种功能的技术以满足有使用该类技术意图的用户的需求（Majchrzak et al.，2013）。即电商生态系统向参与者提供的是数字技术服务的可能性，参与者可以根据自身资源和能力特点，从中寻求适合自身要求的数字技术服务。电商生态系统为电商参与者提供技术支持，形成了三种不同的技术可供性：连接、互动、协同。可供性之间相互依赖，一种技术可供性的实现为另一种新技术的可供性奠定基础，实现迭代更新（刘祎等，2019）。电商生态系统可以在线展示各类活动的过程，使参与者的成果显性化，成功者的榜样作用激励着社区其他人的参与，有利于专业知识积累和互联网参与信息能力的提升。电商生态系统为 BoP 群体提供一个实现梦想的平台或者称为动态运营的空间，参与主体在这个空间中得以持续进化，BoP 群体可以发挥他们既有的技能，或是基于生态系统的需求，选择供应链中某个特定的角色，从而可以更轻松地参与电商。电商生态系统向 BoP 群体提供了开放式参与的机会，使其能不同程度地参与进来。由于电商服务的广泛存在，农村居民可以随时随地参与电商的运营、管理或服务，因为即使不擅长某种工作，也可以很容易地从周边获得互补性的资源或服务，这样，农村电商发展中的不确定性得到缓解。电商生态系统可以允许农村电商发展中的产品替代，电商生态系统消除了对现有（自然）资源的依赖，人们可以根据电商需要自主选择经营的产品种类，产品供应类型的调适行为也可以引起生态系统对外部需求的变化和增强内部竞争的适应弹性（Leong et al.，2016；易法敏等，2019）。

（三）政府公共服务提升

BoP 群体电商参与能力提升的基础和前提是农村电商公共服务。农村电商发展的一个重要内容就是把信息化的基础设施延伸到广袤的农村地区。这有助于在广大农村地区布局现代信息技术的基础与应用，从而为农产品电商储存、农业物联网建设、"互联网＋"农村民生服务等提供前提（彭超等，2019）。平台企业的电商服务并不是全覆盖的，电商生态系统数字技术可供性作用的发挥程度，还取决于参与者自身的"互联网资本"（邱泽奇等，2016）。互联网资本是内含市场进入社会机制的、发展意义下的资本，是包含资本化机制的资本，强调在高度互联条件下人力资产的资本化及其对发展的影响，是社会资本、人力资本、"数字人力资本"的组合。BoP 群体恰好是这几种资本意义上的弱势群体，因此，其直接接受电商生态系统的数字技术可供性服务赋能的效果很弱。首先必须通过政府提供电商公共服务，以帮助 BoP 群体融入电商生态系统，进而才能借助数字技术可供性，在与生态系统中其他参与者共创价值的过程中提升数字化能力。

2014年以来，中共中央、国务院直属部门机构和妇联、团中央等中央群团组织密集出台了大量扶持农村电商发展的规划、办法、意见和通知公告等，此后连续几年发布的中央1号文件也都有支持农产品电商发展的内容。在这些政策中，持续性地以财政项目形式支持的工程有两个："电子商务进农村综合示范"和"农村信息服务进村入户"。"电子商务进农村综合示范"的政策目标可以概括为：通过"农村物流体系、电商公共服务体系和电商人才培训体系"建设，"促进农村电商发展"和"电商扶贫"；"农村信息服务进村入户"的政策目标可以概括为："政府+运营商+服务商"三位一体的机制，推进公益服务、便民服务、电子商务、培训体验服务等，各类服务在一个平台协同运行，具备可持续运营能力。

政府为农村电商发展提供的公共服务包括三类：①基础设施建设，构建电商发展的交通、宽带、物流、仓储等基础设施建设。②环境营造，包括推动成立电子商务协会、电子商务专家咨询委员会等行业中介组织，建立电商信用体系、产品网上追溯系统、产品流通标准化体系等。③落实政策并在政策框架下制定相应规则（张著名等，2015）。通过电商公共服务体系建设，提升农村流通现代化水平，加快推进农村电商的应用和推广。

在发展农村电商生态系统过程中，政府制定各种政策建设交通和电商基础设施，激励和培训农村电商的参与者，并促使生态系统的配套服务商等多样化主体参与进来。政府提供电商公共服务的过程表现为三种方式：①让贫困人口作为消费者参与市场交流，其底层的逻辑是，贫困人口代表了未充分开发的商机（Li et al., 2018）。如果社会企业可以创新其业务模式并设法为贫困人口提供可获取的低成本产品，那么将存在双赢局面。这种服务在农村电商中体现为"消费品下行"，即地方政府通过与平台企业合作，或委托平台企业建立运营中心和村级代购点，帮助农村居民在线上购买日常生活用品和生产资料。②将贫困人口作为生产者纳入现代价值链中，贫困人口可以向市场提供劳动密集型产品或者特色化、生态化的产品或服务，地方政府组织构建起经济可行的市场和价值链，提供此类产品或服务的适当渠道，使得贫困人口从市场交流中受益，这种服务在农村电商中体现为"农产品上行"。③政府通过制度和经济上的激励与支持，组织和扶持建立当地稳定或持续增长的就业市场，向贫困人口提供就业机会（Li et al., 2018），也就是鼓励农村开展"电商创业"。

政府公共服务着重从两个方面提升农村电商参与者能力：①通过公共服务中心及各级服务站点，宣传电商理念、提供电商创业培训、营造电商环境氛围、帮助农产品网上销售、解决 O2O 农村消费等方式，直接提升农村电商参与者能力。②政府公共服务从营造发展环境、完善电商设施、促进电商就业创业、推动一二三产业融合、健全安全体系等方面，为电商生态系统发展提供了保证，也为 BoP 群体参与电商生态系统、不断提升自身能力提供了基础保障（鲁钊阳，2018）。

（四）公共服务保障电商参与能力动态发展

Huy 等（2012）观察到，必要资源的匮乏是实施电商的主要挑战（Cui et al.，2015）。随着电商服务体系细化和需求服务定制化，农村电商生态需要与服务生态体系耦合，政府需重点聚焦服务、人才和产品等环节（崔凯等，2018）；政府需要对农村电商包容性创业提供四个方面的支持：创造创业条件、提高创业能力、激发创业动机、扶持创业活动（梁强等，2016）。农业生产经营者，包括新型经营主体的领办人在内，一般缺乏现代信息技术技能，市场意识和知识文化水平也有限。多数贫困地区的农村居民在当地政府推动、电商企业拉动下，从事电商经营，其经营策略具有一定的短视性和盲从性（彭超等，2019）。也就是说，具备了数字化能力或电商参与能力，并不能保证 BoP 群体从事电商经营就能获得好的绩效。电商参与能力要发挥有效作用并获得好的绩效，依赖于电商从业者的个人能力，包括网络能力、学习能力等。由于电商从业者的个人能力不尽相同，导致他们获取和利用互联网资源的效果存在很大差异，网络能力决定了个体如何构建、动态调整和有效利用网络关系（朱秀梅，2010）。电商从业者的学习能力有助于他们克服成长过程中面临的难题，同时信息等资源的交流和分享有助于激发创业者的学习动机，从而改善其知识结构、技能水平并取得较好的绩效（芮正云等，2018）。

与其他能力一样，电商参与能力也具有动态性特征，即参与主体必须具备根据环境变化对资源进行重新配置的能力。外部环境处于持续变化之中，为了应对这种动态环境，电商参与者必须重新配置资源，即通过获取、更新、构建、绑定和执行其他以资源为中心的操作来协调其资源，借助资源编排（Resource Orchestration）和功能更新实现能力的动态发展（Cui et al.,

2015)。尤其是当参与者数量达到一定水平或新的技术更新导致主流商业模式和运营环境变化时，参与主体又面临下一轮的资源重新配置和能力建设，这对 BoP 群体而言，无疑是巨大的挑战。因此，持续的、延伸的公共服务成为电商参与能力动态发展的必然要求。

从农村电商发展的实践来看，电商参与的动态能力成为新的制约因素。随着社会化媒体的发展，电商主流模式从基于互联网平台转向基于社交媒体平台，以网店销售为主的农村电商面临巨大的转型压力。现有研究也表明，电商参与对农户横向现实和纵向预期经济获得感均有显著的提高。但农村电商生态系统面临强外部政策性、弱内生动力性的普遍矛盾（王瑜，2019）。电商能够对农户农业收入产生显著的促进作用，但群体内部差距明显，政府应为更多的农户创造良好的电商创业环境（曾亿武等，2018）。在农村电商转型升级的情境下，地方政府公共服务的主要内容就要相应转化为"产业电商"的思维，结合当地特色产业，构建本地电商生态。具体有三个方面：①网络协同：整合物流资源，降低物流成本，既保障电商公共服务顺畅运行，又保障物流企业盈利。②资源对接：建设农产品标准与溯源体系，推动非标农产品静动态追溯、检测、分级、冷链与保险一体化；为农村电商参与者提供产品分拣、包装、检测、品牌注册、品牌培育、网络营销策划等增值服务；同时推动民俗、旅游等产品的供需对接。③促进各类电商平台融合发展：促进电商企业、传统企业等快速与平台运营商、品牌策划公司、营销公司、本地生活服务企业以及电商培训机构建立联系，构建县域电商生态系统（杨旭等，2017）。

四、研究设计及方法

为了有效验证农村电商参与能力提升路径理论，本研究对"电子商务进农村综合示范"项目的实践过程进行实地考察与分析。农村贫困地区与传统竞争市场的情境迥然不同，现有的文献无法进行解释，需要学者们通过归纳式的理论建构去提供新的洞见（Yin，2009）。单案例研究方法强调对动态互动以及事件脉络的把握，构建根植于案例数据的可验证的理论命题，从而建立或扩展参与能力新理论，因此适用于本研究。

（一）案例选择

本研究选取"电子商务进农村综合示范"项目作为研究案例，案例的选取主要遵循如下标准：①典型性原则。"电子商务进农村综合示范"项目是现阶段国内农村电商发展中，政府公共服务促进 BoP 群体能力提升的典型代表。②数据充足原则。本研究充分考虑案例信息的可信度和充裕度。自 2014 年 7 月 24 日财政部、商务部下发《关于开展电子商务进农村综合示范工作的通知》起，到 2019 年立项扶持 215 个示范县的电商建设名单确定，全国共有 1231 个县被纳入"电子商务进农村综合示范"建设。而且本研究小组直接参与过部分项目建设，因此更容易获取所需的调研信息。

（二）数据收集与分析

本研究数据收集跨越了将近 3 年的时间，从 2016 年 7 月到 2019 年 5 月。数据来源包括半结构化访谈以及档案数据，前者是本研究主要的数据来源，后者作为补充材料帮助我们更充分地理解研究情境并佐证我们的认知。为了确定数据收集的适当方向并促进现场采访，我们从各种来源（包括报刊、书籍和互联网）系统地收集了二级数据。同时，我们选择并确认了将在研究中使用的理论视角（Pan et al., 2011），并阅读了经典文献和当前文献。辅助数据的收集以及采用技术可供性与约束理论的观点使我们能够构建初步的理论模型，我们将其用作后续现场数据收集和分析的指南。

经过充分准备，我们前往杭州、广州、清远、梅州、茂名、揭阳等地进行了面对面的访谈，每次访谈近 2 个小时。我们对政府部门领导进行了重点访谈，并对许多组织进行了实地考察，例如电子商务产业园、当地电子商务学院、县电子商务服务站以及第三方电子商务办公室、电子商务平台提供商、村电子商务服务站、家庭农场等。为了避免在抽样地点选择时可能出现的抽样偏差和对政府建议的过度依赖，我们遵循三角验证原则（Yin, 2009）。我们用档案文件对访谈和实地观察数据进行了补充，收集了大量文件，包括 18 份政府文件、22 份政府工作报告和 169 份媒体报告，总计 600 余页。我们创建了一个案例研究数据库来组织数据，该数据库包括访谈记录、实地记录、实地照片、政府文件、新闻报道和其他证据（Yin, 2009）。这样的数据库使研究团队成员能够直接、独立地审查数据，然后再次检查、验证和确认彼此的发现，从而提高数据分析的可靠性。

表 3－12　资料搜集情况

资料来源	电商平台负责人	各地政府部门	物流电信金融企业	专业合作组织	电商农户
访谈数量	12 人次；录音时长：18 小时 20 分 34 秒	31 人次；录音时长：22 小时 18 分 35 秒	15 人次；录音时长：22 小时 2 分 46 秒	13 人次；录音时长：9 小时 11 分 37 秒	22 人次；录音时长：27 小时 11 分 32 秒
访谈对象	农村淘宝项目运营负责人、农村淘宝项目运营助理、农村电商项目华南大区负责人	清远市政府副秘书长，商务局副局长；阳山县县长、副县长；梅州市农业局副局长；茂名市农业局副局长；揭西县商务局杨局长	物流公司、广东移动、中国银行工作人员以及电商企业姚总	养鸡专业合作社魏先生、蔬菜专业合作社李先生、稻米专业合作社李会长、茶叶专业合作社工作人员、柑橘专业合作社工作人员	村级代购点小贾、小王，服务商向经理、米经理
内部文档	宣传手册、工作简报	政府文件 54 份、政府工作报告 48 份	PPT 226 页、资料 147 页	资料 245 页	—
二手资料	网站信息、学术文献	网站信息	微信公众号	微信公众号	微信号

五、案例分析

根据收集的资料，我们依据技术可供性与约束理论，对政府公共服务帮助农村电商参与者能力建设及动态发展的过程进行分析。

政府推动农村电商发展的过程：首先进行培育，然后提供支持，最后进行监管。在电商发展的不同阶段，政府有不同的优先事项：一开始，政府培育电商，并提供全方位的服务，以帮助电商发展各个方面；然后，在电商发展的青春期阶段，通过制定规则和政策来加强电商生态系统的发展，从而增强政府服务的支持作用；最后，在电商发展初具规模并稳定下来之后，政府专注于规范电商市场并确保其可持续增长。

（一）政府公共服务提供基础设施，帮助提升 BoP 群体参与能力

清远市为配合农村电商发展，推出了几个重大建设项目，以升级其交通、信息通信和其他基础设施。清远市政府姚副秘书长说："从 2014 年到 2017 年，乡村道路硬底化的村庄从 798 个增加到 2129 个，铺装道路的总长度从 2300 公里增加到 7870 公里。在 2017 年初，清远 96% 的乡镇都可以通过铺砌的道路进入；清远还大力投资了当地的电信基础设施，在被选为农村电子商务试点的 450 个村庄中，清远将其移动网络升级到 4G，宽带网络的速度升级到 20Mbps 或更高。一些县还建立了电子商务孵化器和工业园区，以吸引外部投资者和企业家加入当地的电子商务发展。"

基础设施投资为清远的电商发展提供了坚实的基础。清远市政府在村、镇、县三级建立了三层电商服务体系，以解决农产品销售渠道问题。在村庄一级，受过教育或针对性培训的青年人管理电商服务站，为村民提供基本服务，如采购代理、寄售、培训和咨询，以及其他一些看似微不足道但不可或缺的服务，如代表村民支付电费；在镇一级，镇政府电商办公室组织了电商服务站，为村级电商服务站提供指导，并协调由村民领导的电子商务协会，如当地的电子商务委员会和村民的物流合作社；在县一级，县政府建立了电商服务中心，与第三方电商平台提供商（如淘宝网）的服务团队合作。清远市清农电商公司的姚总说："我们与阿里巴巴平台签订了合作协议，平台给我们带来很大流量，在'双十一'当天，我们的清远鸡销售量高达 852 万只；另外，当地其他企业和散户也围绕电商平台重新整合供应链，包括清远鸡的加工、包装运输以及销售。"阳山县养鸡专业户魏先生说："服务站的人教会我怎么在网上购买产品，怎样把自己的产品放到网上去，我们也学会了在网上与客户聊天沟通。"

（二）政府公共服务营造电商发展环境，帮助提升 BoP 群体参与能力

2014 年 9 月和 2015 年 2 月，阳山县政府宣布了两项促进电商的重要政策，县农牧业局、工业和信息技术委员会等不同的政府部门，以及银行业监督管理委员会和中国人民银行的地方分支机构都根据中央、广东省鼓励电商发展的政策，发布了本县的配套政策以鼓励和支持电商发展。按照县政府的

模式，镇、村两级政府在其领导团队中还成立了电商工作领导组，以促进并监督当地的电商活动。这些政府干预促进了各方的共同参与，形成了当地的电子商务生态系统。

1. 引入电商平台提供商

几个平台提供商在中国农村电商发展中发挥着关键作用。在阳山，政府分两个阶段指导了这些平台提供商。阳山负责农村电商运营的陈主任告诉我们："阿里巴巴为当地村民提供了一个线上交易平台。"

2. 引入物流服务提供商

农村电商的发展离不开物流，阳山政府先后与多家物流企业协商降低当地村民的运输成本；此外，政府还牵头成立了许多小型运输公司，以鼓励当地电商的创业活动。阳山县李县长说："这些小型和区域性公司通常专注于服务村镇市场，这些村镇市场将中心城市与偏远的城镇和乡村连接起来，由此解决'消费品下行'和'农产品上行'中的运输问题。"阳山县蔬菜合作社的年轻老板李先生说："我常常在微信群上与社员交流，而且还加入了其他农产品电商交流群，群里的成员经常分享自己成功的经验，使我获益良多；并且我还可以发展一些群员成为我的销售代理，有这些人作为我的销售代理，我就可以把更多的精力花在产品生产上。"清新区的王老板则说："通过互联网我了解到现在做农产品电商的人已经越来越多了，后来我也去请教了几个懂行的人，他们告诉我完善的物流体系是电商成功的必要条件，但是现在很多大型物流企业并不愿意在农村地区建立服务网点，而农村地区对物流的需求很强，我可以尝试去做物流服务。"

（三）政府提供培训服务，帮助提升 BoP 群体参与能力

政府的电商服务从一系列激励和教育行动开始，通过这些行动，当地村民心中逐渐有了农村电商观念。政府通过与电商平台合作，发起了一系列正式的、定期安排的电商培训活动，例如讲习班、成果巡回展示和实地考察，以帮助下级政府官员和村民树立对电商的积极态度。阿里巴巴派驻阳山县的技术团队负责人蒋经理说："我们的任务是为阳山县农村电商的发展提供相应的技术服务，包括组织团队为村民提供电商培训、建立村级服务站以及为本地农业企业或合作社提供技术服务。"截至 2015 年 4 月，该技术团队与阳山县职业学校合作，已为 4000 多人提供了电商培训，每人平均参加 20 次培

训课程。这些培训涵盖了参与电商的必要技能，例如管理采购、客户服务、物流、付款和在线商店的日常运营；他们还向感兴趣的个人提供了类似的培训，这些培训通常由当地的电商服务站组织并在县、镇和村一级进行。揭阳市农村电商协会范会长说："在农村电商发展方面，揭阳市有自己的一套做法，就是将服务和培训结合起来。过去我们只关注交易服务，现在除了交易服务以外，我们还提供特产推广、亲情视频、娱乐天地、交通服务、信息发布、公益读书、农牧培训、资源对接、创业基地等多样化服务，这样做的目的就是使得村级站点成为村民生活中不可或缺的部分。"揭阳市军埔村的淘宝店主许冰峰说："我的淘宝店刚刚开张的时候，一单都接不到。通过培训，我学习到很多推广的方法，并用这些方法进行引流。后来我接到了一单、十单甚至更多。我意识到这还不够，通过培训，我还学到了如何去维护客户。现在，我已经有了自己的服装厂，线上直销线下批发，生意也越来越好。"

（四）政府公共服务转型升级，促使 BoP 群体参与能力动态发展

随着社会化媒体的发展，电商主流模式由基于互联网平台转向基于社交媒体平台，以网店销售为主的农村电商面临巨大的转型压力。在此背景下，地方政府的服务也必须升级。揭西县商务局杨局长说："农村电商的观念一定要紧跟形式的变化，我们首先要加大对电商的理解和学习。"清远市商务局潘副局长说："清远市的农村电商发展一直得到市委主要领导的重视和支持，我们最早建立起清远市电子商务办公室，形成部门间'协调工作机制'，由商务部门牵头，其他部门紧密配合、协同发展，形成农村电商'一盘棋'的局面，共同推进农村电商的发展。"罗定市稻米协会李会长说："政府一直对于罗定稻米的品牌建设大力支持，连续多年给予专项资金建设；近些年，我们与新媒体营销专业企业合作推广罗定稻米，罗定稻米的知名度和美誉度不断上升，去年获得了'国家稻米十大知名品牌'的荣誉。"茂名电商协会吴会长说："茂名荔枝现在已经成为一个著名的农产品品牌，但其电商发展并不容易。首先是产品标准化的问题，当地种植荔枝的除了大型农业企业以外，还有很多散户，但由于产品标准不统一，导致消费者的信任下降；其次是品牌冒用严重，国内除了广东是生产荔枝的大省以外，广西、海南等地亦是荔枝生产地，很多消费者在网上买到的并不是真正的茂名荔枝。后来，当地政府开始重视农产品供应链体系的建设，为本地农村电商提供产地预冷、

集货仓储、分拣包装、冷链运输、质检追溯等服务；另外，还成立了电商协会，负责制定荔枝的产品标准，茂名荔枝的电商销售从此走上了良性发展的道路。"

六、结论与讨论

本研究根据技术可供性与约束理论，运用案例分析方法，探讨了农村电商发展过程中，政府公共服务提升 BoP 群体的电商参与能力的机理；借用数字化能力将电商参与能力定义为：信息获取能力、连接能力和数据分析能力。本研究认为，互联网的数字技术可供性为所有电商参与者的数字能力提升提供了潜在的可能性，而 BoP 群体参与农村电商的能力提升则需要建立在政府提供的电商公共服务基础上。当农村地区的基础设施、制度环境和市场环境条件都有所改进的情况下，才有可能借助互联网提供的数字化创新资源，提升电商参与能力。

政府服务提升 BoP 群体的电商参与能力的实现路径是：地方政府通过提供电商发展的公共资源支持和第三方治理（Leong et al.，2016；杨旭等，2017），通过政府推动、市场引导，发挥电商协会等社会组织的作用，带动区域电商企业参与"农商互联"组织和区域农商产业联盟（周毅，2014），并根据县域产业发展现状，运用市场手段整合物流资源，降低物流成本。政府以项目的形式将利益相关者聚集在一起，通过指导和监督项目的实施，做好服务资源落地和专业服务需求对接、建立标准规范服务流程，围绕信息能力建设完善电商产业治理、建立淘汰机制，从而提供"第三方政府"职能（魏延安，2014；杨旭等，2017）。政府的制度性支持，在改善道路运输、电信业务等基础设施方面发挥着重要作用，并为农村电商创业风险提供象征性的合法担保（Leong et al.，2016）。随着农村电商发展环境日益完善，BoP 群体依托电商生态系统赋能和地方政府服务赋能，适应性参与能力不断提升，逐渐摆脱长期以来的资源依赖。

BoP 群体电商参与能力提升的下一步是要在生态系统中实现价值共创（Gröonroos et al.，2013），BoP 群体与农村电商生态系统中的其他主体合作互动，在联合领域共同创造价值。共创价值决定了生态系统的发展演化，其价值分配也决定了 BoP 群体是否会持续参与，进而决定了电商对于发展农村经济、精准扶贫的作用能否有效发挥。因此，政府通过持续的公共服务直接和间接提升 BoP 群体参与能力，将是农村电商发展以及实现小农户与大市场有机衔接的关键机制。政府在农村电商发展过程中，不仅需要通过制度与政策扶持营造环境（鲁钊阳，2018；钮钦，2016），更需要通过具体的工具性手段（电商服务）来落实政策，鼓励多元市场主体参与农村电商，并构建农村电商服务体系，以完善的服务供给满足多样化的农村电商发展要求（胡晓杭，2017）。从实践发展来看，农村电商已进入"服务体系阶段"，人才队伍、物流配送、冷链、追溯、营销等服务环节的重要性愈发凸显，农村电商围绕农村线上线下结合、上行下行贯通的本地化服务体系发展，前端的交易沿着产业链向更深处延伸（汪向东，2016）。这意味着农村电商服务的模式、内容以及提供方式向系统化和复杂化方向发展。接受服务的主体能力得到提升之后，能够参与到农村电商生态系统中，提升电商运营绩效、改变公众对政府服务的认知、提高服务与市场需求的契合度（范柏乃等，2016）。

第四章 | 互联网金融与农村电商发展 |

第一节　农村互联网金融风险及其监管分析

一、引言

改革开放 40 多年来，我国经济取得了质的飞跃，GDP 总量由 1978 年的世界第十位一跃成为如今的第二位。但是我国的经济和科技基础同发达国家相比依然十分薄弱，过去粗放型的经济增长方式有诸多负面效应，缺乏可持续性。随着 2008 年金融危机的爆发，粗放型经济增长方式的弊端也日益显现，金融行业的升级迫在眉睫。因此，我国高度重视金融科技的发展，将其提升到新的战略高度。而对我国目前来说，金融科技的发展所带来的改变最普遍的是互联网金融的发展，互联网金融的发展为传统金融业注入了许多创新的方法，提高了传统金融业的效率。

农村发展问题一直是我国政府及社会关注的热门话题，作为经济发展的核心，金融在农村地区的经济发展中起到至关重要的作用，而"三农"问题的解决也必然需要农村金融的支持。但现实社会中，农村金融市场仍不完善，正规金融机构缺乏、民间金融组织不规范问题屡有发生，农户的金融需求得不到满足。互联网金融的快速发展既带来新的机遇，也给金融稳定带来了挑战。这对于金融方面本就薄弱的农村区域更是如此，而这些挑战也是制约农村互联网进一步发展的巨大绊脚石。本研究通过分析农村互联网金融产生的风险，借鉴国外农村互联网金融模式，进而有针对性地提出适合中国农村的互联网金融以及监管模式。

二、文献综述

（一）互联网金融

随着互联网金融日渐进入大众的视野，对于其界定有着层出不穷的讨论。董昀（2014）根据2013年第二季度《中国货币政策执行报告》中的相关表述，将互联网金融理解为：在新的技术条件下，各类传统金融机构、新型金融机构和电商企业依托于其海量的数据积累以及强大的数据处理能力通过互联网渠道和技术所提供的信贷、融资、理财、支付等一系列金融中介服务。并指出互联网金融利用先进的互联网信息技术进行一系列金融活动的特质。根据推进主体的不同，互联网金融大致被分为互联网企业开发金融业务，传统金融业的互联网化以及电商平台利用电商交易推出金融业务几类。互联网金融的概念更多的是在我国范围内应用（叶纯青，2016），以互联网技术为代表，运用移动支付、社交网络、搜索引擎和云计算等技术，是既不同于商业银行间接融资也不同于资本市场直接融资的第三种金融融资模式（谢平等，2015）。

（二）农村互联网金融

早在20世纪90年代King（1993）就指出，发展中国家的农业、农村经济发展初期，金融市场不完善制约了经济的发展，并强调通过金融供给推动经济发展的要求。如此看来，农村金融市场的完备程度与农村经济发展息息相关。但从中国的发展经验来看，农村金融市场的发展虽说一直以来在不断进步，在发展中却仍存在一些问题，农村金融困境受到众多学者的关注。

从经济体制分析，中国长期以来执行的是城乡二元经济体制，人为造成城乡分割，致使农村经济发展受制，城乡差别越来越大。农户金融素质不高、农村金融体系不健全，严重阻碍了农村金融市场的发展（吴义达等，2008）。农村金融市场的日益萎缩反映了农村金融市场仍不健全，资金流通的障碍较多，农户的金融需求难以得到有效满足（游江等，2011）。在正规金融机构研究方面，农村地区正规金融机构数量少、产品种类单一、运行效率低下，而农村信用社作为农村正规金融机构的主力，历史包袱严重、不良贷款率较高（钱枫林等，2011）。面对农村金融这般困境，学者们在研究现状的同时深入分析了造成农村金融困境的原因。

其中，信息不对称问题是学术界关注的重点问题。在中国，农村信贷市场存在较为严重的信息不对称问题，可能使得信誉较低的借款人通过虚假理由或支付较高利息等手段来获得金融机构的贷款（周丽芳，2010）。真正低风险的借款人却由于借款成本高于预期，得不到金融机构的资金，从而退出信贷市场，形成"劣质客户驱逐良性客户"的现象。从金融机构的角度分析，农村地区居民居住分散，拥有符合规定的抵押物少，金融机构难以获得农户的信息，导致机构运行成本、监督成本高昂（张龙耀，2012）。农户融资困难的因素可以总结为三个方面：政府体制问题突出、涉农金融机构效率低下以及民间金融缺乏监管（刘忠，2015）。

农村金融困境成因的研究促发学术界对其解决方案的讨论日臻热烈。随着信息技术的进步与发展，除对经济体制、民间金融、监管等层面的研究外，一些学者认为互联网金融的引入可有效地解决农村金融困境。刘海二（2014）认为手机银行的推广可以有效解决信息不对称问题，手机号码的身份识别、手机银行的信用记录功能以及其社交网络等功能可以充分揭示、传播信息，从而帮助改善农村金融困境。范琳等（2015）则从农业中小企业的角度出发，认为互联网金融模式为中小企业提供一个公正、公平的平台，利用信息技术优势有效降低其融资成本，同时便于整合社会资源，从而帮助农业中小企业解决融资困境，推动社会主义新农村建设。马九杰（2014）则将互联网金融划分得更为详细，从支付、融资等各方面突出其对农村金融的作用，其中强调基于农村电商发展的农业供应链金融、网络贷款以及大数据征信的创新有助于农村金融问题的解决。

（三）金融监管

互联网金融的发展，一方面为金融监管带来了积极作用，但另一方面也放大了传统的金融风险。金融产品创新可以规避传统风险但也会带来新的风险（李晓虹，2014），这就为金融监管提出了新的挑战。金融监管经历了"自由放任—加强监管—金融创新—放松监管—金融危机—加强监管"的发展历程（靳林炜，2017），金融科技与互联网金融的发展对监管来说，既是机遇也是挑战。首先有积极影响，有利于扩大金融覆盖面，提升服务效率，降低服务成本（李文红，2017），也可以促进金融机构提高资源配置效率、提升风险管理能力，促进金融体系的稳定（朱太辉、陈璐，2016），但也放大了传统风险产生新风险。

（四）农村金融监管

我国落后的农村金融监管体系已不能有效支持社会主义新农村建设，许多相关从业者并没有足够的素质进行相应的监管。因此，政府应严格推行金融监管人员的任职资格标准，对金融监管人员逐步实行持证上岗制度（高述涛，2010）。蔡四平（2011）通过对该问题的长时间的研究和探讨，提出了五个新的农村监管方式，具体包括实现农村金融的监管理念创新、监管模式创新、监管方法创新和内控机制创新，其前提是要以法治化为保障。还有学者认为应当根据我国农村金融的具体情况构建"四位一体"的农村金融监管体系（张朝锋，2010）。

三、农村互联网金融风险

（一）农村互联网金融现状

农村地理位置偏远、人员消费水平低等，传统金融机构匮乏，农民获取金融服务或进行筹资存在严重困难，导致了严重的金融困境。通常我们把我国现阶段的经济与金融浓缩在一个金字塔内，位于金字塔尖的极少数富裕阶层拥有着众多诸如大型企业、政府等金融服务资源；接下来依次是有中小型企业服务的中产阶级、有微型企业服务的大众工薪阶层；而金字塔最低端，也是数量最广的农户群体则几乎没有金融服务资源（贝多广，2015）。截至2017年末，农村地区银行网点数量12.61万个，每万人拥有的银行网点数量为1.3个；县均银行网点55.99个，乡均银行网点3.93个，村均银行网点0.24个。极少数群体的金融服务需求可被充分满足，甚至资源严重过剩。但绝大多数群体的金融服务严重不足甚至基本缺失，而这部分的广阔市场则是互联网金融所对应的领域。互联网可以和金融结合以弥补线下服务网点的不足，有效地扩大覆盖面、提高便利性，打通农村金融服务的"最后一公里"。另外，互联网可以运用大数据来评估借贷者的信用，提高借贷评估的效率和准确率，节约时间成本和经济成本，也更有针对性，降低风险因素。

到2018年，多个互联网金融服务平台已经针对农村地区的特点，推出了多种金融服务产品，比如宜信公司的宜农贷、农机融资租赁、农商贷、普惠1 号等。虽然互联网金融平台推出了大量有关农村金融服务的产品，但是农村地区对互联网金融的认识还十分淡薄。农村互联网金融业务的发展十分迅速，以京东金融为例，截至 2017 年 3 月，京东金融在为农业、农村、农户贷款方面，已经累计放贷 400 亿元；蚂蚁金服在保险、信贷方面服务的三农用户数则分别达到了 1.4 亿、4205 万，服务了 175.7 万家农业相关企业。从覆盖面积来看，阿里巴巴旗下农村融资产品"旺农贷"的服务范围已经覆盖全国 347 个市、2348 个县的 24700 个村庄。

但农村地区仍有极大的金融缺口。根据《中国"三农"互联网金融发展报告（2016）》，农村金融的缺口约为 3.05 万亿元。在如此庞大的缺口下，相较于农村缺乏正规金融机构以及民间借贷不规范的情况，互联网金融企业凭借商品的线上交易将金融业务渗入农村地区，具备较强的品牌建设与口碑效应。另结合先进的信息技术背景，在放款速度以及征信方式方面的优势，其融资业务的开展理应更为便利。但现实中，未被满足的金融需求及较为冷清的业务开展反映出一定的供需矛盾，凸显出客户与供应商之间缺乏信任等问题。而这种信任的缺乏是农村互联网金融产生的风险所引起，下文我们将分析这些风险。

（二）农村互联网金融风险

农村互联网金融与普通互联网金融相比，增加了农村这个条件，范围是农村，媒介是互联网，本质是金融。因此，与传统的互联网金融相比，农村互联网金融面临更多的风险。

1. 技术层面风险

一是网络安全风险。互联网金融平台的发展主要依托于互联网，与线上商品交易模式相似，融资业务从申请到最终的放款与监督的大部分流程都在线上进行。网络的运用虽能简化业务流程并提升放款效率，但网络安全与否也影响电商融资业务的发展。另外，互联网金融业务在农村地区的开展主要依靠位于基层的村级服务站或村级代理人。因此，整个信贷系统是一个呈放射状的巨大信息网，连接数以万计的电脑及移动终端。一旦其发展所依赖的网络出现一个小小漏洞，黑客和病毒便会趁虚而入对其进行攻击，并借助信息脉络迅速扩散，由此造成灾难性的影响，众多贷款交易不能正常完成将会造成严重的经济损失。

另外，网络安全风险体现为客户信息泄露丢失问题。众所周知，互联网金融借助大数据库来对海量的碎片化信息进行收集和保存。如上所述的网络漏洞也会造成碎片化信息的丢失、大数据遭到篡改的问题，严重影响互联网金融平台对借款人的信用评估以及放款系统的正常运行，从而影响放款安全，出现大面积坏账的情况。网络安全问题还会使借款人个人信息泄露，影响客户对互联网金融的信任度。因此，网络安全问题的出现会对互联网金融平台的运营造成致命打击。

二是信息技术风险。如果网络安全风险是由外界开展融资业务所带来的风险，那么信息技术风险则是内生性问题，造成的结果与网络安全风险不尽相同。与传统金融机构开展的融资业务相比，互联网金融平台要更为全面地考虑信息技术风险，重视其为融资服务带来的特殊威胁。信息技术风险产生的源头仍在于互联网金融业务的线上运行，线上信息的收集、风险的评估、资金的发放、后期的跟踪与回收均需要依靠强大的信息系统作为支撑。相较于线下融资模式，书面化的业务资料改为线上电子存库，因此信息无可避免会存放且暴露在互联网中。在如此背景下，互联网金融平台需要具备安全性能极强的防火墙，这对信息技术的要求极高。因此信息技术部门一旦出现问题，与交易主体有关的账户、个人身份以及自有资金储备与流水等私密信息被暴露和篡改的可能性将大大增加，从而影响整个业务的开展。

2. 业务层面风险

一是信用风险。农村地区的征信难度大是许多正规金融机构业务规避的主要原因。虽然互联网金融具有先进的技术水平作为信用评估的支撑，但相较于城市而言，农村地区社交信息的流量小，收集难度大，并不能较大程度地弱化信息不对称水平。相比于传统金融机构对抵押物及担保人的崇拜，互联网金融平台在融资过程中充当着隐性担保人的角色，其融资产品具有信用贷款的性质，使得其仍面临一定的信用风险。另外，作为在农村金融机构缺乏背景下的补位产物，互联网金融融资业务的客户更多是普通农户。基于互联网金融业务较低的放贷门槛，农户评估通过平台进行贷款的成本更低。因此，具有征信困难、缺少一定价值抵押物作为保障的普通农户会倾向于通过互联网金融平台进行融资，从而加剧平台所面临的信用风险。

二是操作风险。顾名思义，操作风险是信贷员的操作失误给交易双方造成的损失。基于对信贷环境的熟悉程度，农村互联网金融业务的信贷专员多为相关部门从当地村民中层层选拔而来。受限于农村地区落后的教育水平，在教育背景上村级信贷专员参差不齐。相较于传统金融机构的信贷专员具备系统完善的金融知识体系，村级信贷专员在专业知识上的缺失将成为加大操作风险的隐患。再者，相较于银行等机构，农村互联网金融业务的地点设置与人手配备并不能满足线下征信过程相互监督的要求，因此相关人员的主观错误会造成一定的操作风险。同时，由于平台无法配备足够专业的通信网络技术员来满足村级业务发展，对网络系统和计算机使用的不专业导致信贷专员对技术缺陷及故障的忽视和运维不当。而村级服务站的数量及辐射范围决定了业务培训并不能经常、深度地开展，因此部分信贷专员对交易流程与业务规则的不熟悉导致操作风险的提升。

三是声誉风险。从互联网融资业务在农村地区的发展来看，业务覆盖面的扩大主要靠的是农户的口碑宣传。另外，与银行等传统金融机构所具有的国有背景相比，互联网金融平台所拥有的品牌力量依靠于平台的服务质量与交易规模。声誉风险的考究对互联网金融平台而言更为重要。从其运行模式的角度入手，声誉风险根源于非实体化带来的逆向选择问题，从而可能导致交易方产生严重的道德风险，加大违约及坏账出现的可能性。再者，多样化的业务体系使得多种业务间声誉评价的交叉影响，一旦其他业务出现问题，无疑会波及融资业务的开展，从而影响客户对平台及融资业务的评价，负面舆论的增多，最终会演化为声誉风险。

3. 法律与政策层面风险

一是法律风险。此处的法律风险发生在对行业规定模糊、相关法律缺失的背景下。因行业领域中权利与义务规定的不明晰，法律纠纷及诉讼时有发生，严重时甚至发生欺诈、跑路的现象。自2013年，互联网金融逐渐形成产业规模，开始蓬勃发展。在广阔的市场机遇下，互联网金融公司纷纷设立，但业务水平参差不齐，导致市场中鱼龙混杂。基于此，我国制定一系列的法律法规来规范互联网金融行业。互联网金融业务在短时间内取得不错的发展，但专项法律法规的制定却仍未提上日程。涉及信息保密、市场准入、主题明确及客户保护等方面法律规定的缺失，使得交易双方发生纠纷与诉讼时无法可依，增加额外纠纷及影响业务发展。

二是政策风险。不单单在法律上缺乏对行业的约束与规定，政府的监管在一定程度上也存在制度的空白。农村地区作为互联网金融发展的蓝海，缺乏政府的规范及引导，互联网金融业务在农村地区的经营与发展存在一定的盲目性，平台简单的竞争环境也存在无序的可能。特别是在发展逐渐成熟之时，电商平台的融资规模和盈利水平进一步提升，进驻市场的企业会进一步增多，行业中不规范的问题将会更加突出。

四、农村互联网金融模式建议

虽然现在的农村金融服务越来越发达，也能解决绝大部分需求，但农村区域的金融服务还是存在许多问题和难点，比如成本高、门槛高、覆盖面小、难以个性化定制、与城市对接不上，也满足不了日趋庞大的信贷需求。而互联网金融则为农村金融服务解决更多的问题提供了一个新的方向。下文将介绍农村互联网金融的几种模式，以及这些模式未来的发展方向。

（一）众筹模式

众筹模式类似于互联网平台的预售模式，任何人有任何想法、创意和产品都可以放到平台上，有人支持就采取购买的方式进行投资，当收到的投资足够支撑发起人的想法、创意和产品时，项目就可以成功开始了。在项目进行期间，发起人还需要根据支持者的意见不断地改进项目。众筹更加注重互动体验，同时回报方式也更灵活，"投资收益"不局限于金钱，也可能是项目的成果。

尝鲜众筹是中国第一家农业领域专门性众筹平台，可以满足农业创业者的投融资需求，提供募资、孵化、运营的一站式专业众筹服务。在农村地区，众筹是个新概念，由于参与、回报方式更加个性化，尊重投资者意愿，将是未来农村金融重要的发展方向。

（二）互联网保险模式

农业保险和农产品期货发展迅速，但作用不大（谢平、徐忠，2013）。一方面是中国的农业保险产品对中央财政补贴具有依赖性，商业化运作匮乏；另一方面是小农经济长期存在，大农场、标准化农产品少，在大工业基础上发展起来的传统金融在对接零散农业需求时显得力不从心。国内首家网络保险公司——众安保险于2013年推出的高温险有部分的"自然灾害"保险属性，投保方便，理赔灵活。理赔时，投保人无须提供相关证明，保险公司会根据中央气象台的天气预报进行自动赔付。

真正的农村互联网保险还在探索中。但我们可以相信，随着互联网技术的进步，大数据、云计算和保险精算的进一步融合，基于互联网保险的农业产品会大量涌现并更好地服务国内农村新经济环境。

（三）电商消费贷款模式

电商平台在农村地区开展的消费贷款模式，基于农户日常消费数据，给予农户一定的信用支付额度，农户可以利用信用支付额度在电商平台购物，由资金提供方垫付资金，农户在规定时间内还款即可，例如京东金融开发的"乡村白条"产品。电商平台在整个过程中，向签约支持农户信用支付的商户收取一定的手续费。

（四）电商供应链融资模式

农村电商供应链融资模式主要服务于种养殖产业的农户。以电商平台为主，需要融资的农户和需要产品的企业形成一条供应链，开展供应链金融业务，包括参与主体间的融资行为，形成闭合的资金环。电商平台在提供融资支持的同时，对闭合系统中的借款人进行资金流向、业务情况的监督以及风险评估。例如京东推出的"先锋京农贷"产品，在农户与电商平台签订农产品预售协议的基础上，电商平台为农户提供资金支持。

五、农村互联网金融监管

（一）农村互联网金融监管难点

《中国"三农"互联网金融发展报告（2016）》是我国首部农村互联网金融行业蓝皮书，从中我们可以分析得出农村互联网金融监管存在的难点。

1. 信用体系空白

农户的信用意识淡薄，信用体系十分不完善，借款人常以各种借口违约，各金融机构和监管机构根本不能从央行征信系统中调查农户和经营者的信用记录，因而无法准确判断借款人的信用状况，机构很难监测与监管。如果产生违约纠纷，金融机构维权也较难，债权案件判决后执行难、费用高。

2. 法律体系缺乏

蓝皮书指出，当前我国涉农法律体系比较完备，但依然缺乏"农村金融法""合作金融法""公民征信管理条例""互联网金融信息披露条例"等专门法律法规。不仅不能规范和保护农村金融交易行为，也不能很好地保护投资者与消费者的权利。

总之，以往农村的弱质性给传统金融带来的困难，现在依旧是互联网金融的难点，甚至还可能会加深这些难点。农村互联网金融监管难不光是因为无征信数据、高坏账率、法律空白，还因为落后的基础设施和根深蒂固的传统观念。

（二）农村互联网金融监管建议

2016 年，金融政策强调要用发展新理念破解"三农"新难题，提出要推进农业供给侧结构性改革，并首次提出"引导互联网金融、移动金融在农村规范发展"的要求。农户和小微企业属于弱势群体，一旦发生互联网金融相关风险，对其打击很大。我国作为一个农业大国，一旦农村互联网金融出现问题，会严重影响金融稳定。因此农村互联网金融应是监管部门关注的重中之重，确保相关企业能够严格落实国家及金融行业相关标准和安全要求，保障产品服务、信息系统、经营模式的规范性和安全性。

首先，需要各级政府从源头上强化监管，构建完善风险防范机制和信用评价体系。其次，明确农村互联网金融监管主体和主要职责，可以考虑实施联合监管，金融部门如工商、税务与互联网金融机构如阿里小贷进行联合，建立信用资料库，收集完善的网络借贷统计监测数据。最后，还需要建立惩戒机制，通过司法及舆论导向加大对逃债及违约的惩戒力度，让失信的社会成本越来越高。

在我国这个农业大国，农村互联网金融具有巨大的发展潜力和空间。监管部门应设计合适的、有针对性的、可操作的相应政策，扶持农村互联网金融，促进农村金融服务的发展。同时针对致力于农村互联网金融的企业，应给予适当的税收优惠、财政补贴等政策扶持，积极引导更多互联网金融企业将创新技术产品或服务应用于农村金融服务的推广和使用。

六、结论

作为新兴产业，互联网金融对金融服务、金融产品以及金融监管模式的创新起到了诸多积极作用，但同时也带来或加大了相关风险，农村地区更是如此。国外的互联网金融发展比较早，监管也比较完善，农村互联网金融同样有许多可以借鉴的模式。本研究通过借鉴国外模式，针对我国的情况提出农村互联网金融未来的发展趋势。

目前我国的监管跟不上互联网金融发展的速度，为了更好地发展互联网金融，就必须加强监管。互联网金融的监管包括：界定互联网金融属性、利用行业自律、跨部门监管联合。而对于我国来说，不仅要关注互联网金融的监管，更要关注农村互联网金融的监管。农村属性下，互联网金融有着更严重的信用风险、法律风险和操作风险等，也因此加重了监管难点。建议监管部门从源头加强监管，同时与相关企业联合完善信用数据，建立惩戒机制，创造可持续的良性发展政策环境。

第二节　农村电商金融与农户融资选择行为

一、引言

电商金融业务是指电商企业利用电商平台提供信贷、理财、融资、支付等一系列金融业务。长期以来，农村金融问题都是制约农村发展的重要因素，由于金融服务供给不足，农户的金融需求很难得到满足。近几年来，随着农村电商的发展，电商企业逐步打通农村金融通道，将消费信贷、供应链金融以及小额信用贷款等融资产品推向农村市场，电商金融逐渐成为农村金融市场中的新兴力量。但其发展年限较短以及农村特有的地理位置、人文环境等因素的限制，电商金融业务在农村地区的发展以及农户对这种新型融资方式的接受程度仍不明朗。本研究以计划行为理论（Theory of Planned Behavior，TPB）为基础，通过对影响农户使用电商平台融资意愿的因素的实证分析，探索电商金融业务在农村地区的接受程度。

二、文献综述

（一）农村电商金融

董昀和李鑫（2014）将互联网金融理解为：在新的技术条件下，各类传统金融机构、新型金融机构和电商企业依托于其海量的数据积累以及强大的数据处理能力，通过互联网渠道和技术所提供的信贷、融资、理财、支付等一系列金融中介服务。

根据苏行（2016）对农村互联网金融模式的概括，农村互联网金融分为借助电商平台、农业产业链与大型 P2P 平台结合、服务商与线下资源结合、传统金融借力互联网四种模式。以阿里巴巴、京东为代表的电商平台企业，利用电商渠道的下沉解决了农村金融服务的"最后一公里"问题（黄庆河，2016）。而电子商务的开展使得农业供应链全链条得到信息化发展，"数据质押"的可行性大幅度提升，从而更好地解决了农村融资问题（魏巍，2016）。其结果是农村电商供应链金融这种新型业态的诞生，它对于农村金融服务价值的提升主要体现在金融服务及市场拓展两方面，信息技术的运用在提高风险监控能力、节约时间成本、简化流程、提供市场供需信息等方面展示出良好的效果（李焰，2016）。互联网金融模式为中小企业提供了一个公正公平的平台，利用信息技术优势有效降低其融资成本，同时便于整合社会资源，从而帮助农业中小企业解决融资困境（范琳等，2015）。

手机银行的推广可以有效解决信息不对称问题，手机号码的身份识别、手机银行的信用记录功能以及其社交网络等功能可以充分揭示、传播信息，从而帮助改善农村金融困境（刘海二，2014）。移动支付、微信支付等工具和手段的创新拓宽了农村融资渠道，农业供应链金融、网络贷款以及大数据征信的创新有助于农村金融问题的解决（马九杰等，2014）。

（二）计划行为理论

计划行为理论认为，知觉行为控制指的是个体对自己控制并执行某种特定行为的难易程度，反映着个人能力的差异。与行为态度和主观规范表达个体主观因素不同的是，知觉行为控制涉及客观因素的考量。知觉行为控制受知觉强度和控制信念影响。知觉强度指的是个体感知到这些因素对行为的影响程度。控制信念指的是个体对可能促进或者阻碍某一特定行为的因素的感知。对比理性行为理论，知觉行为控制维度的加入，弥补了前者的前提假设的局限性。而后，Ajzen 和 Maden（1985）通过实证研究发现，计划行为理论具有更好的解释力。许多学者也提出计划行为理论存在的不足，并对其加以补充。首先是对情感因素的考量。原始的计划行为理论放大了认知的作用，因此，许多学者侧重对情感的考量，试图将情感因素加入理论当中。Fitzmaurice（2005）在研究行为人是否愿意开始一个新行为时，将行为人对行为的热情加入理论模型中，他发现新模型的解释力要强于原始模型。Bagozzi（1992）也在自己的研究中发觉渴望作为一个动机也能够刺激行为的产生。除此之外，历史经验的价值也在学者的考量当中。一些研究人员提出如果过去的行为与未来的行为是息息相关的，那么也应该将过去的行为包括其中。经过研究证实，不仅过去行为对行为意向的作用是直接的（Fitzmaurice，2005），过去行为对行为的作用也是直接的（Ajzen，2005）。

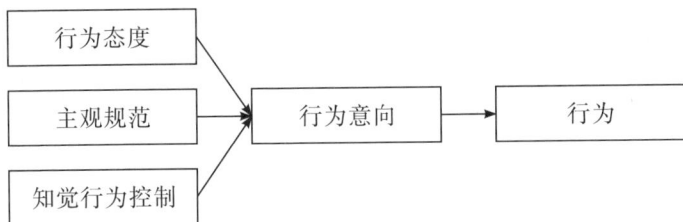

图 4 - 1　计划行为理论模型

三、农村电商金融模式

农村电商金融业务分为消费贷款、信用贷款和供应链融资三种模式。首先，电商平台提供给农户的消费贷款模式同提供给普通消费者的消费贷款模式是相同的。电商平台基于对农户的日常消费数据分析，给予农户一定的信用支付额度，农户在电商平台购买商品时，可以利用信用支付额度来购物，由资金提供方进行资金垫付，农户在规定时间内还款即可，例如京东金融开发的"乡村白条"产品。电商平台在整个过程中，向签约支持农户信用支付的商户收取一定的手续费。电商平台推出的金融产品类似于线上信用卡，适合在电商平台所形成的生态闭环内使用。模式如下：

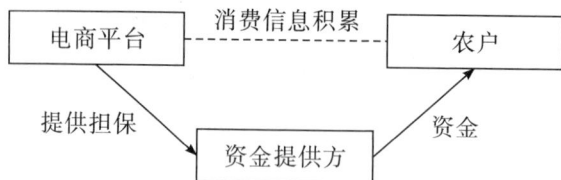

图4-2 农村电商平台消费贷款模式

其次，电商平台基于互联网向农户提供信用贷款的模式，其融资手续及流程均在网络上进行。因此，具有征信全面、放款快、纯信用贷款的性质。具体模式分析共分为以下几个方面：

第一，利用村级服务站及负责人推广融资业务。村级服务站在融资业务开展中担任"网点"的角色，融资业务从事人员非专业的金融从事人员，而是身兼多职的村级代理人。阿里巴巴针对农户推出的信贷产品"旺农贷"，实现电子商务优势与金融业务线下实施的重要融合，村级服务站成为其农村金融落地的重要渠道。在整个业务推动过程中，至关重要的就是"村淘合伙人"升级"贷款推荐人"。所谓"村淘合伙人"即是村级服务站内所有业务的负责人，也就是如今群众口中的"村小二"，这个融资过程均在村级服务点进行。同阿里巴巴的做法相似，京东同样选择将金融业务与电商业务进行捆绑来推广农村信贷产品——"京农贷"。通过渠道下沉，设置线下站点，招募乡村推广员，甚至成立专门的农村金融业务部门，利用"村民代理"的模式来解决问题。

第二，设置门槛及市场选择。电商平台对市场的选择除考虑当地的经济、人文等基本社会环境外，还要考虑当地电商产业的发展情况。电商平台开展金融业务之前，在农村进行布局的业务为基于商品买卖为基准的主产业，交易流量的掌控便于平台评估当地的业务水平，从而有助于融资业务的选择。另外，平台融资产品在风控的前提下会被设置一些门槛，以旺农贷为例，对贷款人婚姻状况、可贷金额、资金用途、事业状况、信用背景等做出严格的规定。其主要目的在于，业务员多由非金融专业人员担任，门槛的设置可帮助业务员对贷款人进行初步筛选，从源头上减少不良贷款的产生。

第三，关于客户的信用评估。农村地区之所以成为多数传统正规金融机构业务规避区，一方面在于地理限制，最重要的则是农村地区的征信难度。传统的融资业务采用线下展开的方式，烦琐的流程以及人员安排使得融资进程缓慢且成本增加，农户融资难的局面也从而形成。线上对大数据及云计算等信息技术的运用，虽然能够做到量化融资，但由于农村地区网络基础建设的限制以及教育水平落后、网络普及率不足导致社会化媒体中碎片化信息的不足，纯粹的量化放贷很难在农村地区展开。另一方面，与传统正规金融机构注重一定价值的抵押物与担保人不同，电商平台开发出的融资产品多以信用贷款为主，电商平台在融资过程中充当隐性担保人的角色。电商平台作为资金发放方以及担保方，信息的收集、处理以及对融资方信用的评估准确度则显得尤为重要。因此，电商平台在农村地区开展融资业务时，不仅使用先进的技术手段来完善风险的评估、加快放款速度，而且与线下实地考察相结合，以便全面地对客户进行更为详细的评估。

鉴于村级服务站负责人多为从当地村民中选拔出的合适人选，对当地的情况更为了解，因此线下的信用评估工作主要由服务站负责人负责，并在考察结束后上传考察详情，之后由网商银行进行审核，申请通过后在线上签订合同，贷款会打至借款村民指定的银行卡。

对于线上征信工作，电商平台及其合作方的数据发挥了很大作用。通过调取各地电商的违约情况，结合个人的芝麻信用等，甚至跟当地政府合作查看不良记录等方式对地域及人分别进行信用测评。

第四，贷后的监督。村级服务站负责人除了要在贷款前对借款人的还款能力进行评估，做首轮筛选之外，还要负责贷后资金流向的监督以及提醒借款人还款。因此贷后监督的工作也是由村级服务站负责人全权负责。另外，受限于人员配备，村级服务站负责人负责的整个工作流程未有充足的人手进行监督。因此，村级服务站负责人的信用评估与监督主要通过平台线上进行，并会通过佣金的分批次或延后发放，对推荐人行为进行一定把控。

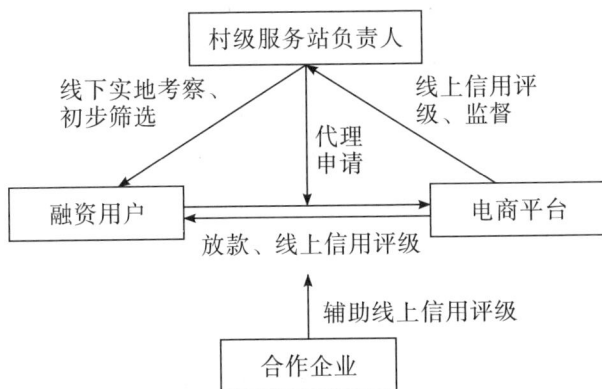

图4-3 农村电商平台信用贷款模式

最后，供应链融资模式主要的受众为与电商平台形成农产品上行交易的种养殖户。供应链中的企业一般指与电商平台有合作关系的企业，有些在电商平台上具有自己的店铺甚至品牌。电商平台牵头，使具有资金需求的农户和有产品需求的农资企业形成一条供应链，并在供应链成员间开展供应链金融业务，形成闭合的资金环，从而在提供融资支持的同时也方便对闭合系统中的借款人进行资金流向、业务情况的监督以及风险评估。在整个模式中，电商平台通过多年的网络营销经验以及自身的技术水准建立起借款人的诚信档案。平台自身充当第三方借贷的角色，利用云计算技术对贷款可行性以及信用资格进行审查评估。同时，通过电子商务交易业务可以对产品的销售进行有效的监控，及时了解资金流向，而资金的回收通过网络支付工具渠道进行，信息也能够及时反馈给平台。如今，为更好地解决农户的融资问题，将本存在于企业间的供应链金融模式向普通农户进行推广是电商平台的一项业务深化，例如京东推出的"先锋京农贷"产品，在农户与电商平台签订农产品预售协议的基础上，电商平台为农户提供资金支持。模式如下：

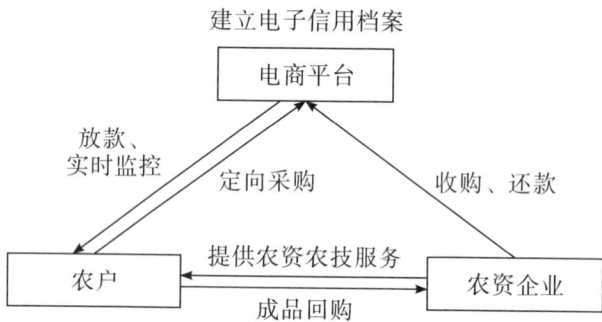

图4-4　农村电商供应链金融模式

作为农村地区的新型融资方式，电商平台开展自身的农户信贷业务仅仅经历了短短不到两年的时间。2015年，阿里巴巴集团推出的"旺农贷"业务成为电商融资业务在农村地区发展的萌芽。自同年7月贷出第一笔款项，9月开始在试点运行业务，服务范围已经覆盖17个省份。同样在2015年9月，同为中国电子商务巨头之一的京东发布了自己的农村信贷品牌"京农贷"。2016年，苏宁开始加快自身农村金融业务的部署，其同性质产品"惠农贷"开始在试点进行试运行，电商企业进驻农村信贷市场逐渐形成一定规模。2015年10月14日，李克强总理在国务院常务会议上明确指出，鼓励金融机构创新网上支付、供应链贷款等产品，简化小额短期贷款手续，加大对电商

创业的信贷支持，让亿万农户通过"触网"走上"双创"新舞台。2015 年
11 月，国务院办公厅发布《关于促进农村电子商务加快发展的指导意见》，
鼓励加大对农村地区的金融支持力度，支持金融机构和支付机构研发适合农
村特点的供应链贷款等金融产品。在政策导向下，电商企业的融资业务在农
村地区的发展得以重视与推广。

经过两年的发展，凭借电子商务产业积累的品牌效应、快速的放款速度
以及独特的申请及征信方式，电商企业针对农村地区推出的融资业务初具规
模。以京东金融为例，截至 2017 年 3 月，涉农放贷达到 400 亿元。其中，供
应链金融涉农放贷金额已达 100 亿元。京东金融针对农村地区推出的"电子
信用卡"——乡村白条项目，涉农放贷超过 200 亿元。而农村贷款项目——
京农贷的放贷规模达到了 30 亿元。

四、农户的电商融资选择行为分析

在网络融资市场中，交易情况如何关键在于人们对交易的选择，而影响
人们交易选择的关键在于影响其使用交易平台的因素，网络融资业务的发展
问题因这些因素而表现得更加明晰。本部分以计划行为理论为理论基础，对
行为态度、主观规范及知觉行为控制进行详细解读，并加入过去行为态度，
以四者为研究维度确定影响农户使用电商平台进行融资的因素。根据提出的
影响因素及假设，通过调查问卷的方式进行数据采集并做出实证分析。选取
农户是否愿意使用电商平台融资为因变量，对电商平台融资价值评价、电商
融资偏好、周围人电商融资行为示范、周围人支持度、过去融资情况、风险
评估、资金资源、资金获取时间、信息数量、与村级站点距离等作为自变量，
年龄、收入、文化水平、预期收入等作为控制变量，利用描述性分析、二元
Logistic 回归分析进行实证分析，找出影响农户使用电商平台融资意愿的因素
并对结果进行总结分析。

（一）样本数据来源及描述性分析

研究数据主要来源于对广东地区开展农村电商业务、具备村级服务站的
地区农户的实地调研，此外结合对区域负责人的访谈研究以及其提供的内部
权威数据。调研时间为 2015 年 6 月至 2016 年 2 月，调研时间连接长度达半
个月。调研地点涉及广东省的清远、揭阳、茂名、湛江、云浮五市，包括揭

西、英德等 10 个县区内的 20 个村落。调研地点分布广泛，以广州为中心，涵盖广东省东南西北四个方位的城乡地区。因此调研地点的选择具有说服力。

在保证调研数据的可靠性与质量方面，笔者对问卷的可行性、可靠性、全面性和准确性进行预调研及详尽的分析探讨，预调研人群性别、年龄及学历分布合适，实证结果合理，因此调研问卷可信。在调查期间，笔者也通过与被访问居民进行详细访谈的方式来确保调研问卷的质量。采用线下纸质问卷与线上问卷相结合的方式发放问卷，问卷有效率达 94.67%。在本次调查中，调查对象男女比例差距不大，总体女性的比例略高于男性，占 58.77%。20~40 岁的人群占比高达 90% 以上。因此本次调查对象主要以中青年为主，与网络使用者的主力人群年龄相符，在区间内，年龄层相差不大，30~40 岁的调查对象人数最多。调查对象教育程度主要以初高中学历为主，比例为58.77%，比较符合农村地区的文化教育水平。根据调研情况，本研究将年收入分为四个部分。年收入占比较高的为 10000~30000 元，紧接着则是30000~50000 元，共计占总调查人数的 69.72%，代表调研地区总体农户经济水平。

（二）二元离散模型分析

由于本研究中的因变量（农户是否使用电商平台融资）的测量标准只涉及是与否两个标准（属 0 和 1 二分类变量），研究目的在于引入一个概率评价模型来对其进行预测分析。但由于影响因素即模型中的自变量与控制变量是多元的，且数据呈离散形式，因此，Logistic 模型作为二元离散型模型能够有效解决以上难题。Logistic 模型基本形式为：

$$Y = \beta_0 + \beta_1 X_1 + \cdots + \beta_{14} X_{14} + \varepsilon \qquad (4.1)$$

（三）变量选择

本研究选择农户是否使用电商平台融资作为因变量，自变量包括行为态度、主观规范、知觉行为控制及过去行为四个维度。行为态度包括价值评价和偏好程度两个变量；主观规范包括行为示范以及周围人支持度；知觉行为控制包括风险评估、资金资源、获取资金时间、获取信息数量、村级服务站距离；过去行为以过去融资情况来说明（见表 4-1）。

表 4 - 1　变量描述

变量类型	代码	变量含义	变量赋值
行为意愿	Y	电商融资意愿	是否接受使用电商平台融资：不接受 = 0，接受 = 1
行为态度	X_1	价值评价	电商融资有没有带来利益：没利益 = 1，说不清 = 2，有带来一定利益 = 3
	X_2	偏好程度	认为电商融资：厌恶 = 1，无感 = 2，可尝试 = 3，喜欢 = 4
主观规范	X_3	行为示范	周边人群有没有参与或具有意向参与电商金融：没有 = 1，不知道 = 2，有 = 3
	X_4	周围人支持度	周围人对自己使用电商融资的评价：反对 = 1，随便 = 2，赞成 = 3
知觉行为控制	X_5	风险评估	自己的风险接受能力：差 = 1，一般 = 2，还行 = 3，很好 = 4
	X_6	资金资源	在其他融资渠道，自己有没有资源：无 = 0，有 = 1
	X_7	获取资金时间	希望获取资金的时间：≤1 周 = 1，2 ~ 4 周 = 2，1 ~ 2 个月 = 3，无所谓 = 4
	X_8	获得信息数量	对电商金融业务掌握的信息：不多 = 1，不清楚 = 2，还行 = 3，很全面 = 4
	X_9	村级服务站距离	您家离村级服务站距离：≤1km = 1，1 ~ 3km = 2，3 ~ 5km = 3，≥5km = 4
过去行为	X_{10}	过去融资情况	过去有没有过融资行为：无 = 0，有 = 1
个体特征	X_{11}	预期收入	您的年预期收入是：≤1 万元 = 1，1 万 ~ 3 万元 = 2，3 万 ~ 5 万元 = 3，≥5 万元 = 4
	X_{12}	年龄	您的年龄是：≤20 = 0，21 ~ 30 = 1，31 ~ 40 = 2，≥40 = 3
	X_{13}	性别	您的性别是：女 = 0，男 = 1
	X_{14}	文化水平	您的学历是：小学 = 1，初高中 = 2，专本 = 3，硕博 = 4

（四）二元 Logistic 回归

通过整体模型系数显著性的检验结果，模型系数 Omnibus 检验的卡方为 99.100，$Sig. = 0.000 < 0.001$，达到显著水平；$Cox\&SnellR^2$ 值、$NagelkerkeR^2$ 值均超过 0.5；根据最终模型的预测结果检验，观察值与预测值拟合正确百分比为 91.2%，说明 Logistic 回归模型的拟合优度较好。

如表 4-2 所示，变量概率小于显著性水平 0.05，说明对于因变量有显著的影响。对变量的检验，用显著性 $Sig.$ 表示，$Sig. > 0.05$，说明变量不具有显著意义（影响）；$Sig. < 0.05$，说明变量具有显著意义（影响）。β 值的正负符号代表预测方向，$\beta > 0$，表示该变量对模型具有正向预测作用；$\beta < 0$，表示该变量对模型具有负向预测作用。从表 4-2 中可以发现，价值评价、偏好程度、行为示范、周围人支持度、获得信息数量、过去融资情况、预期收入的显著性均小于 0.05，且 $\beta > 0$，即在 0.05 的检验水平下，对应的 Logistic 回归系数显著，资金资源则显著负向影响农户使用电商平台融资的意愿。风险评估、文化水平、性别、村级服务站距离对因变量为正向影响作用，年龄以及获取资金时间的作用为负向，但这些解释变量的影响并不显著。

表 4-2　二元 Logistic 分析结果

		β	$S.E.$	$Wald$	df	$Sig.$	$Exp\ (\beta)$
步骤 1[a]	价值评价	0.793	0.329	5.790	1	0.016	2.210
	偏好程度	0.596	0.237	6.306	1	0.012	1.816
	行为示范	0.678	0.249	7.415	1	0.006	1.969
	周围人支持度	0.513	0.234	4.793	1	0.029	1.670
	风险评估	0.490	0.251	3.803	1	0.051	1.632
	资金资源	-0.783	0.310	6.370	1	0.012	0.457
	获得资金时间	-0.022	0.309	0.005	1	0.943	0.978
	获得信息数量	1.370	0.508	7.273	1	0.007	3.935
	村级服务站距离	0.354	0.197	3.222	1	0.073	1.425
	过去融资情况	0.979	0.361	7.350	1	0.007	2.662
	预期收入	0.993	0.451	4.849	1	0.028	2.698
	性别	0.427	0.749	0.324	1	0.569	1.532
	年龄	-0.400	0.380	1.108	1	0.292	0.670
	文化水平	0.361	0.221	2.664	1	0.103	1.435
	常数	-17.564	4.344	16.349	1	0.000	0.000

价值评价和偏好程度的系数估计值分别为 0.793 与 0.596，表明对电商金融业务的价值评价以及偏好程度与农户使用电商平台融资的意愿呈正相关。行为示范和周围人支持度的系数估计值分别为 0.678 与 0.513，即两者对农户使用电商平台融资的意愿均具备一定的正向影响。在知觉行为控制维度，获得信息数量的系数估计值为 1.370，表明它与因变量呈正相关关系。资金资源的系数估计值为 -0.783，表明它与因变量呈负相关关系。而过去融资情况的系数估计值为 0.979，也同样与因变量呈正相关关系。

Exp（β）系数的分析主要在于判定自变量对因变量的影响程度，从分析来看，获得信息数量对农户使用电商平台融资的意愿影响最大，在一定程度上表明其作用最显著，其次是预期收入、过去融资情况。

五、研究结论与对策建议

（一）结果分析

本研究对农户使用电商平台融资的意愿进行调查，运用二元 Logistic 模型拟合度检验以及参数的显著性检验对农户使用电商平台融资的意愿的影响因素进行实证分析。

从 Logistic 回归分析的结果可以得出，农户使用电子商务平台进行融资的意愿的影响因素，按照贡献程度从大到小排列分别是获得信息数量、预期收入、过去融资情况、价值评价、资金资源、行为示范、偏好程度、周围人支持度，其中资金资源对农户使用电商平台进行融资的意愿的影响呈负相关，而风险评估、获得资金时间、村级服务站距离、年龄、性别以及文化水平对农户使用电商平台融资的意愿的影响则不显著。具体分析如下：

第一，对电商金融业务的价值评价对农户是否使用电商平台进行融资有一定的影响。农户对电商金融业务有良好的价值评价的基础源于不同融资方式的对比，相比于传统方式，对电商融资业务的优势的总结促使农户发觉其对自身的利益是有帮助的，个体的趋利性促使农户产生积极的态度，从而在一定程度上提升农户的电商融资意愿。

第二，偏好程度在一定程度上对农户使用电商平台融资意愿有正向的影响。农户对电商金融业务的偏好程度越强烈代表着农户对电商金融产品持有积极、欣赏的态度。在以往的研究中，偏好程度的作用大于价值评价，然而在本研究所处情境中，呈现出了不同的结果。结合调研中的访谈情况，其原因可能在于农户对电商融资的偏好程度并不"纯粹"。电商平台在农村的主要业务为商品交易，频繁的商品交易增加了农户对平台的好感，带动农户对融资业务的偏好。但是，进行融资行为的决定在农户看来是具有一定风险的，会影响到平时的生活质量，因此单纯的喜好并不足以使得农户形成强烈的融资意愿，从而影响了偏好程度对融资行为意愿的作用。

第三，周围人对电商金融业务的行为示范能够在一定程度上影响农户使用电商平台进行融资的意愿，这与已有文献的研究结论相符。农村地区的教育水平相较于城市较低，农户的经济行为并非完全理智，在满足基本的金融需求时，投融资的决策易出现羊群效应。另外，在调研过程中了解到，农村地区讲究人情关系，邻里间的交流与关系较为密切，口碑宣传成为农村地区主要的宣传方式，因此他人的行为示范易成为农户自身行动的典范。

第四，周围人对行为人使用电商融资的支持程度同样正向影响农户使用电商平台进行融资的意愿。一方面，中国社会受到儒家思想的影响，具有鲜明的权力距离特征，在行为决策过程中，行为人会对具有指导性意义的个人或群体的意见表现出一定的尊重与服从。另一方面，农村地区的活动多为群体性活动，农户对周围人的信任度较高，因而周围人的支持程度对自身行为决策有影响。

第五，农户所拥有的其他渠道的资金资源显著负向影响农户使用电商平台进行融资的意愿。农户拥有其他渠道的资金资源，主要影响在于农户在其他融资渠道所具备的融资优势。研究表明，财富与社会资本能够显著影响农户的融资能力（梁爽等，2014）。社会纽带和人与人之间的信任可以降低交易成本，有助于契约的实施，提高私人投资者获得信贷的能力（杨德才，2007）。因此在其他融资渠道更便利的情况下，电商金融业务所具有的成本优势变得不明显，农户较少考虑通过电商平台进行融资。

第六，获得信息数量的多少对农户使用电商平台进行融资的意愿影响最为显著。在有关网络信贷的以往研究中，信息是多数学者考虑的因素（刘志明，2014；李焰等，2014）。获得的信息数量反映出农户对产品的了解程度，获得信息数量越多，了解越深入，从而促进农户对自身情况与产品特性进行匹配，在一定程度上影响融资行为的决策。

第七，农户过去的融资行为对农户使用电商平台进行融资的意愿也具有一定的正向影响。在现实背景下，农户对融资行为有较为谨慎的态度，这是由于大多数农户仍从事种植业务，自然环境的变化增加了种植业的不确定性，因此影响农户对未来情况的预期，另外农产品价格的变化也增加了农户未来预期收入的不确定性，从而形成农户对融资行为的谨慎态度。具有融资经历在一定程度上代表农户拥有对未来进行合理预期的经验，这对现阶段融资意愿的产生具有一定的激励作用。

根据研究结果分析，风险评估、获得资金时间、村级服务站距离对农户使用电商平台进行融资的意愿的影响不显著。相较于正规金融渠道，由于存在技术壁垒，农户对信息技术的不了解影响了农户的信任，增加了农户对电商金融业务的风险感知程度。但由于正规金融渠道贷款条件严格，流程烦琐，而民间金融缺乏正规性，因此会在一定程度促进电商金融业务的发展，对农户风险评估的影响产生一定对冲效应。经过问卷调研分析，农户的资金利用方式多为扩大种植，需要较长时间准备并实施，资金使用的紧急程度较低，因此获得资金时间的影响不显著。由于种植产业受自然条件限制严重，预期收入具有较大不确定性，加上农户可抵押物的缺失，从正规金融机构贷款难度大。亲朋之间一般存在小额的资金流动，但不能满足扩大生产的要求，农户的融资需求得不到满足。在此情境中，需求满足为主要考虑因素。结合现实情况考虑距离的影响力与预期差距较大也情有可原。

预期收入对农户使用电商平台融资的意愿产生正向的显著作用。对收入的高预期意味着看好所从事的产业前景，会促发更高的资金使用需求，农户所持的融资心态也更为乐观，因此农户更倾向于进行融资。

年龄、文化水平以及性别对农户使用电商平台进行融资的意愿的作用并不明显，原因在于调查问卷的调查对象多为村级服务站的客户，线上代买业务为其主要接受的服务项目，年龄、文化水平等个体特征的分布较为集中，因此对因变量的影响不大。

根据上文对电商金融业务在农村地区发展概况的总结以及农户选择电商平台进行融资的意愿影响因素的实证分析，笔者认为可以根据这些显著性因素总结出一些有针对性的建议，辅助改善电商金融业务在农村地区的发展，完善电商平台的金融服务，提高农户对电商金融业务的使用意愿。

（二）对策建议

加强电商金融产品的宣传。由于农村地区基础设施不完备，且农村电商服务站服务对象的年龄层分布不均衡（服务对象多为中年人群），因此应结合中年人群的特征，以及农村地区的条件采用群体活动以及投放广告的形式来提高对电商金融产品的宣传力度。另外，可以对潜在的未来客户进行讲座宣传，邀请高校教师或金融机构专家针对农户的金融需求特性来进行相应的金融知识宣讲。最后，随着智能手机的普及，可以利用微信群、微信公众号等社交媒介对产品进行宣传。在增加宣传的同时可以给予农户一定的优惠，增强农户对电商融资业务的兴趣与了解，提升农户的电商融资偏好，以及对电商金融业务的价值评价，从而提升农户使用电商平台进行融资的意愿。

提升电商金融产品信息的发放数量与理解度。首先，要关注的是农户掌握的关于电商金融业务的信息数量，可以采用张贴海报以及其他宣传方式来增加信息的投放，在打开产品知名度的同时促进村民对产品细节的了解。其次，信息的质量也是平台应该注意的方面，金融产品不同于一般交易的商品，它具有一定的专业性，包括条款、注意事项在内的诸多专业内容对于农户而言，理解起来较为吃力。因此，一方面，电商平台需要优化、简练产品专业术语及说明，以通俗易懂的方式对农户进行信息传送；另一方面，需要完善用户理解产品信息的方式、扩大农户了解产品信息的途径。可以将产品流程、条款等内容整合，制作为通俗易懂的解析视频，在村级服务站及农户活动中心等地点循环播放。另外，加强村级服务站代理员的培训，有助于提升其对产品信息的接触面积与接触深度。

加强融资成功范例的展示。结合以往相关研究以及本研究的实证分析，农户在进行投融资行为时，易受到羊群效应的影响，周围群体的行为示范对农户的行为有着显著的引导作用。因此，对于电商平台而言，要注重对成功的案例进行广泛的传播。可以选择定期在客户微信群实时发布包括融资业务完成量、每个区域的成功案例数、区域开展情况等内容；或者邀请成功申请融资业务的农户做访谈，由农户陈述融资过程中的注意事项、心情感悟等，并制作为影像或文字资料进行传播，从而促进羊群效应的激发，提升农户使用电商平台进行融资的意愿，推动电商金融业务在农村地区进一步发展。

提升村干、村民自治组织负责人等农户领袖对电商金融业务的支持。根据实证分析结果，当农户感知到正面的指令性规范越多，即周围人的支持程度越高，利用电商平台进行融资的意愿则越显著。结合现实情境分析，中国社会受儒家思想的影响，具有鲜明的畏权特征，村干以及村民自治组织负责人在农户群体中具有很高的威望，对农户的方方面面产生较大的影响。农户对有指导意义的组织机构负责人表现出一定的尊重和服从。因此，联合村干、村民自治组织负责人支持和提倡电商金融业务，可为电商金融业务在农村地区的发展提供助力。因此，电商平台要注重指令性规范的作用，把握时代及市场契机，推动农村金融业务的进一步发展。

第三节 农村居民移动支付的持续使用意愿研究

一、引言

移动支付既是一种在线转移货币的方式，也是拥有存储和转账功能的网络系统，可以方便人们（包括客户、企业、政府和金融服务机构）在网络上交换资金或电子价值（Jake Kendall et al.，2011）。移动支付与许多其他类型的网络设施一样具备网络平台特征，因为它汇集了金融服务机构和各类用户，并为他们提供融合各种金融产品且可用于交易的核心功能。移动支付作为一种促进金融服务创新的网络设施和平台，能从根本上重新调整发展中国家和地区的小额融资方式（Jake Kendall et al.，2011）。肯尼亚 M-PESA 的成功表明，一直被排斥在传统正规金融之外的广大农村地区，移动支付能促进"普惠金融"的发展（Jake Kendall et al.，2011；任碧云、张彤进，2015）。移动支付对于农村金融发展的推动作用主要表现在：首先，农村金融服务机构与移动支付相结合，增加了接入点的密度和新接入点的覆盖范围，改变了支付服务渠道的地理分布，无处不在的移动支付系统提供了低成本服务渠道，使得取款或贷款的农村用户可以节省时间和成本；其次，由于移动支付平台提供实时汇款交易和反馈（包括即时短信收据），有助于建立起金融机构与农村用户之间的信任，促进储蓄和还款行为；最后，通过消除保持现金储备的零售点和现场代理商数量，储蓄和贷款操作等成本降低，电子形式的资金记录有助于减少员工盗窃和盗用的风险，金融机构可以腾出时间专注于客户服务（Jake Kendall et al.，2011）。

技术创新与扩散的实践和研究表明，一项信息系统的最终成功不仅取决于技术本身先进与否，还取决于用户对该系统的认知和接受行为。尽管用户的初始采纳是新系统迈向成功的重要一步，但是用户持续使用才是其最终成功的关键驱动力（Damsgaard et al.，2007）。作为一个信息技术系统，移动支付的接受和持续使用问题广受学界关注（刘百灵等，2017；李凯等，2013；

封思贤等，2018；Kim，2010）。近年来，农村电商快速发展，移动支付作为其中一个重要环节也随之迅猛发展，现阶段我国农村居民使用移动支付的数量处于迅速上升态势，但如何保持并促进这种局面？移动支付具有网络外部性，并且是用户的正外部性，即用户从使用移动支付服务中得到的效用。依赖于其他用户对移动支付使用的数量，移动支付产生网络规模效应的核心是基础用户群数量达到移动支付机构的盈利临界点（谢平、刘海二，2013）。但初期的农村移动支付格局是相关企业将其创新战略拓展到农村地区所形成的，随着一二三产业融合的加深，农村居民作为服务需求方对于农村金融市场的影响将会逐渐显现，并最终制约移动支付在农村的持续发展。政府部门、移动支付系统运营机构和金融机构必须在了解农村居民接受和持续使用移动支付服务的意愿和行为的基础上开展针对性的促进策略，使移动支付网络实现农村区域全覆盖，快速形成稳定的移动支付用户群体，以此为基础和依托，推进"普惠金融"在农村的发展，同时实现农村电商的持续发展。

本研究的研究问题主要体现在以下两点：一是农村居民在决定是否持续使用移动支付系统时的判断和认知过程是什么？二是什么因素影响农村居民持续使用移动支付系统的意愿？如何影响？通过分析影响农村居民持续使用移动支付的因素及其作用机理，丰富现有理论对农村居民移动支付使用意愿的解释并从实践上为移动运营商、金融机构、第三方支付平台、商家和管制机构等相关方提供参考。

二、文献综述

（一）持续使用理论

对持续使用的研究都主要基于期望确认模型（Expectation-Confirmation Model，ECM）和使用与满足理论（Use and Gratifications，UGT）。期望确认理论认为，尽管用户初始采纳信息技术对信息技术的成功意义重大，但信息技术的最终成功依靠用户的持续使用，感知有用性和满意度是影响信息系统用户持续使用意愿的关键，而期望确认通过感知有用性和满意度对持续使用意愿产生间接影响。使用与满足理论是站在受众的立场上，通过分析受众对媒介的使用动机和获得需求满足来考察大众传播给人类带来的心理和行为上的效用。在信息系统的持续使用研究中，很多影响移动支付技术接受和采纳的因素被提及和验证，如易用性、有用性、隐私性、交易速度、社会规范、信任等。移动支付服务是在电子支付服务相对成熟之后发展起来的新兴支付方式，因此对于用户接收和采纳的影响因素的研究可以分为三类：第一类是在研究其他各类信息系统的接收和采纳时就经常考虑的建构，如信任、风险、社会规范、兼容性、技术顾虑和界面外观等；第二类是在研究电子支付时学者们新发现和考虑进来的建构，如交易速度、隐私、安全等；第三类是在研究移动支付的接收和采纳时考虑到移动支付特性所纳入的因素，如方便性、移动性等（李凯等，2013）。持续使用理论提出后被广泛应用于电子商务、ERP系统、网上银行、数字化学习平台等（Bhattacherjee，2001；Lee，2007；Limayem，Cheung，2008；刘刚等，2010；白海青等，2011；王伟军等，2014）。

（二）社会交换理论

社会交换理论最早是针对结构功能主义提出的，它主张人类的一切行为都受到某种能够带来奖励和报酬的交换活动的支配。因此，人类的一切社会活动都可以归结为一种交换，人们在社会交换中所结成的社会关系也是一种交换关系。该理论比较着重于微观层面的交换，把人的行为看成是一种计算得失的理性行为，目的是追求利益最大化，因此人们重复那些受到回报的行为，而不重复那些受到惩罚的行为。社会交换理论的扩展观认为，人们总是对从一项活动或某个人那里获利的潜在可能进行估计，再与其他活动或其他人做比较，挑选出有望给予最大利益的活动或人；并由此提出社会交换框架，在该框架中存在着一系列的两难困境，如对交换利益的追求和对交换风险的规避（Cotteleer et al.，2007；李凯等，2013）。

从社会交换理论的角度来看待用户是否愿意使用移动支付系统这一行为时，我们可以将这一决策过程看作交换行为：用户在决策是否使用移动支付系统时会权衡这一行为的收益与风险，感知利益会驱使理性决策者倾向于进行这一交易，而感知风险则会让人们倾向于拒绝这一交易，只有当这一过程可以带来持续的好处时，人们才会重复这一行为。当用户感知利益超过感知风险时会倾向于承担风险选择使用移动支付系统以交换移动支付服务所带来的利益，反之则会倾向于拒绝（李凯等，2013）。移动支付技术用户扮演着技术使用者、服务使用者和社交活动参与者的多重角色。首先，移动支付技术用户的意愿与态度决定着是否愿意接受或采纳这项技术，用户使用移动支付是一个技术采纳过程。其次，在移动支付服务情境下，用户还必须承担其使用过程中发生的费用和可能存在的风险；换言之，潜在用户在决定是否使用移动支付时，通常会同时考虑其正面与负面的影响因素，用户使用移动支付服务是一个行为决策过程，感知利益和感知风险将影响其决策过程（李凯等，2013）；最后，在社会化商务环境下，移动支付系统运营商必然整合利用社交功能以扩大其用户资源，提高其用户使用黏性，并拓展其在不同场景应用的通用性，因而移动支付用户的使用过程同时也是社交应用的使用过程。

郑大庆等（2014）认为有两种机制影响用户持续使用行为，即以满意度为核心的促进机制和以态度为核心的促进机制，满意度对体验后的态度有显著正向影响。把用户使用过程分为两个阶段，第一个阶段用户参照自己以往的相似经历，建立使用前的期望和态度；第二个阶段在使用过程中，用户对比实际体验和使用前的期望，形成确认即满意度。这样，第一阶段的满意度就可视为用户前期使用后得以确认的第二阶段的感知有用性，用户把它与感知风险放在一起进行权衡，决定是否持续使用。

在研究不同场景下的用户信息系统持续使用行为时，已有研究文献会以期望确认理论为基础，结合其他理论构建适用的研究模型（郑大庆等，2014；李凯等，2013；刘百灵等，2017；Kim et al.，2010；Chen et al.，2009）。基于此，本研究以 Bhattacherjee（2001）提出的信息系统持续使用理论为基础，从交换理论的视角来分析影响用户移动支付使用意愿的因素，并借鉴郑大庆等（2014）对于期望确认模型的修订思路，分析影响移动支付用户持续使用行为的关键因素，着重讨论农村居民使用移动支付的动机受哪些因素影响，影响农村居民对使用移动支付的利益和风险感知的前置因素又是什么。

三、研究模型与假设

（一）研究模型

本研究基于前文分析提出以下研究模型（见图 4-5），以 ECM 为基础，参考李凯等（2013）的模型，以满意度与感知风险作为影响持续使用意愿的基本变量，并引入社会规范变量对信息系统持续使用理论模型进行扩展，重点分析感知有用性、期望确认、满意度、感知风险、社会影响对用户持续使用意愿的影响；同时，考虑到农村居民的群体差异性，选取人口统计特征，以年龄、性别、收入水平和教育水平为控制变量，研究个人特征对持续使用意愿的影响。

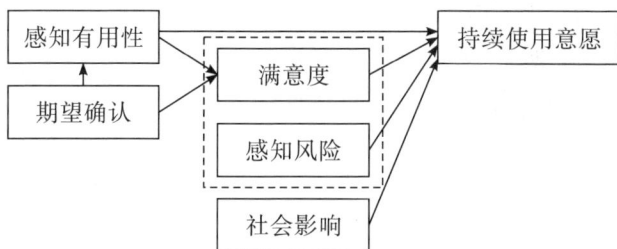

图 4 - 5　研究模型框架

（二）变量定义与研究假设

1. 持续使用意愿

本研究将农村居民移动支付使用意愿定义为农村居民在感知有用性、期望确认、感知风险和社会影响的共同作用下，在使用移动支付一段时期后，产生持续使用意愿，并且意愿形成之后会产生移动支付的实际持续使用行为。持续使用意愿具体表现为：第一，用户希望持续使用移动支付；第二，若周边的很多商家能够提供移动支付方式，则用户会选择使用移动支付；第三，用户会向周边亲朋好友推荐使用移动支付；第四，用户会持续使用移动支付，而不会选择其他支付方式。

2. 感知有用性

感知有用性可以定义为农村居民相信使用移动支付可以帮助其改善工作绩效的程度。研究发现，感知有用性是信息系统用户满意度和持续使用意愿的关键激励因素（Bhattacherjee，2001；Bhattacherjee et al.，2008）。Venkatesh（2003）强调，用户运用一项全新的技术以后，该技术所创造的绩效将会影响个体使用意愿。曹媛媛等（2009）提出感知有用性对移动支付人群的使用意愿有正向影响。姜海龙（2010）提出感知有用性是影响使用移动支付的次要因素；感知有用性包括有用性（PE1）、及时有效性（PE2）、便利性（PE3）以及优惠乐趣（PE4）四个变量。当用户认为移动支付是有用、及时有效、便利、有优惠乐趣的，且可以改善其工作绩效，节省时间和成本，那么用户一定会倾向于使用这种技术。因此，在此提出假设：

*H*1：感知有用性对农村居民移动支付持续使用意愿有正向影响。

3. 期望确认

期望确认是指用户使用前的期望与使用后绩效表现的比较结果，判断其是否对产品或服务满意，而满意度成为是否持续使用的参考，它主要是通过三项其他基本概念共同形成的：技术接受模型中的感知易用性、个人计算机模型中的复杂性和创新扩散理论的易用性。用户在使用系统之前有一个期望，使用过程中通过对比感知易用性、复杂性和易用性与先前的期望，就形成了期望确认。Davis（1989）强调，在自由的氛围之下，感知易用性是决定运用的重要条件，即学习和掌握目标系统所付出的努力更少，此系统更易于得到用户的认可。相关的实证研究也证明了努力期望与使用意愿的关系，Park 等（2007）分析了中国消费者对移动技术的认可度，结果可以看到感知易用性对消费者的使用意愿存在着较为明显的积极影响。Wang（2014）研究发现代表努力期望的感知易用性对消费者的移动服务的使用意愿具有正向影响。期望确认包括移动支付软件的安装普遍度、操作便利度、学习难易度及支付界面简单度四个变量；支付软件的安装、操作、学习使用及支付界面都会对农村居民使用移动支付的意愿产生影响。移动支付系统使用的方便与否将影响到用户的感知和决策，进而影响其对移动支付的使用意愿。所以，在此提出假设：

*H*2：期望确认对农村居民移动支付使用意愿有正向影响。

4. 社会影响

社会影响（Social Influence，SI）通过综合理性行为理论（Theory of Reasoned Action，TRA）、计划行为理论（Theory of Planned Behavior，TPB）等理论中的主观规范，MPCU（Management and Public Concepts Unification）中的社会因素和技术创新与扩散理论（Innovations and Diffusion of Technology，IDT）中的形象维度得出，它是技术接受和使用整合理论（Unified Theory of Acceptance and Use of Technology，UTAUT）模型中重要的影响因素之一。社会影响定义为个体感知的对其重要的人认为其是否应该运用新系统的具体情况。Nysveen 等（2005）研究发现，在公共环境下，个体运用某项移动服务的过程中，势必会面临他人的影响。曹媛媛等（2009）对于移动支付环境的研究发现，社会影响对移动支付使用意愿带来积极的影响。王杰等（2015）对于移动社交支付 App 用户接受行为的研究表明，社会影响对使用意愿有显著的正向影响；社会影响维度包括主观规范和口碑两个变量（Chen et al.,

2012)。农村地区是小范围群体的聚集地，邻里之间走动较多，口碑传播的力量比城市更强大，所以通过大众传播的社会影响是农村居民移动支付使用意愿的关键因素。因此，在此提出假设：

*H*3：社会影响对农村居民移动支付使用意愿有正向影响。

5. 感知风险

感知风险最早属于心理学层面，而后被研究人员持续拓展至经济、管理和消费者行为等一系列学科层面。Bauer（1960）将"感知风险"这全新的心理学范畴引入营销学范畴中。他提出，消费者的行为会带来一系列的未知影响，这便是风险：结果的不确定，势必会致使风险出现。在本研究中，感知风险定义为农村居民对移动支付的安全性和真实性的评估。由于网络和终端不健全，用户在移动支付当中，往往会因为连接网络致使信息泄露等问题；除此之外，错误的操作可能会给用户带来财产损失。消费心理学家提出，感知风险存在着某种程度的主观性，如果用户确认使用移动支付会产生负面影响，同时这样的影响相对较大，则会显著降低用户的使用意愿。Dahlberg 和 Mallat（2002）基于研究获得了下述的结论：通常人们提出，在日常小额支付领域的移动支付更具价值，更有安全性、低额的交易费用、广泛的运用均会对感知有用性带来促进效果。Wang 和 Wu（2005）对中国台湾电商消费者的研究表明，感知风险对消费者运用带来了负面影响。Shin（2008）以 Secondlife 和 Cyworld 等网络社区的用户样本为主，系统地分析了社区当中虚拟经济采购活动，由此遭受感知风险的消极影响较为显著。Chen（2008）在创新扩散理论和技术接受模型的前提下，提出了对用户使用移动支付的有关影响模型，同时在这之中加入感知风险和兼容性两方面的变量，其认为安全和隐私是感知风险的两个重要前提；按照对潜在移动支付用户的问卷调查，不难看到其使用意向面临的负面影响较为明显。谢波（2012）在其对影响消费者运用移动支付的因素分析中，得出其感知风险相对较小，使用意愿较大的结论。感知风险包括安全风险、财产风险和系统风险这三个变量。农村地区居民由于对移动支付的认知程度较低，担心移动支付产生风险给自身带来财产损失等不良后果，因此不愿意尝试使用移动支付。因此，在此提出假设：

*H*4：感知风险对农村居民移动支付使用意愿有负向影响。

6. 满意度

在信息系统持续使用理论中，持续使用意愿主要由使用信息系统的满意度决定（Bhattacherjee，2001；Bhattacherjee et al.，2008）。满意度是用户在使用信息系统后对该系统的综合评价，可以是正面的、负面的或中性的。较早对满意度概念的研究主要集中在消费者行为学领域，多数学者对满意度的定义则主要在期望确认理论基础上提出，强调消费前的期望与消费实际体验之间的比较。Kotler（1995）指出满意度是顾客所感知的产品或服务与期望相比较后的结果，是一种愉悦或失望的状态。Oliver（1997）认为满意度是顾客消费过程中对产品或服务满足需求程度的感受或一种心理反应。随着研究的深入，对满意度的研究拓展到信息系统领域。Khalifa（1997）认为，满意度是信息系统终端用户对于系统属性和服务质量的一种响应；而Delone和McLean（1992）则认为，用户满意度是衡量计算机系统成功的关键指标。不管是在消费者行为学领域还是在信息系统领域，满意度已被证实对顾客忠诚、重复购买、口碑传播以及信息系统持续使用意向等方面具有显著的正向影响（Bhattacherjee，2001；Lin et al.，2005；Shiau et al.，2011；赵文军等，2017）。因此，在此提出假设：

*H*5：满意度对农村居民移动支付持续使用意愿有正向影响。

7. 控制变量

由于受教育程度差别，农村居民对移动支付的了解程度不一样，另外不同年龄层对新鲜事物的接受度也不同，因此本研究选取人口统计特征为控制变量。行为研究表明，男性相比于女性更加主动和自信，不易受他人影响，男性的风险承受能力以及对信息的接受能力比女性更强。通常来说，年轻人有更前卫的观念，敢于冒险，比较能接受新事物和新技术，运用新技术时也显得更为得心应手；而年龄较大人群对新事物的接受较慢，对风险的态度也更为保守。因此年龄在一定程度上应该能够对农村居民使用移动支付的意愿产生一定的影响。收入是影响消费者消费的重要因素之一，较高收入使农村居民有更强的消费意愿，因此接触了解移动支付的概率更大，从而影响移动支付使用意愿。较高的教育水平往往意味着行为人拥有的知识更为全面，眼界更加宽广，拥有更高的能力与技能水平。另外，良好的教育水平能够促进行为人对新知识的吸收及管理，特别是在信息技术、互联网、移动智能设备等新型领域，行为人具有一定的兴趣与使用历史，会影响其对相关产品的了解与接受，从而影响移动支付使用意愿。

四、实证分析

本研究通过问卷调查的方式从农村居民处收集最原始的数据，采用二元 Logistic 回归分析的方法来进行实证研究，找出影响农村居民使用移动支付的因素，验证提出的假设，并排列出农村居民使用移动支付的因素影响程度的大小。本研究主要使用的分析工具为 SPSS 22.0。

（一）样本及变量选取

1. 样本选择与数据来源

本研究的研究对象是农村居民，结合现实因素，选择广东以及福建两省作为主要调研地。数据收集方式方面，由于纸质版问卷会受到现实的一些限制，导致数据收集效率不高，而电子问卷具有方便高效的特点，且不受时间和地域的限制。因此，本研究采用纸质问卷与电子问卷这两种形式对问卷进行发放。其中纸质问卷研究数据主要来源于笔者及项目小组成员对广东和福建地区使用移动支付业务的农村居民进行的实地调研，此外结合农村地区零售商店及农村电商服务站点负责人的访谈，对农村移动支付进行详细的研究。调研时间为 2017 年 12 月至 2018 年 6 月之间，调研时间约半年，调研地点包括广东省清远、揭阳、茂名、高州，福建省龙岩、漳州等地。电子问卷是在专业制作问卷的网站问卷星上编写输入，通过将问卷链接发送到农村居民的微信群中，问卷填写完毕后回收。为保证调研数据的质量，笔者在清远和高州两地进行了预调研，结果显示，预调研中农村居民的性别、年龄及教育水平分布合适，回归结果合理，因此调研效果是合理的。调研过程中，笔者结合问卷内容对农村居民进行了详细的访谈，以此来确保调研问卷的质量。本次调研共发放调查问卷 450 份，其中包括纸质问卷 150 份，电子问卷 300 份；共回收 370 份问卷，剔除无效问卷后，实际有效问卷为 322 份。

2. 变量选择

本研究研究目的在于分析影响农村居民持续使用移动支付意愿的因素，根据前文分析及假设，本研究将使用意愿作为因变量，且确定为二分变量，测量结果分为不愿意、愿意两个维度；自变量包括感知有用性、期望确认、满意度、感知风险及社会影响五个方面。

本研究中的感知有用性包括农村居民认为移动支付业务的有用性、及时有效性、便利性以及优惠乐趣四个变量；期望确认包括安装普遍度、操作便利度、支付界面简单度及学习难易度四个变量；社会影响主要包括主观规范和口碑两个变量；感知风险包括泄露隐私、财产损失、系统故障三个变量；满意度包括预期验证、使用总结、总体评价三个变量。此外，本研究设置个人特征为控制变量，变量包括性别、年龄、收入水平和教育水平。

根据上文分析，以及本部分对变量的解读与选取，将对自变量对农村居民选择使用移动支付意愿的影响方向进行预期，"+"代表正向作用，"-"代表负向作用，"?"代表方向未知。根据以上分析，具体变量描述、赋值及预期如表4-3所示。

表4-3　变量描述

变量类型	变量表示	预期方向	变量含义	变量赋值
使用意愿	Y		移动支付选择意愿	是否愿意选择使用移动支付：不愿意=0，愿意=1
感知有用性	PE1	+	有用性	对移动支付的有用性：完全不同意=1，不太同意=2，一般=3，基本同意=4，完全同意=5
	PE2	+	及时有效性	对移动支付的及时有效性：完全不同意=1，不太同意=2，一般=3，基本同意=4，完全同意=5
	PE3	+	便利性	对移动支付的便利性：完全不同意=1，不太同意=2，一般=3，基本同意=4，完全同意=5
	PE4	+	优惠乐趣	对移动支付的优惠乐趣：完全不同意=1，不太同意=2，一般=3，基本同意=4，完全同意=5
期望确认	CF1	+	安装普遍度	容易找到支付软件：完全不同意=1，不太同意=2，一般=3，基本同意=4，完全同意=5

（续上表）

变量类型	变量表示	预期方向	变量含义	变量赋值
期望确认	CF2	+	操作便利度	可熟练操作移动支付软件：完全不同意＝1，不太同意＝2，一般＝3，基本同意＝4，完全同意＝5
	CF3	+	支付界面简单度	支付界面简单：完全不同意＝1，不太同意＝2，一般＝3，基本同意＝4，完全同意＝5
	CF4	+	学习难易度	很快学会移动支付：完全不同意＝1，不太同意＝2，一般＝3，基本同意＝4，完全同意＝5
社会影响	SI1	+	主观规范	周围的人都认为应该使用：完全不同意＝1，不太同意＝2，一般＝3，基本同意＝4，完全同意＝5
	SI2	+	口碑	大家都说移动支付值得使用：完全不同意＝1，不太同意＝2，一般＝3，基本同意＝4，完全同意＝5
感知风险	PR1	－	泄露隐私	担心泄露隐私：完全不同意＝1，不太同意＝2，一般＝3，基本同意＝4，完全同意＝5
	PR2	－	财产损失	担心财产损失：完全不同意＝1，不太同意＝2，一般＝3，基本同意＝4，完全同意＝5
	PR3	－	系统故障	担心支付故障：完全不同意＝1，不太同意＝2，一般＝3，基本同意＝4，完全同意＝5
满意度	SA1	+	预期验证	确实有用：完全不同意＝1，不太同意＝2，一般＝3，基本同意＝4，完全同意＝5
	SA2	+	使用总结	使用决策正确，确实有用：完全不同意＝1，不太同意＝2，一般＝3，基本同意＝4，完全同意＝5
	SA3	+	总体评价	综合来说感到满意，使用决策正确，确实有用：完全不同意＝1，不太同意＝2，一般＝3，基本同意＝4，完全同意＝5
个人特征	X1	?	性别	您的性别是：男＝1，女＝2

（续上表）

变量类型	变量表示	预期方向	变量含义	变量赋值
个人特征	X2	–	年龄	您的年龄是：≤18 岁 = 1，18 ~ 30 岁 = 2，30 ~ 42 岁 = 3，≥42 岁 = 4
	X3	+	收入水平	您的月可支配收入是：≤ 1000 元 = 1，1000 ~ 2000 元 = 2，2000 ~ 4000 元 = 3，≥4000 元 = 4
	X4	+	教育水平	您的受教育程度是：小学及以下 = 1，初中 = 2，高中及中专 = 3，大专 = 4，大学本科及以上 = 5

（二）描述性统计分析

根据调研数据的整理，本部分将对感知有用性、期望确认、社会影响、感知风险、满意度根据平均数与平均偏差的特征进行描述性统计分析，得出各项变量的统计指标，具体情况如表 4 - 4 所示。标准偏差均小于平均数，表明本次调研数据可以接受。

表 4 - 4　描述性统计分析

变量类型	最小值	最大值	平均数	标准偏差
PE1	1	5	3.90	1.044
PE2	1	5	3.87	0.994
PE3	1	5	3.96	1.122
PE4	1	5	3.61	1.092
CF1	1	5	3.54	1.217
CF2	1	5	3.58	1.221
CF3	1	5	3.79	1.119
CF4	1	5	3.80	1.108
SI1	1	5	3.53	1.078
SI2	1	5	3.65	1.057
PR1	1	5	3.46	1.271
PR2	1	5	3.37	1.141
PR3	1	5	2.81	1.152
SA1	1	5	3.51	1.214
SA2	1	5	3.63	1.167
SA3	1	5	3.45	1.188

（三）因子分析

本研究通过因子分析法对感知有用性、期望确认、满意度、感知风险、社会影响维度下的 16 个变量提取出 5 个公因子，以分别代表感知有用性、期望确认、满意度、感知风险、社会影响。

表 4 - 5　KMO 与 Bartlett 检验

Kaiser-Meyer-Olkin（KMO）测量取样适当性		0.920
Bartlett 球形检验	大约卡方	2797.363
	df	105.000
	显著性	0.000

$KMO = 0.920 > 0.5$，提取后可解释 78.32% 的方差变异。

表 4 - 6　说明的变异数统计

元件	起始特征值			抽取平方和载入			循环平方和载入		
	总计	变异的%	累加%	总计	变异的%	累加%	总计	变异的%	累加%
1	7.695	51.302	51.302	7.695	51.302	51.302	3.239	21.593	21.593
2	1.872	12.480	63.782	1.872	12.480	63.782	2.856	19.042	40.635
3	0.816	5.441	69.223	0.816	5.441	69.223	2.720	18.134	58.769
4	0.752	5.013	74.236	0.752	5.013	74.236	2.320	15.467	74.236
5	0.599	3.991	78.227	0.692	4.624	78.325	2.136	13.234	78.325
6	0.502	3.346	81.572						
7	0.468	3.120	84.692						
8	0.459	3.060	87.752						
9	0.361	2.407	90.159						
10	0.346	2.308	92.467						
11	0.290	1.935	94.402						
12	0.251	1.674	96.075						
13	0.222	1.480	97.555						
14	0.200	1.333	98.888						
15	0.167	1.112	99.158						
16	0.183	1.136	100.000						

注：抽取方法是主体因子分析。

表 4 - 7　容忍度与方差膨胀因子检验结果

变量	容忍度	*VIF*
性别	0.925	1.081
年龄	0.835	1.198
收入水平	0.824	1.214
教育水平	0.705	1.419
REGRfactorscore1foranalysis1	0.775	1.290
REGRfactorscore2foranalysis1	0.973	1.028
REGRfactorscore3foranalysis1	0.952	1.051
REGRfactorscore4foranalysis1	0.875	1.143
REGRfactorscore5foranalysis1	0.827	1.116

（四）二元 Logistic 回归分析

1. Logistic 模型分析

本研究中的因变量是使用意愿，有不愿意和愿意两个变量，属于 0 和 1
二分类变量。

参照线性回归模型方法，因变量 Y 是二分类变量，取值 0 或者 1 时，可
建立如下模型公式：

$$Y = \beta_0 + \beta_1 X_{1i} + \cdots + \beta_n X_{ni} \tag{4.2}$$

在公式的右边自变量取值范围覆盖整个实数集，而左边因变量取值仅限
于 0 或 1，因此需要对函数做 Logit 变换。若定义事件发生的概率值为 p，
$1 - p$ 则代表事件的相反面概率，将 $\dfrac{p}{1-p}$ 取为自然对数，得到 $\ln\left(\dfrac{p}{1-p}\right)$，转换
后如下：

$$
\begin{aligned}
Y_i &= \ln\left[\frac{Prob(Y=1)}{Prob(Y=0)}\right] = \ln\left(\frac{p_i}{1-p_i}\right) \\
&= \ln\left[\frac{e^{\beta_0+\beta_1 X_{1i}+\cdots+\beta_n X_{ni}}/(1+e^{\beta_0+\beta_1 X_{1i}+\cdots+\beta_n X_{ni}})}{1-(e^{\beta_0+\beta_1 X_{1i}+\cdots+\beta_n X_{ni}}/1+e^{\beta_0+\beta_1 X_{1i}+\cdots+\beta_n X_{ni}})}\right] \\
&= \ln(1+e^{\beta_0+\beta_1 X_{1i}+\cdots+\beta_n X_{ni}}) \\
&= \beta_0 + \beta_1 X_{1i} + \cdots + \beta_n X_{ni} + \varepsilon (i = 1, 2, \cdots, n) \tag{4.3}
\end{aligned}
$$

其中，$Y_i = 1$ 表示第 i 个农村居民使用移动支付；$Y_i = 0$ 表示第 i 个农村居民不使用移动支付；X_i 表示影响第 i 个农村居民使用移动支付意愿的自变量；X_{ni} 表示影响第 i 个农村居民使用移动支付意愿的第 n 个自变量；β_0 为参数；ε 为残差。

在式（4.3）中，比率 $\dfrac{p_i}{1-p_i}$ 常被定义成机会比率，也就是研究事件或属性发生的概率和没有发生的概率之间的比；其对数 $\ln\left(\dfrac{p_i}{1-p_i}\right)$ 被称为对数单位。β_0 是常数项，β_1，β_2，$\cdots$，β_n 是参数；X_{1i}，X_{2i}，$\cdots$，X_{ni} 是自变量；Y 是因变量（取值 0 或 1）；ε 是随机误差项。

为分析影响农村居民使用移动支付意愿的因素，本研究将采用 Logistic 回归模型来对数据进行实证分析。首先将因变量设置为两种：愿意使用移动支付和不愿意使用移动支付，用 $Y = 1$ 表示愿意，$Y = 0$ 表示不愿意；用 $X = X_1$，X_2，$\cdots X_n$ 表示影响农村居民移动支付使用意愿因素的自变量，因此本研究建立的 Logistic 回归模型表达式为：

$$Y = \beta_0 + \beta_1 X_1 + \cdots + \beta_{14} X_{14} + \varepsilon \qquad (4.4)$$

2. 模型检验

表 4-8　模型拟合度检验

-2 对数似然值	Cox&Snell R^2	Nagelkerke R^2
134.954a	0.550	0.763

表 4-9　模型系数的 Omnibus 检验

	卡方	自由度	显著性
步骤	225.410	8	0.000
块	225.410	8	0.000
模型	225.410	8	0.000

3. 结果分析

表 4 – 10   二元 Logistic 分析结果

	β	S. E.	Wald	Sig.	Exp（β）
性别	0.610	0.494	1.523	0.217	1.840
年龄	0.216	0.277	0.609	0.435	1.241
收入水平	0.046	0.228	0.040	0.841	1.047
教育水平	0.576	0.259	4.965	0.026	1.780
FAC1_1（感知有用性）	2.630	0.399	43.529	0.000	13.875
FAC2_1（期望确认）	1.790	0.310	33.360	0.000	5.988
FAC3_1（满意度）	1.862	0.302	31.258	0.002	4.317
FAC4_1（感知风险）	-1.324	0.279	22.521	0.000	0.266
FAC5_1（社会影响）	0.766	0.252	9.254	0.002	2.151
常数	-1.740	1.452	1.436	0.231	0.176

根据表 4 – 10 的 Sig. 值，对显著性进行解读。与农村居民移动支付使用意愿有关的教育水平、感知有用性、期望确认、满意度、感知风险、社会影响的 Sig. 的值均小于 0.05，这表明在 0.05 的统计水平下，对应的 Logistic 回归系数显著。剩余变量包括性别、年龄、收入水平对因变量的作用并不显著。

通过各个自变量的系数估计值 β 看出，在感知有用性方面，农村居民对移动支付使用意愿的系数估计值为 2.630，表明感知有用性正向影响农村居民使用移动支付的意愿，且系数估计值最大，表明影响程度最大。在满意度方面，农村居民对移动支付使用意愿的系数估计值为 1.862，表明满意度正向影响农村居民使用移动支付的意愿，系数估计值排第二，表明影响程度第二。在期望确认方面，农村居民对移动支付使用意愿的系数估计值为1.790，表明期望确认正向影响农村居民使用移动支付的意愿，系数估计值排第三，表明影响程度第三。在感知风险方面，农村居民对移动支付使用意愿的系数估计值为 -1.324，表明感知风险负向影响农村居民使用移动支付的意愿，系数估计值排第四，表明影响程度较小。在个人特征变量中，教育水平的系数估计值为 0.576，也同样与农村居民移动支付使用意愿呈正相关。

五、研究结论及对策建议

（一）研究结论

本研究对农村居民移动支付使用意愿进行调查，运用二元 Logistic 回归分析对农村居民移动支付使用意愿的影响因素进行实证分析，得出如下结论：

感知有用性正向影响农村居民移动支付使用意愿，农村居民对移动支付的感知有用性来源于对不同支付方式的对比。与传统支付方式相比，移动支付具有便捷、高效的优势，这种优势促使农村居民认为移动支付对自身利益有帮助，消费者的趋利性促使其对移动支付产生积极的态度，从而提升农村居民的移动支付使用意愿，改变自己的行为。感知有用性包括移动支付的有用性、及时有效性、便利性以及优惠乐趣。有用性和优惠乐趣都反映农村居民对利益的追求。个体的金融行为产生往往伴随着对利益的判断，较高的利益感知促使用户对业务的判断呈现为较好的态度，从而诱发农村居民的逐利行为，提升农村居民对移动支付的接受程度。及时有效性和便利性是农村居民在使用移动支付时的感观判断，因此影响农村居民对移动支付的使用意愿。

期望确认正向影响农村居民移动支付使用意愿。期望确认表现为移动支付软件的安装普遍度、操作便利度、支付界面简单度及学习难易度。结合具体农村环境，农村经济水平相比于城市较为落后，智能手机普及较城市晚，笔者在调研过程中发现部分农村居民持有的是功能手机并非智能机，无法使用移动支付，这部分居民对移动支付的需求和接受度都较低。容易学会和熟练操作的移动支付软件，农村居民对其接受度较高。对于部分教育水平较低的农村居民，由于其不识字或识字少导致其学习移动支付的时间过长，从而降低了对移动支付的需求和接受度。相比于传统的现金支付方式，移动支付需智能手机、支付软件和运营商网络的配合，软件和硬件限制成为推广移动支付业务的制约因素之一。

期望确认影响农村居民移动支付使用意愿，这反映了当前加快农村移动支付的推广及农村金融的普惠关键在于提升农村居民的金融素养，让其掌握必要的现代金融工具的使用技能。由于部分农村居民自身知识水平受限及对金融相关产品的理解能力较低，对新技术的使用及金融产品的熟悉所需要付出的努力较大，因此导致其对新技术及金融产品的接受度降低。目前农村正规金融教育供给不足，覆盖人群少，农村居民金融知识十分欠缺，农村地区金融素养也普遍较低。农村居民的金融能力不足及金融素养不高是目前普惠金融发展遇到的"拦路虎"，也是移动支付推广的障碍之一。

社会影响因素对农村居民选择使用移动支付的意愿具有显著的正向影响。社会影响包括家人朋友的影响、社会媒体的影响以及社会潮流的影响等。通过调查研究发现，农村地区比较注重人情，农村居民因邻里走动较多，互相之间的交流比较频繁，所以关系较为密切，因此农村地区口碑宣传是主要的宣传方式之一，周围人对移动支付的接受度影响农村居民使用移动支付的意愿。另外，农村居民对其周围人有较高的信任度，对于已经有移动支付使用经验的农村居民来说，他们对移动支付评价越好，则其周围的农村居民选择使用移动支付的概率就越大。

感知风险对农村居民移动支付使用意愿有负向的影响作用。本研究的感知风险包含泄露隐私、财产损失、系统故障等。用户通常随身携带智能手机，这种移动的方便性也同时给移动支付带来了相关安全问题，如智能手机遗失、被盗取密码、电信诈骗等，这些安全问题都会给移动支付用户带来重大的财产损失。农村居民对支付软件泄露隐私的担心也会降低其使用移动支付的意愿。此外，在支付过程中，由于部分农村居民担心其不熟练操作或其他原因而出现支付故障，害怕重复扣费而导致其财产损失，这也同样降低了农村居民使用移动支付的意愿。

教育水平对农村居民使用移动支付的意愿作用明显，且呈正向关系。农村居民的教育水平越高，在一定程度上代表其信息及知识储备较好，对新事物的认知与接受程度较高，对自己能力评估较为理性，从而促使农村居民对移动支付业务这一新兴产物的接受程度。而性别、年龄和收入水平对农村居民移动支付使用意愿的影响都不显著。

根据上文对移动支付业务在农村地区发展概况的总结以及对农村居民移动支付使用意愿的影响因素的实证分析，笔者认为可以根据这些显著性因素总结出一些有针对性的建议来辅助改善农村地区推广和发展移动支付。

（二）对策建议

1. 加快农村移动支付基础设施建设

金融机构应加强与第三方支付平台合作，参考第三方支付平台的优势，把自身手机银行的功能进行优化，形成线上移动支付、线下物理网点共同管理的模式。各金融机构应增强移动支付在农村地区的推广力度，增加可受理手机支付的商家数量，让手机支付操作更简单化。各金融机构可根据农村居民的现实需要，增加助农取款服务点的服务种类，借助助农取款服务点发展农村电商，增强农民对农村电商的了解程度，从而提高农村居民对移动支付的使用意愿。

2. 降低支付结算服务成本

中国人民银行应积极鼓励并引导各银联公司与各发卡金融机构共同研究制定农村地区银行卡利益分配机制，降低某些特定商户的手续费标准，鼓励金融机构在批发农贸市场等发放支付机具，围绕农作物种植、运输和销售等支付环节提供非现金结算方式。此外，通过各类惠农相关政策降低银行卡服务、跨行自助设备取款手续费等支付结算服务成本，提高移动支付终端等基础设施的使用率。

3. 加强移动支付的宣传

在农村移动支付的使用人群当中，中老年比较缺失。但中老年是农村地区主要的人群构成，因此对中老年人群进行移动支付知识普及十分有必要。要采用农村居民乐于接受的形式展开宣传，让每个农村居民都感受到移动支付的好处，从而提升农村居民对移动支付的认知程度，促使其使用意愿的提高。因此，根据农村居民的特征，考虑农村地区的条件，可通过电视广告或街头广告宣传等形式来提高对移动支付的宣传力度。联合当地村干部及其他村民自治组织负责人宣传移动支付，可为移动支付业务在农村地区的发展提供助力和动力。支付平台同时应改善自己的服务，多积累用户对移动支付的正面评价，提高移动支付的社会影响力。

4. 加强移动支付相关知识的培训

农村移动支付推广首先要关注的是农村居民掌握移动支付的难易度，移动支付对于部分农村居民而言，理解和学习起来较为吃力。因此，需要简练移动支付的使用说明，以通俗易懂的方式对农村居民进行辅导培训，辅助采用村干部或村里熟练使用移动支付的人上门进行讲解和组建微信群集中讲解的形式，同步线上线下渠道的利用。同时，需要扩大农村居民了解移动支付的途径，可以将移动支付使用流程制作成通俗易懂的解析视频，在村活动中心等地点循环播放。

5. 增加移动支付的优惠活动

在宣传推广移动支付的同时开展支付优惠等活动来吸引用户关注，支付宝和微信在推广过程中就通过提升支付优惠力度来提高其用户黏性。相较于城市地区，农村地区的商店较小，通常在城市地区连锁商店的支付优惠在农村并不适用，因此，支付平台可针对农村地区设置特有的支付优惠活动来提高农村居民对移动支付的使用意愿。此外，由于传统现金支付方式的根深蒂固，在增加宣传的同时可以给予农村居民一定的支付优惠活动，增强农村居民对移动支付的兴趣与了解，以及对移动支付的价值评价，从而提升农村居民使用移动支付的意愿。

6. 提升农村居民金融素养

提升农村居民金融素养需加大农村金融教育。首先要做好金融知识的普及，向农村居民普及基本金融常识，同时将金融知识普及的典型经验和服务模式进行标准化、规范化，并做好推广。在农村培养金融知识宣传队伍和志愿者，利用当地金融机构了解农村居民、熟悉农村居民需求的优势，通过举办农村金融知识大讲堂、现场演示农村居民感兴趣的金融业务流程等多种贴近农村居民生活的形式，帮助农村居民更深入地了解金融产品和服务，并提升其金融能力。还可以充分发挥农民工、返乡创业大学生和务工人员的作用，通过身边人使用、获益来带动农村居民学习金融知识。

第五章 | 农村电商发展的经济效果评估 |

第一节 农村电商发展与县域经济增长

一、引言

2019 年的中央一号文件首次提出实施数字乡村战略，提出通过实施两个重要工程（"电子商务进农村综合示范"和"信息进村入户"），深入推进以"农业物联网示范应用"为代表的"互联网＋农业"和以"农产品全产业链大数据建设"为代表的"国家数字农业农村系统"建设。这是在乡村振兴大背景下，政府力图通过农村电商发展这一信息化手段推动城乡一体化发展，进而寻找县域经济增长新引擎的重要举措。实际上，乡村的振兴离不开乡村产业的兴旺，农村电商是乡村产业兴旺的重要着力点，农村电商的发展最终也应当是通过作用于产业层面进而作用于经济增长。

实际上，自 2013 年以来，以阿里巴巴、京东、苏宁为首的各大电商平台，以建立服务型电商生态系统为目标，组建起新型服务组织与专业服务团队扎根农村基层，为农村居民提供电商服务。以阿里巴巴"农村淘宝"项目为代表的农村电商体系，以村级服务站作为服务末端，以县级运营中心作为综合服务枢纽，以平台作为服务依托，通过网上代购、农产品网上代销，以及后期不断丰富的各类服务，在农村电商快速普及发展中起到了重要推动作用。依据 2019 年 3 月中国食品（农产品）安全电商研究院发布的《2019 年中国农产品电商发展报告》，2018 年全国农村网络零售额高达 1.37 万亿元，同比增长 30.4％，许多电商平台也在县域层面建设了特色产业的垂直平台和落地运营服务中心。

二、文献回顾与理论假说

既有文献关注了整体电商发展对经济增长的正向促进作用（Aimer et al，2013；Anvari，Norouzi，2016；张俊英等，2019）。但对农村电商发展是否促进农村地区的经济增长尚缺乏有力的证据。一方面是受限于农村地区县域电商发展水平数据的难以获取，电商交易层面上的数据难以精确度量；另一方面是既有研究过多关注于个体层面上电商的接入（曾亿武等，2018；李琪等，2019；王金杰，李启航，2017）。

然而，目前学界主要集中在个体微观层面上的实证分析或是农产品电商发展模式、生态系统演进的总结提炼上，基于县域发展视角下的农村电商发展对产业兴旺、经济增长的影响研究较少。本研究力图通过严谨而规范的实证分析尝试探讨如下尚未精确评估的问题：农村电商的发展是否能成为拉动农村地区县域经济增长的新动力？国家级贫困县地区和存在淘宝村的县域，农村电商推动经济增长的表现一致吗？农村电商发展实现了产业兴旺并以此拉动经济增长吗？

本研究可能的边际贡献在于：①结合乡村振兴大背景，从产业兴旺视角出发，系统考察了农村电商发展对县域经济增长的影响及影响机理，丰富了电商与经济增长的相关文献。②与既有研究多数采用局部区域性宏微观数据不同，本研究利用全国 1843 个县域（市辖区除外）的统计数据，实证分析了农村电商发展对县域经济增长的影响作用，实证结论更具普适性、稳健性。在构建计量方程时，本研究进一步加了农村电商发展的二次项，识别二者间可能存在的非线性特征，作为电商对经济增长影响的一个重要补充发现，并探讨了二者之间为何呈现非线性的作用机制，上述结论在工具变量法处理潜在内生性问题和采用动态面板门限回归模型后依旧稳健。③考虑到县域异质性较强，本研究也重点考虑淘宝村地区、贫困县地区二者之间的关系，丰富了与淘宝村有关的研究结论，也为政府推动农村电商发展、扶持政策在促进县域经济增长的作用效果方面提供了有力的经验证据。

三、变量、数据与计量模型

（一）数据说明

为了尽可能准确地判定农村电商发展与县域经济增长之间的关系，本研究综合了密歇根大学的 China Data Online 数据库，中国《县域经济统计年鉴》提供的县域经济金融、人口教育等特征数据和阿里研究院提供的县级电商发展指数数据。借鉴国家信息中心"中国信息社会指数（ISI）"、国际电信联盟"ICT 发展指数（IDI）"等指数的构成方法，根据各县、县级市 B2B 网商密度、零售网商密度、网购消费者密度、规模以上网商占比、规模以上网购消费者占比等基础指标，通过赋予一定的权重，计算出县域网商指数和网购指数，再将二者加权平均得到县域电子商务发展指数（aEDI）。已有数据时间区间是 2013—2017 年，定义了样本的时间范围。对于合并后的样本数据，本研究首先剔除了极少数关键变量缺失的县域。其次，市辖区在经济特征、电商发展特征上更接近城市，本研究仿照贾俊雪等（2019）的做法，剔除市辖区样本。最后，进入实证分析前，本研究对存在极端异常值的变量进行了上下 1% 缩尾处理。由此，本研究得到了全国 1843 个县级层面上的 2013—2017 年的面板数据。

（二）计量模型设定

为检验农村电商发展对当地县域经济增长的影响，本研究建立如下基准回归模型：

$$\ln Y_{it} = \beta_0 + \beta_1 RECI_{it} + \beta_2 Z_{it} + u_i + \eta_t + \varepsilon_{it} \tag{5.1}$$

式（5.1）为识别因果关系通用的面板双向固定效应模型。其中，Y_{it} 为衡量县域经济增长水平的被解释变量，下标 i、t 分别表示第 i 个县域、第 t 年度；β_0 为常数项；$RECI_{it}$ 为核心解释变量——农村电商发展水平；Z_{it} 为一系列控制变量集合，控制县域金融、财政等特征；u_i 为县级个体固定效应；η_t 为时间固定效应，控制特定时点上的冲击；ε_{it} 为随机扰动项。特别地，为了精确识别农村电商发展与县域经济增长之间的非线性特征，本研究进一步引入了农村电商发展水平的二次项，亦作为关键解释变量，将模型重新设定如下：

$$\ln Y_{it} = \beta_0 + \beta_1 RECI_{it} + \beta_2 RECI_{it}^2 + \beta_3 Z_{it} + u_i + \eta_t + \varepsilon_{it} \quad (5.2)$$

式（5.2）中，如果 β_1 估计系数显著为正，β_2 估计系数显著为负，说明农村电商发展水平与县域经济增长呈现显著的倒"U"形关系。如果 β_1 估计系数显著为正，β_2 估计系数并不显著，则说明农村电商发展水平与县域经济增长呈现单一的线性促进作用。

最后，本研究还使用了 Seo 和 Shin（2016）开发的动态面板门限回归模型，与目前国内普遍使用的 Hansen（1999）门限回归相比，该方法不仅能控制被解释变量的惯性特性，还能通过 Bootstrap 方法检验模型的非线性特征，作为式（5.2）实证过程的重要补充。此外，该方法还能考虑门限变量或核心解释变量的内生性问题，通过差分变换消去个体固定效应后，基于广义矩估计的思想，通过网格搜索对每一个给定的门限参数 γ 值极小化 GMM 估计量，从而得到参数的一致估计量。这均是 Hansen（1999）的方法所不具备的优势。因此，本研究拟运用该方法，在有效解决内生性问题的基础上以 $RECI_{it}$ 作为门限变量，进一步检验二者之间的非线性关系，这亦是对基准回归的稳健性分析，模型设计如下：

$$\ln Y_{it} = \beta_0 + \beta_1 \ln Y_{it-1} I(RECI_{it} \leq \gamma) + \beta_2 RECI_{it} I(RECI_{it} \leq \gamma) + \beta_3 Z_{it} I(RECI_{it} \leq \gamma) + \beta_4 \ln Y_{it-1} I(RECI_{it} > \gamma) + \beta_5 RECI_{it} I(RECI_{it} > \gamma) + \beta_6 Z_{it} I(RECI_{it} > \gamma) + u_i + \varepsilon_{it} \quad (5.3)$$

式（5.3）中 $\ln Y_{it-1}$ 为被解释变量滞后一期，$RECI_{it}$ 既是门限变量又是解释变量，Z_{it} 为控制变量集合，$I(\bullet)$ 是示性函数，γ 为门限参数，β_2、β_5 为我们最关心的两个参数，u_i 为个体固定效应，ε_{it} 为随机扰动项。

（三）变量定义

1. 被解释变量

本研究选取了各县实际生产总值的对数值（$\ln Y_{it}$）刻画县域经济发展水平。各县的实际生产总值以 2013 年为基期，利用各县 GDP 平减指数折算得到，以剔除价格因素的干扰。数据来源于 China Data Online 数据库，其中 GDP 平减指数个别缺失年份仿照黄志平（2018）的做法，用该县所属省份的生产总值平减指数予以代替。

2. 核心解释变量

农村电商发展水平（$RECI_{it}$）及其二次项（$RECI_{it}^2$）为本研究考察的核心解释变量。目前，学术界对于如何定义电商发展水平尚无定论，且电商研究普遍缺乏实证数据（李琪等，2019）。因此，本研究采用了阿里研究院提供的各县级电商发展指数作为农村电商发展水平的度量指标，主要从电商的消费端网购消费和供给端网商供给两个层面加总得到。数据亦具有权威性和可比性。

3. 控制变量

本研究依据黄志平（2018）、张俊英等（2019）、陈池波等（2019）、张国建等（2019）的相关研究成果，选取了农村用电量对数值（*Power*）用以反映农民生产水平、能源消耗量对县域经济发展的影响；选取固定资产投资与地区生产总值的比重衡量各县资本要素投入情况（*Invest*）；选取城乡居民储蓄存款余额与地区生产总值的比值反映居民储蓄行为的影响（*Save*）；选取各县金融机构各项贷款余额与地区生产总值的比值反映金融发展水平的作用（*Debt*）；选取政府地方财政支出占 GDP 的比重衡量县级政府对经济的干预刺激程度（*Fexpend*）；选取各县普通中学和小学在校学生数之和除以总人口数反映人力资本水平（*Hmcap*），控制其对经济增长的作用；选取县级规模以上工业企业占 GDP 的比重衡量县级产业工业化、规模化程度（*Industry*）。

4. 其他变量

本研究利用第一产业增加值的对数值（*First*）、第二产业增加值的对数值（*Second*）、第三产业增加值的对数值（*Third*）分别反映三大产业加总层面的变化情况。鉴于研究的样本县属于农村地区，因此本研究以非农产业比重（第二和第三产业占地区生产总值比重）来衡量产业结构高级化水平（*Struc*），以此来检验农村电商发展对农村产业发展、产业结构的作用效果。以上各数据均来源于 China Data Online 数据库和《县域经济统计年鉴》。

观察表 5-1 可见，各变量取值均在合理区间内，具有较大的变化区间，能较好地反映不同县域的区域性差异，表明本研究的基础数据质量较高。

表 5-1　相关变量的描述性统计结果

变量	单位	Obs	*Mean*	*SD*	Min	Max
ln*Y*	亿元	9215	4.48	1.13	0.40	8.09
RECI	指数	9215	7.03	3.49	0.78	47.13
RECI^2	指数	9215	61.61	81.68	0.61	2221.48
Power	亿千瓦小时	9215	3.37	1.00	0	5.32

（续上表）

变量	单位	Obs	Mean	SD	Min	Max
Invest	比值	9215	1.00	0.51	0.22	3.21
Save	比值	9215	0.75	0.35	0.14	1.93
Debt	比值	9215	0.64	0.36	0.12	2.08
Fexpend	比值	9215	0.33	0.30	0.07	1.73
Hmcap	比值	9215	0.11	0.03	0.05	0.19
Industry	比值	9215	1.13	0.75	0.03	3.69
First	亿元	9215	2.79	1.03	-0.53	4.53
Second	亿元	9215	3.67	1.35	-0.05	6.34
Third	亿元	9215	3.54	1.12	0.39	5.99
Struc	比值	9215	0.80	0.11	0.29	0.98

四、实证分析

（一）农村电商发展与县域经济增长的基准回归检验

在基准回归中，本研究首先基于式（5.1）采用面板固定效应模型进行估计，为了控制不同时点对县域经济增长的特定冲击，本研究进一步控制了时间固定效应，回归结果如表5-2的第（1）、（2）列所示，发现农村电商发展与县域经济增长正向相关。但这仅仅考虑了单一的线性关系，为检验倒"U"形关系是否成立，本研究基于式（5.2）再次进行了双向固定效应模型估计，估计结果如表5-2第（3）、（4）列所示，发现农村电商发展的平方项在1%的水平上显著为负，表明农村电商发展与县域经济增长存在倒"U"形关系。更进一步地，为了保证结论的稳健性，本研究还控制了各省的特定改革所带来的异质性影响。为了处理不同县域各自发展趋势的影响，本研究还控制了个体和时间固定效应，即加入县级虚拟变量与时间线性趋势的交互项。在全样本条件下，依旧对式（5.2）进行估计，发现倒"U"形关系始终显著成立。

上述实证结果表明，在农村电商发展的初期，由于信息技术的渗透，缓解了农村地区信息闭塞的现象，破除了城乡信息流通壁垒，赋予了农村地区的企业融入市场的机会，优化了资源配置效率，个体层面上还可能直接促进了地区消费水平，使得经济快速增长。而在农村电商发展的后期，过度的网商集聚或区域网购消费水平到达瓶颈时，农村电商发展反而会抑制县域经济增长，过度的网商竞争不仅降低了网商利润，还会降低市场效率，甚至可能会出现不良竞争、扰乱市场秩序和市场失灵的局面，其对经济增长的作用表现为负。这一发现也部分佐证了李琪等（2019）的研究结论，即淘宝村这类农村网商集聚地区电商发展对农民人均可支配收入呈现倒"U"形关系。具体而言，结合表5-2的列（4）到（6），对倒"U"形曲线的拐点进行估算可得，拐点临界值在12~16.88之间，而截至样本期末（2017年底），中国县域的农村电商发展水平均值为9.14，远远小于该临界值，仅有302个县域电商发展指数高于12的临界值。这意味着，目前中国绝大多数县域还处于拐点的左侧，农村电商的发展能有效促进经济增长。但也有少许县域已经迈入倒"U"形曲线右侧，遭遇了发展瓶颈，随着农村电商对经济的"信息红利"持续累积释放后，农村电商发展对县域经济增长的促进作用趋于收敛。

表5-2　农村电商发展与县域经济增长的基准回归检验

	(1)	(2)	(3)	(4)	(5)	(6)
	被解释变量：县域经济增长 lnY					
$RECI$	0.0583***	0.0046**	0.0892***	0.0135***	0.0135***	0.0048*
	(0.0015)	(0.0018)	(0.0044)	(0.0027)	(0.0027)	(0.0029)
$RECI^2$			-0.0015***	-0.0004***	-0.0004***	-0.0002*
			(0.0002)	(0.0001)	(0.0001)	(0.0001)
$Power$	0.0706***	0.0577***	0.0652***	0.0569***	0.0569***	-0.0108
	(0.0107)	(0.0096)	(0.0103)	(0.0096)	(0.0096)	(0.0076)
$Invest$	-0.0332**	-0.0559***	-0.0382***	-0.0563***	-0.0563***	-0.0915***
	(0.0143)	(0.0134)	(0.0139)	(0.0133)	(0.0133)	(0.0152)
$Save$	-0.4064***	-0.5780***	-0.4422***	-0.5814***	-0.5814***	-0.4081***
	(0.0405)	(0.0493)	(0.0422)	(0.0497)	(0.0498)	(0.0528)
$Debt$	0.0479**	0.0570**	0.0281	0.0589**	0.0589**	0.1139***
	(0.0223)	(0.0231)	(0.0222)	(0.0231)	(0.0231)	(0.0297)
$Fexpend$	0.2094***	0.2382***	0.2299***	0.2414***	0.2414***	0.2562***
	(0.0449)	(0.0425)	(0.0443)	(0.0422)	(0.0423)	(0.0369)

（续上表）

	(1)	(2)	(3)	(4)	(5)	(6)
	被解释变量：县域经济增长 lnY					
Hmcap	0.0283	0.8606***	0.2457	0.8879***	0.8879***	0.4969**
	(0.2577)	(0.2274)	(0.2493)	(0.2265)	(0.2268)	(0.2337)
Industry	−0.0068	0.0089	−0.0119	0.0071	0.0071	−0.0459***
	(0.0179)	(0.0165)	(0.0176)	(0.0166)	(0.0166)	(0.0145)
常数项	4.2131	4.5619	4.1409	4.5331	4.7173	5.0501
	(0.0536)	(0.0556)	(0.0519)	(0.0550)	(0.0580)	(0.0464)
个体固定效应	YES	YES	YES	YES	YES	YES
时间固定效应	NO	YES	NO	YES	YES	YES
省级固定效应	NO	NO	NO	NO	YES	NO
个体和时间固定效应	NO	NO	NO	NO	NO	YES
样本量	9215	9215	9215	9215	9215	9215
组内 R 方	0.4375	0.6587	0.4695	0.6602	0.4265	0.4836

注：＊＊＊、＊＊、＊分别代表在1%、5%、10%的置信水平上显著，括号内为县级聚类稳健标准误（下同）。

（二）内生性问题

本研究关注的核心解释变量农村电商发展水平及其二次项对经济增长的作用效果可能由于内生性问题的干扰，而导致不一致的参数估计结果，达不到我们理想的因果推断的目的。农村电商发展存在内生性的根源在于：第一，逆向因果关系。农村电商发展促进县域经济增长后，农民人均收入、农村企业利润得到改善，农村电商市场的交易规模和频率将进一步增加，从而反作用于农村电商发展水平。第二，遗漏变量偏误。我们无法控制县级宏观层面上全部因素对经济增长的作用效果，即使在基准回归中我们尽可能控制了一些来自县域、时间层面上的特定冲击，但还可能存在一些未观测因素，使得我们无法估计农村电商发展对县域经济增长作用的净效应。

鉴于内生性问题对本研究结论稳健性的重要影响，本研究拟采用工具变量法和动态面板模型对基准回归结果进行稳健性估计。本研究构造了三个合适的工具变量来处理内生性问题。第一，出于区域维度层面上的考虑，也是文献中常用的做法，借鉴郑世林等（2014）的工具变量构造思想，采用各县所在省份的其他县域电商发展水平的均值作为工具变量，这是因为本省邻近县域的电商会通过空间"外溢效应"或是"追赶、示范效应"，对本县的农村电商发展造成影响，满足相关性；但一个个体县域的经济增长水平与全省的农村电商发展水平均相关度并不高，满足外生性。第二，选取了各县所在的村民委员会个数作为工具变量。选取该变量的原因在于：①农村电商发展在各县的推广主要是阿里巴巴、京东等大型平台发起的以村级服务站为代表的大型农村电商服务项目，使得农村淘宝、京东跑步机等电商服务项目、信息技术渗透进农村，村级服务站还承担了收发快递、教授农民网络购物的职能，对农村电商发展起到了重要作用，而村级服务站数量显然与各县的村委会数量是高度正相关的关系，因此，相比村委会数量较少的县域，村委会数量越多，村级服务站的数量就越多，农村电商发展水平越高。②在工具变量的外生性上，绝大多数县村委会数量大致保持稳定，且村委会是一种村民自治组织，并不受各县经济因素的干扰。县村委会数量也不会与县经济增长水平直接相关，符合外生性条件。第三，放入滞后一期的农村电商发展水平同上述两个工具变量一起，克服基准回归模型5.2中的内生性问题，进行回归估计。

表5-3第（1）、（2）列分别是使用工具变量法进行二阶段最小二乘法（2SLS）和广义矩估计法（GMM）估计的结果。表5-3第（3）、（4）列是使用上述三个工具变量作内生解释变量的工具变量，并将被解释变量滞后一期作解释变量，控制经济惯性特征，基于动态面板回归模型，分别进行差分GMM和系统GMM估计后的回归结果。从工具变量回归结果来看，一方面模型中的Durbin-Wu-Hausman（DWH检验）均显著拒绝"所有变量均为外生变量"的原假设，因此基本确定农村电商发展水平与县域经济增长之间存在内生性问题。另一方面，第一阶段的弱工具变量检验的f统计量均大于10的经验临界值，判定并不存在弱工具变量问题，过度识别检验Hansen检验p值均无法拒绝"所有工具变量均外生"的原假设，由此，证明，工具变量的选择比较合理。从动态面板回归结果来看，AR（2）检验和Hansen检验p值均明显高于0.1，也进一步说明了计量模型设定的正确性和工具变量选取合理。

结合表5-3列（1）至（4）来看，农村电商发展水平与县域经济增长的确存在显著的倒"U"形关系，系数值均在1%水平上显著，控制变量的符号、显著性均有较高的一致性，表明模型设定和估计结果的稳健性。从拐点值的估计来看，其值处在12.5～18.66之间，同基准回归估计结果相差并不大，以上均进一步证实了农村电商发展水平同县域经济增长的倒"U"形关系。

表5-3　内生性问题处理结果

	（1）	（2）	（3）	（4）
	IV-2SLS	IV-GMM	差分GMM	系统GMM
$\ln Y_{it}$			1.0903***	0.9942***
			（0.0506）	（0.0328）
RECI	0.0946***	0.0933***	0.0125***	0.0223***
	（0.0162）	（0.0159）	（0.0042）	（0.0039）
$RECI^2$	-0.0026***	-0.0025***	-0.0005***	-0.0006***
	（0.0005）	（0.0005）	（0.0001）	（0.0002）
Power	0.0572***	0.0571***	0.0344***	0.0402***
	（0.0100）	（0.0100）	（0.0091）	（0.0109）
Invest	-0.0594***	-0.0593***	-0.0763***	-0.0669***
	（0.0134）	（0.0134）	（0.0169）	（0.0171）
Save	-0.5880***	-0.5849***	-0.2941***	-0.3213***
	（0.0498）	（0.0494）	（0.0437）	（0.0382）
Debt	0.0681***	0.0679***	0.1139***	0.1145***
	（0.0229）	（0.0229）	（0.0308）	（0.0294）
Fexpend	0.2579***	0.2570***	0.2383***	0.1983***
	（0.0421）	（0.0421）	（0.0427）	（0.0425）
Hmcap	0.8486***	0.8425***	0.4982	0.7503**
	（0.2377）	（0.2373）	（0.3038）	（0.3341）
Industry	-0.0057	-0.0065	-0.1170***	-0.1037***
	（0.0164）	（0.0163）	（0.0258）	（0.0250）
个体固定效应	YES	YES	YES	YES
时间固定效应	YES	YES	YES	YES
内生性检验：	54.236	54.236		
DWH检验	（0.000）	（0.000）		

（续上表）

	（1）	（2）	（3）	（4）
	IV-2SLS	IV-GMM	差分 GMM	系统 GMM
弱工具变量：F 值	46.755	46.755		
AR（1）检验 p 值			0.000	0.000
AR（2）检验 p 值			0.718	0.858
Hansen 检验 p 值	0.649	0.649	0.426	0.540
样本量	7352	7352	5514	7352
调整 R 方	0.5712	0.5742		

注：极个别县域工具变量的数据存在缺失。

最后，我们还进行工具变量的排他性检验，以进一步为工具变量的合理性提供更多的实证证据。本研究自行选取的工具变量各县村委会数量可能反映了各县的人口特征，比如，村委会数量更多的县域可能具有更多的人口总数，或是更高的人口密度（各县总人口数/县域行政土地面积），进而对县域的经济发展水平造成影响。若存在这一影响机制，则工具变量的排他性约束就无法满足。基于此，本研究考察了村委会数量是否会通过县域人口特征途径影响县域经济增长证据，并提供如下两方面的证据：①村委会数量并不影响各县的总人口数或人口密度，至少本研究所选定的变量取值是如此；②在控制各县人口特征，再次进行工具变量回归后，农村电商发展与县域经济增长间的倒"U"形关系特征依旧成立。

表5-4　村委会数量的排他性检验

	（1）	（2）	（3）	（4）
	总人口数	总人口数	人口密度	人口密度
Committee	0.0189	0.0192	-0.0728	-0.0672
	(0.0184)	(0.0177)	(0.0771)	(0.0713)
控制变量	NO	YES	NO	YES
个体固定效应	YES	YES	YES	YES
时间固定效应	YES	YES	YES	YES
样本量	9190	9190	9190	9190
组内 R 方	0.0597	0.0818	0.0021	0.0042

（三）异质性分析

鉴于县域之间的异质性较强，存在淘宝村的县域和贫困县的农村电商发展水平差异很大，样本期内，存在淘宝村的县域农村电商发展指数均值为11.62，而贫困县为5.41。那么针对这两类地区农村电商发展水平对县域经济增长的作用效果究竟如何呢？倒"U"形关系依旧成立吗？以淘宝村为代表的农村电商集聚现象在发展水平较高后，是促进了县域经济增长还是抑制了县域经济增长呢？贫困县能否通过农村电商发展脱贫，实现县域经济发展呢？本研究通过设置县域内是否存在淘宝村和是不是贫困县两个虚拟变量，对地区进行了分样本的检验。

表5-5第（1）至（3）列反映了对这两类地区进行双向固定效应回归后的估计结果，由于贫困县的核心解释变量一次项、二次项系数均不显著。因此，我们也仅放入一次项进行尝试，但该估计结果依旧不显著。这很大可能是存在内生性问题的干扰，所以我们采用了工具变量法处理内生性问题后，进行GMM估计发现存在淘宝村的县域倒"U"形关系依旧成立，但贫困县农村电商发展水平对县域经济增长的作用并非呈倒"U"形，而是单一的线性正向促进作用，且在1%水平上显著。这说明在贫困县这类农村电商发展水平较低的地区，积极发展农村电商，可发挥其对经济增长的革新性作用，推动区域技术创新能力。这也从侧面验证了目前中央扶贫办、商务部普遍推行的"电子商务进农村综合示范"工程，力图通过此工程实现对贫困县的脱贫攻坚，促进农村经济增长。

对于淘宝村这类电商发展水平较高、网商集聚密度大的区域，发展瓶颈开始凸显，需要警惕倒"U"形曲线右侧对经济增长的抑制作用，要从最初的以农村电商为端口的外部要素资源流入式经济增长变革为本地区域创新性内生经济增长，政府也应稳定好电商市场秩序，监管规制电商企业的不正当竞争、恶性竞争手段，进一步推广电商发展所需的人才、技能培训，完善与电商相关的农村公共服务体系，将农村电商与旅游、农业生产等环节深度融合，以此促进经济更好增长。

表 5 - 5　农村电商发展对县域经济增长影响的异质性分析

	（1） 淘宝村 FE	（2） 贫困县 FE	（3） 贫困县 FE	（4） 淘宝村 IV-GMM	（5） 贫困县 IV-GMM	（6） 贫困县 IV-GMM
RECI	0. 0131 ***	0. 0003	0. 0010	0. 1140 **	- 0. 0420	0. 0179 ***
	（0. 0043）	（0. 0058）	（0. 0023）	（0. 0521）	（0. 0260）	（0. 0059）
RECI²	- 0. 0003 ***	0. 0001		- 0. 0019 **	0. 0014	
	（0. 0001）	（0. 0004）		（0. 0008）	（0. 0014）	
Power	- 0. 0001	0. 0361 ***	0. 0361 ***	0. 0041	0. 0333 ***	0. 0324 ***
	（0. 0138）	（0. 0107）	（0. 0107）	（0. 0237）	（0. 0105）	（0. 0105）
Invest	- 0. 0606	- 0. 0847 ***	- 0. 0848 ***	- 0. 0160	- 0. 0898 ***	- 0. 0882 ***
	（0. 0581）	（0. 0129）	（0. 0129）	（0. 0672）	（0. 0133）	（0. 0132）
Save	- 0. 5981 ***	- 0. 3888 ***	- 0. 3890 ***	- 0. 5313 ***	- 0. 3796 ***	- 0. 4188 ***
	（0. 0886）	（0. 0548）	（0. 0545）	（0. 0841）	（0. 0548）	（0. 0500）
Debt	0. 0980 **	0. 0619 **	0. 0618 ***	0. 1813 ***	0. 0558 **	0. 0534 **
	（0. 0490）	（0. 0239）	（0. 0239）	（0. 0678）	（0. 0235）	（0. 0234）
Fexpend	- 0. 0105	0. 3460 ***	0. 3461 ***	0. 0141	0. 3635 ***	0. 3525 ***
	（0. 1891）	（0. 0432）	（0. 0432）	（0. 2051）	（0. 0473）	（0. 0449）
Hmcap	1. 3635 ***	0. 2558	0. 2586	1. 4413 **	0. 1683	0. 2409
	（0. 4595）	（0. 2518）	（0. 2538）	（0. 5746）	（0. 0267）	（0. 2492）
Industry	0. 0246	- 0. 0317 *	- 0. 0318 *	0. 0041	- 0. 0281	- 0. 0305 *
	（0. 0191）	（0. 0181）	（0. 0181）	（0. 0203）	（0. 0191）	（0. 0183）
个体固定效应	YES	YES	YES	YES	YES	YES
时间固定效应	YES	YES	YES	YES	YES	YES
内生性检验： DWH 检验				7. 299 （0. 026）	12. 925 （0. 002）	9. 957 （0. 002）
弱工具变量： *F* 值				16. 594	19. 843	57. 065
Hansen 检验				0. 241	0. 200	0. 273
样本量	970	2635	2635	776	2108	2108
组内/调整 *R* 方	0. 5878	0. 4757	0. 4757	0. 6735	0. 7748	0. 7836

（四）影响机制分析

产业兴旺是乡村振兴最重要的标志之一，县域经济增长也离不开各产业的协同发展、产业结构的转型升级。本研究的实证分析基本证实了农村电商发展水平与县域经济增长之间呈现倒"U"形关系，但是该倒"U"形关系是如何成立的？农村电商发展对各产业的作用效果如何？这是本研究所要实证的问题。为了应对潜在的内生性问题，由于工具变量同被解释变量的相关性依旧不大，本研究依旧使用了前述的三个工具变量进行 GMM 估计，表5-6对工具变量的检验结果也验证了这一事实。

表5-6中第（1）到（3）列分别代表农村发展对县域第一产业、第二产业、第三产业进行工具变量广义矩估计的回归结果。显然，农村电商发展水平与整体县域经济增长的倒"U"形关系是农村电商发展对第二产业、第三产业作用（倒"U"形）的结果，而对第一产业的作用为正"U"形。第（4）列是农村电商发展对产业结构高级化的作用效果，亦表现为倒"U"形。

结合表5-6的四个回归结果，我们可以总结出如下农村电商发展、产业结构、县域经济增长三者之间的动态演进趋势：①在农村电商发展水平的初级阶段（拐点的左侧），农村电商抑制了第一产业，促进了第二产业、第三产业的发展，从而提高了县域产业结构高级化程度，因此促进了县域经济增长。②在农村电商发展水平较高的阶段（拐点的右侧），农村电商促进了第一产业，却抑制了第二产业、第三产业的进一步发展，从而削弱了产业结构高级化进程，对县域经济增长起到了负面影响。

表5-6 农村电商发展对县域经济增长的影响机制分析

	(1)	(2)	(3)	(4)
	First	*Second*	*Third*	*Struc*
RECI	-0.0469^{***}			
	(0.0145)			
RECI^2	0.0008^{**}			
	(0.0004)			

（续上表）

	（1）	（2）	（3）	（4）
	First	Second	Third	Struc
RECI		0.1565***		
		(0.0279)		
$RECI^2$		−0.0043***		
		(0.0009)		
RECI			0.1411***	
			(0.0206)	
$RECI^2$			−0.0040***	
			(0.0007)	
RECI				0.0212***
				(0.0040)
$RECI^2$				−0.0006***
				(0.0001)
控制变量	YES	YES	YES	YES
个体固定效应	YES	YES	YES	YES
时间固定效应	YES	YES	YES	YES
内生性检验：	42.641	9.336	66.540	20.771
DWH 检验	(0.000)	(0.009)	(0.000)	(0.000)
弱工具变量 F 检验	46.755	46.755	46.755	46.755
Hansen 检验 p 值	0.192	0.145	0.523	0.735
样本量	7352	7352	7352	7352
调整 R 方	0.3198	0.1555	0.6472	0.0369

（五）进一步讨论及稳健性检验

本研究在充分考虑内生性问题以及区域异质性后，运用多种回归估计方法，稳健地证实了农村电商发展水平同县域经济增长的非线性关系。但针对模型5.2引入平方项的做法，我们可能存在对强模型设定的担忧，因为平方项的引入也不如识别线性关系那样显而易见。因此，如前所述，本研究运用动态面板门限回归模型，以农村电商发展水平作为门限变量，检验当农村电商发展水平越过某一门限值时，是否会出现抑制县域经济增长的情况。与此同时，为深刻理解农村电商发展水平、产业结构高级化、县域经济增长三者之间的关系，本研究以产业结构高级化作为门限变量，进行回归估计。如前所述，本研究选择农村电商发展水平的滞后一期、村委会数量、省域除本县域外的农村电商发展水平均值作为工具变量，实证结果如表 5-7 所示。

表 5-7　农村电商发展与县域经济增长的动态面板门限回归估计结果

	（1）$RECI \leqslant \gamma$	（2）$RECI > \gamma$	（3）$Struc \leqslant \gamma$	（4）$Struc > \gamma$
	门限变量：$RECI$		门限变量：$Struc$	
门槛值估计	13.5916 ***		0.7303 ***	
95% 置信区间	（13.1058，14.0774）		（0.6931，0.7675）	
$\ln Y_{it}$	0.5832 ***	0.4029 ***	0.4130 **	0.1359
	(0.1115)	(0.0967)	(0.2016)	(0.2646)
$RECI$	0.0773 **	-0.0857 **	0.0841 ***	-0.0782 **
	(0.0374)	(0.0416)	(0.0292)	(0.0317)
$Power$	0.0786 **	0.2605 ***	-0.1395	0.1023
	(0.0383)	(0.0717)	(0.1521)	(0.1844)
$Invest$	-0.2358 **	0.8057 ***	0.0917	-0.1180
	(0.0958)	(0.2167)	(0.2137)	(0.2942)
$Save$	-0.4470 ***	0.4589 ***	0.8540 **	-1.3935 ***
	(0.1228)	(0.1739)	(0.3439)	(0.3985)
$Debt$	-0.0707	-0.2644	-0.2502	0.3772 ***
	(0.1201)	(0.2734)	(0.3561)	(0.4657)
$Fexpend$	0.1155	-1.915 ***	-0.6570	0.6377 ***
	(0.2029)	(0.4488)	(0.4280)	(0.5689)
$Hmcap$	3.3994 **	8.2329 ***	6.7095 *	8.4881 *
	(1.4359)	(3.1525)	(3.5103)	(4.9146)
$Industry$	0.0410	-0.4775 ***	-0.1269	0.0906 ***
	(0.0191)	(0.0884)	(0.2272)	(0.2623)
常数项	1.2308 **		2.1126 *	
	(0.6103)		(1.1052)	
个体固定效应	YES		YES	
Bootstrap 线性检验	0.00		0.04	
全样本量	9190		9190	

注：表中的 Bootstrap 检验 p 值由自体抽样法 500 次后检验得到。

表 5 - 7 的回归结果显示，不管是农村电商发展水平还是产业结构高级化均存在显著的门限效应，Bootstrap 线性检验均在 5% 置信水平上拒绝模型线性的原假设。当以农村电商发展水平为门限变量，且农村电商发展水平低于门限值 13.5916 时，其对经济增长的影响系数为 0.0773，在 5% 水平下显著；当农村电商发展水平较高时，其对经济增长的影响系数为 - 0.0857，在 5% 水平下显著。无论是门限值的估计还是农村电商发展水平对县域经济增长的边际影响，动态面板门限回归的估计结果均再一次证实了基准回归、工具变量回归的结论。

观察第（3）、（4）列，我们可以看出当产业结构高级化（非农产业比重）低于门限值 0.7303 时，农村电商发展有效地促进了经济增长；但当非农产业比重过高，大于 0.7303 时，农村电商发展却抑制了经济增长。结合表 5 - 6 得出的结论，我们基本可以判定，第一阶段，农村电商发展通过促进产业结构高级化的进程，导致了农业向第二、第三产业转移，农产品物流、运输、加工等行业飞速发展，有效地实现了县域经济发展；但当非农产业比重过高时，第二、第三产业产能过剩，网商供给过多、竞争激烈，农业生产环节的重要性被忽视，由此可能存在农产品质量不高等制约因素，从而抑制县域经济增长。该结果也显示，保持县域合理的非农产业比重对经济增长十分重要，过高的第二、第三产业比重也存在抑制经济增长的可能性。

最后，本研究还通过替换县域人均 GDP 的对数值作为县域经济增长的代理指标的方式，对县和县级市两类地区进行分样本的稳健性检验，检验结果均与基准回归、工具变量回归结果保持高度一致，结论十分稳健。

五、结论及政策建议

本研究基于乡村振兴的大背景，试图分析农村电商发展对县域经济增长的作用效果及内在机理，并利用全国 1843 个县 2013—2017 年的县级面板数据进行实证检验。研究发现：①农村电商发展对县域经济增长呈现显著的倒"U"形的关系，但目前中国绝大多数县域均位于拐点临界值左侧，因此属于农村电商发展促进经济增长的阶段。该结论在运用工具变量法、动态面板模型、动态面板门限回归模型等多种稳健性检验后依旧保持稳健。②异质性分析表明，存在淘宝村的县域倒"U"形关系依旧显著成立，但贫困县这类农村电商发展水平相对不高的地区，农村电商发展对县域经济增长表现为单一正向线性作用。③影响机制分析表明，农村电商发展通过对第二产业、第三产业的倒"U"形作用从而造就了对整体经济增长的倒"U"形作用，农村电商发展对县域产业结构高级化也呈现倒"U"形的特征。而县域产业结构的过度高级，将不利于农村电商发展对县域经济增长促进作用的发挥，具体表现为农村电商发展将会抑制县域经济增长。

本研究主要的政策启示在于：第一，针对贫困地区、各类农村电商发展水平尚有欠缺的地区，应继续加强对农村电商的政策扶持力度，充分发挥农村电商发展初级阶段对经济增长的促进作用，破除农村地区的信息壁垒，完善同电商有关的配套基础设施建设，进一步加强电商物流体系建设，通过农村电商带动县域产业结构高级化进程，进而实现有效脱贫。第二，政府需要高度警惕农村电商发展后期，其对经济增长可能存在抑制作用。第三，政府需要深刻认识到农村电商发展、产业结构、经济增长三者之间的动态演进趋势。在促进农村电商发展的过程中，也要合理控制好非农产业的比重，防止出现非农产业"一边倒"的局面。在农村电商发展的后期，要回归农业发展的本质，切实提高农产品质量、创新农产品，实现在长期也能促进县域经济增长的局面。

第二节　农村信息化与农民收入及收入差距

一、引言

信息化是推动农村经济社会转型、促进城乡一体化发展、解决"三农"问题的必由路径，也是我国政府长期以来重要的农村发展战略。多年以来的政府工作报告或中央文件中都多次提到农村信息化。2019年的中央"一号文件"的具体表述是"实施数字乡村战略"，提出通过实施两个重要工程（"电子商务进农村综合示范"和"信息进村入户"），深入推进以"农业物联网示范应用"为代表的"互联网＋农业"和以"农产品全产业链大数据建设"为代表的"国家数字农业农村系统"建设，这是在乡村振兴和农业农村优先发展的大背景下，农村信息化战略的延续和升级。实践证明，农村信息化从总体上促进了农村经济的增长（王艾敏，2015；郭美荣等，2017）；信息化工具的引入对打破低水平均衡、改善信息困境、提高市场进入能力具有重要作用（侯建昀等，2017；Leong et al.，2016；Aker et al.，2016）。随着农村信息化由提供基础设施和信息服务为主的"接入"阶段转入以"接入"及以农村电商为代表的"应用"并行的阶段（邱泽奇等，2016；Racherla et al.，2013），信息化对于农村经济的发展以及农民接入大市场的促进作用更加显著，比如农村信息化参与者可以获得"数字红利"（邱泽奇等，2016），农村电商的发展对农民收入增加有显著正向增强效应（曾亿武等，2018）。与此同时，研究表明农民收入增长的影响因素是多方面的，比如国家财政支农资金（罗东等，2014）、农村金融发展（余新平等，2010）、农村劳动力流动（甄小鹏等，2017）、农村基础设施完善（佟琼等，2014）、农业机械化（周振等，2016）、土地流转（冒佩华等，2015）、城镇化（王永杰等，2014）以及农业技术进步（陆文聪等，2013）等，但现有文章尚未在全局层面讨论信息化与农民收入之间的关系，即农村信息化在全面改进农村经济活动的决策和管理的同时，能否提高农民的收入。随着"互联网＋"战略的推进，互联网在促进信息技术广泛应用的同时，也催生了参与者基于"互联网资本"的"数字红利"差异（邱泽奇等，2016）。这实际上意味着信息化从总体上增进收入的同时，也导致了一种新型的收入差距的出现。那么，农村信息化在促进农民收入增长的同时，有没有使得农民群体内收入产生分化呢？

基于上述背景，本研究尝试使用2005—2017年度的省际面板数据，从理论和经验两个角度分析农村信息化与农民收入之间的关系，进一步判别与验证农村信息化究竟对农民何种收入来源影响最大，以及农村信息化对不同收入的农民群体是否具备相同的效应等，为更好地分析预估"数字乡村"政策效果提供科学的经验证据。

本研究主要的边际贡献在于：①对各地区农村信息化程度进行综合评价，完善农村信息化的指标评价体系。进一步从总量上和四大收入来源上分析了农村信息化影响农民收入的原因并加以验证。②不同于既有研究，本研究着重考虑了收入的分布情况，在农民收入分布不同位置上，农村信息化对其影响是否相同，以此判别农村信息化是否存在对不同收入人群的"极化效应"。本研究运用新近发展的面板有条件的固定效应分位数回归（Conditional Quantile Regression，CQR）、无附加固定效应分位数回归（Quantile Regression for Panal Data，QRPD）和无条件广义分位数回归（Generalized Quantile Regression，GQR），力图通过严谨的经验研究，从宏观层面上得出稳健、全面的证据，为我国农村地区信息化发展战略提供重要的决策参考。

二、文献回顾和研究假说

（一）农村信息化与农民收入增长

就已有研究来看，直接从农村信息化这一角度分析农民收入增长的研究文献比较匮乏，领域内相关文献主要研究以互联网为核心的信息和通信技术（Information and Communication Technology，ICT）对城乡收入差距的影响（程名望等，2019）或是从企业层面研究信息化对劳动力需求的影响（邵文波等，2018）和对劳动收入份额的影响（申广军等，2018）。事实上，信息技术渗透到农业生产的各个环节，对农户的生产决策和生产产量、农产品储存、市场流通等有着不可忽视的作用（Aker et al.，2016），对农民经营收入也有着不可忽略的积极作用。具体来说，首先，信息化缓解了信息不对称现象，降低了农民收集信息的成本，信息技术给农民提供了一种收集信息的途径，将农产品的买卖双方衔接起来（Aker，2011）以此促成交易。这与 Jensen（2007）得出的信息化能增加农产品价格，提高农业生产者的利润的结论不谋而合。其次，信息化能够改善农产品投入和产出的不平衡。信息技术能够为小农户降低农业生产投入和农产品销售两端的成本，提高交易效率（Conley，Udry，2010）。再次，信息化有助于将农户的数据信息与研究部门更好地融合，提升农业全要素生产率。信息化能够使得研究部门减少农业生产成本、产量等数据采集的误差（Dillon，2012），以便于科研机构提升其研究结果的准确率，做到生产与科研计划相耦合。韩海彬等（2015）运用我国2002—2010 年的省级面板数据进行了经验验证，结果显示信息化能够有效促进农业全要素生产率的增长。这一结论被高杨等（2018）证实。最后，农村信息化显著促进了农村居民的创新创业活动。周洋等（2017）指出，平均而言，使用互联网的农村家庭的创业概率比不使用互联网的农村家庭高出3.83%。曾亿武等（2018）利用江苏沭阳花木农户的数据，证明电商能够显著促进农户农业收入。芮正云等（2018）基于嵌入性理论，研究发现互联网嵌入显著促进了农村创业者创新性和节俭式创新。可见，农村信息化显著提高了农民经营性收入。

从农民的另一主要收入来源工资性收入的角度考虑，信息化能够促进农民非农就业和改善就业收入分配。一方面，既有文献证实，互联网普及能够通过主要服务业来吸纳就业。信息化不仅让农村信息不再闭塞，能够提高劳动力供给与需求的匹配效率，减少摩擦性失业，显著降低搜寻成本（Dettling，2017）；还能破除城乡二元结构，促进农村居民劳动力转向城市寻求就业岗位，有利于提高非农就业概率（周冬，2016；马俊龙等，2017）。另一方面，信息技术在企业部门内能够大幅度提高平均劳动报酬，促使初次分配更加偏向劳动，而农业部门是劳动密集型部门，农村信息化的渗透能够在初次收入分配格局中起到促进农民增收的积极作用（申广军等，2018）。从相关农地流转文献来看，张桂颖等（2017）基于吉林省的 936 份农户调查数据得出，信息化使得农户之间关于农地流转的信息流通速度更快，方便农民在线上共享资源以促成合作。翟黎明等（2018）对此给出了一个电商化农地流转的个案分析，公司、合作社、农户在此等模式下参与意愿增强，利益连接更紧密。可见，农村信息化能显著提高农民的工资性收入。

从农民财产性收入和转移性收入的角度考虑，以互联网、手机为代表的信息通信技术摆脱了时空的限制，明显大幅提升了农村居民和社会大众的金融可及性（范文仲，2014）。众筹等网络融资方式层出不穷，为农村居民提供了多样化的投融资渠道（Aker et al.，2016；Blumenstock et al.，2016），潜在地增加了农户的现金流动性，并且帮助农村家庭合理进行消费决策，以应对疾病等导致的金融风险。互联网普及和应用还提升了普惠金融水平（宋晓玲等，2017），能够为有金融服务需求的农民提供适当、有效的金融服务，进而激发家庭风险金融市场参与积极性以提高家庭收入（尹志超等，2019）。与此同时，信息技术衍生的电子现金能够降低公共转移支付计划或是政府部门向私人部门补贴的成本，如保险金等，从而提升农民的转移支付水平；信息化背后隐藏的用户数据能够用于预测用户偿还贷款的能力（Bjorkegren，Grissen，2017；Blumenstock et al.，2016），并且在正规金融不可及的情况下，互联网金融显著促进了家庭信贷需求，缓解家庭信贷约束（尹志超等，2018），从而能够提高农民的人力资本投资水平，实现农民收入的增长。

（二）农村信息化与收入差距

关于收入差距问题的讨论，学界大多基于收入分配引发的收入不平等和城乡收入差距等角度进行考量。关于农民内部收入差距，学者们指出，中国农村收入分配不均现象总体持续恶化，给中国经济和政治带来一系列严重的问题，甚至会影响社会和政治稳定。程名望等（2016）对农户收入不平等进行了回归分析，得出区域差异是造成收入不平等的首要因素的结论。对于信息化与农民收入不平等的关系而言，多数研究基于数字鸿沟进行解释（Kiiski，Pohjola，2002；Keniston，Kumar，2004），认为农村居民等低收入群体受教育水平不高、信息资源掌握较少，信息红利并不能"雨露均沾"。信息化对于城乡收入差距的影响也受到了学者们的关注，程名望等（2019）给出了宏、微观的双重证据，认为互联网普及对城乡收入差距呈现倒"U"形的非线性关系。从微观上来说，互联网普及对农村居民的收入效应要大于城镇居民。此外，也有学者关注了基于信息技术的农村互联网金融排斥情况，何婧等（2018）认为我国多数农户存在严重的互联网金融排斥，并且这一排斥不受设施和外在条件所限，而是自我排斥。也有研究表明信息红利存在地域不均、性别歧视等现象（邱泽奇等，2016；毛宇飞等，2018）。由此可见，信息化的确在一定程度上存在着拉大收入差距的问题。

综上所述，现有文献大多关注信息技术对经济发展、企业变革等的影响（孙琳琳等，2011；邵文波等，2018），而基于农村信息化对农民收入及收入分布影响的研究较少，且文献研究多为平均意义上收入的结果效应，缺乏从宏观层面上判定农村信息化对收入的差别化影响以及农村信息化是否加剧了农民收入的内部不平等，从而难以为"数字鸿沟"问题提供一定程度的经验证据。国内多数研究中，探讨互联网对农民收入或是城乡收入差距的作用机理的居多，但关于农村信息化和农村电商对农民收入的影响，缺乏综合性判断。为此，本研究提出假设：

*H*1：农村信息化能显著促进农民总收入的增长，且对经营性收入、工资性收入、财产性收入、转移性收入均是正向影响。

农村信息化虽然在总体层面上促进了农民收入，但是这一因素是否具备普惠性？信息化程度高的地区，农民收入就一定高吗？显然，个体之间存在着明显的异质性。那么农村信息化在发展的过程中，是加剧还是缓解了农民个体间收入不平等的情况？考虑到"数字鸿沟"问题的存在，对于低收入的农民群体而言，的确在短时间内难以突破自身的发展瓶颈，对信息化新鲜事物缺乏足够的经验，甚至有一定的心理排斥；部分新型农业经营主体获取信息的意识不强（阮荣平等，2017），难以运用信息化手段实现自己收入的增长。客观上，信息化对农民个体收入的促进程度不仅存在区域异质性，也存在农民收入分布群体异质性。为此，本研究提出如下假设：

$H2$：农村信息化对农民收入存在明显的区域异质性，东部地区增进作用更强，中部地区次之，西部地区增进作用最弱。

$H3$：农村信息化会加剧农民收入不平等，即对高收入农民的促进作用更强，对低收入农民的促进作用较弱。

三、计量模型与研究方法

（一）农村信息化与农民收入增长

理论上，农村信息化能显著促进农民四大类分项收入以及总收入。因此本研究为检验农村信息化对农民收入的影响，借鉴李谷成等（2018）的研究，建立动态面板模型如下：

$$\ln income_{it} = \alpha_0 + \alpha_1 \ln income_{it-1} + \alpha_2 infor_{kit} + \sum_{k=3}^{6} \alpha_k X_{kit} + d_i + \varepsilon_{it} \ (5.4)$$

其中，$income_{it}$分别表示第i省第t年的农民总收入水平和四大类分项收入水平。$infor_{kit}$表示第i省第t年的农村信息化水平。X_{kit}为影响农民收入水平的控制变量集合，包括财政支农水平（$expend_{it}$）、农村固定资产投资（$invest_{it}$）、农业机械化水平（$machine_{it}$）、农村用电量（$elec_{it}$）。d_i代表个体固定效应，用来控制个体区域异质性。$\alpha_0, \alpha_1, \cdots, \alpha_6$为待估计参数。$\varepsilon_{it}$为随机干扰项。考虑到宏观上农民收入水平存在时间上的惯性趋势，因此各回归方程放入被解释变量滞后一期值，适用动态面板回归估计方法，有利克服模型内生性问题。最后，本研究对各宏观变量进行了对数化处理。

（二）农村信息化与农民收入差距

本研究的目的之一是判别农村信息化在不同收入农民群体中是否存在不对称的影响效应，总结出在农民收入分布不同位置上，农村信息化对农民收入水平的影响变化趋势。传统的条件均值回归方法仅仅是一种平均化的效应，掩盖了解释变量对被解释变量不同位置上的影响异质性。对此，我们分别采取面板有条件的固定效应分位数回归（Machado, Santos Silva, 2018）和Powell（2015, 2016）发展的无附加固定效应分位数回归以及广义分位数回归。通过以上计量模型来捕获收入分布的顶部和尾部特征，同时通过已有文献表明采用分位数回归参数估计更加稳健（Angrist, Pischke, 2009）。下面我们简单介绍各方法的模型设定和估计方法。

本研究建立有条件的固定效应分位数回归模型，回归方程设定如下：

$$\ln income_{it} = \alpha_i + \beta X_{it} + (\delta_i + \gamma X_{it}) U_{it} \tag{5.5}$$

其中，被解释变量为农民总收入的对数值。X_{it} 表示包含农村信息化和各控制变量在内的全体解释变量。参数 α_i 和 δ_i 均是为了捕捉个体 i 的固定效应。$\delta_i + \gamma X_{it}$ 是为了指示异方差性且 $P\{\delta_i + \gamma X_{it} > 0\} = 1$。$\alpha_i$、$\delta_i$、$\beta$、$\gamma$ 均是待估参数，U_{it} 是随机扰动项且满足 $E(U) = 0$，$E(|U|) = 1$。根据式（5.5），我们可以得出如下条件分位数函数表达式：

$$Q_{\ln income}(\tau \mid X_{it}) = [\alpha_i + \delta_i q(\tau)] + \beta X_{it} + \gamma X_{it} q(\tau) \tag{5.6}$$

此时，我们称 $\alpha_i(\tau) \equiv [\alpha_i + \delta_i q(\tau)]$ 为个体 i 在 τ 分位数下的固定效应。我们需要做的就是估计式（5.6）中的全部参数。具体分为如下几个步骤：首先，通过最小二乘法回归估计得到 β 的参数估计量，然后估计 α_i 来获得残差序列 R_{it}，再运用最小二乘法获得 γ 的参数估计量，再估计参数 δ_i，最后对该极小化问题 $\min\limits_{q} \sum\limits_{i} \sum\limits_{t} \rho_{\tau}[\hat{R}_{it} - (\hat{\delta_i} + \hat{\gamma} X_{it})q]$ 求解出 $q(\tau)$，其中 $\rho_{\tau}(\bullet)$ 是一种"打勾"函数。至此，全部参数系数估计完毕。

通过上述有条件的固定效应分位数回归分析过程，我们可以看出该方法虽然很大程度上弥补了捕获面板数据个体固定效应的空白，但是存在一定程度的缺陷：上述方法要求随机扰动项与解释变量不相关，一旦存在内生性问题，该方法产生的参数估计量可能就是有偏的，缺乏稳健性。显然，式（5.5）可能存在着内生性问题。一是遗漏变量问题。宏观层面上农民人均可支配收入可能受到多种遗漏因素的影响，如区域农村居民人力资本水平，程名望等（2014）指出教育和健康所体现的人力资本显著影响农户收入水平，而宏观层面上的农民健康水平难以直接准确衡量，从而产生了遗漏变量问题。二是反向因果关系。一些高收入农民可能为了进一步提升自己的收入，如经营农村电商等，而引致了对互联网、手机等信息通信技术的需求，从而产生了反向因果。上述可能出现的内生性问题都会导致解释变量与随机扰动项相关，从而引发估计系数有偏误、不一致。

基于此，本研究运用 Powell（2015，2016）提出的无附加固定效应分位数回归和广义分位数回归方法，力图从不同角度检验农村信息化对收入分布不同位置的农民总收入作用大小。同时，无附加固定效应分位数回归在一定程度上缓解内生性问题的存在。Powell（2015）进一步指出，当工具变量分位数回归（Instrumental Variable Quantile Regrssion，IVQR）和有附加固定效应分位数回归是有偏的时候，该方法估计得更加准确。而广义分位数回归则是为了估计农村信息化与农民收入水平之间的结果关系。其特点在于不论协变量个数是多少，该方法都能得到无条件的分位数处理效应（Unconditional Quantile Treatment Effects，UQTE），不论处理变量是离散变量或是连续型变量。该方法由结构分位数函数（Structural Quantile Function，SQF）发展而来，因此能缓解内生性问题，当然也可用于该变量本身就是外生变量的情景。无论协变量特征如何，我们都能得到农村信息化对农民收入分布的边际影响。

具体而言，本研究关注农村信息化对农民收入分布的影响效应，无附加固定效应分位数回归模型设定如下：

$$Y_{it} = \ln income_{it} = \theta X_{it} + U_{it}^{\ *} \tag{5.7}$$

其中，被解释变量为农民总收入的对数值。X_{it} 表示包含农村信息化和各控制变量在内的全体解释变量。$U_{it}^{\ *} = f(\alpha_i, U_{it})$ 表示随机扰动项，并且将个体固定效应放入随机扰动项中，不再将个体等固定效应从随机扰动项中分离出来，因此该固定效应不被估计，$U_{it}^{\ *}$ 分布无须任何假定。θ 为待估参数。模型估计过程分为以下步骤：

第一步：定义 $\hat{\gamma}_t(\tau, \tilde{\theta})$ 为 t 时点上 τ 分位数的 $Y_{it} - \tilde{\theta} X_{it}$ 的分布函数，明显 Y_{it} 为被解释变量，X_{it} 为全体解释变量，θ 为解释变量系数，$\tilde{\theta}$ 为系数估计量，$\hat{\gamma}_t(\tau, \tilde{\theta})$ 满足如下方程：

$$\tau - \frac{1}{N} < \frac{1}{N} \sum_{i=1}^{N} I[Y_{it} - \tilde{\theta} X_{it} \leq \hat{\gamma}_t(\tau, \tilde{\theta})] \leq \tau \tag{5.8}$$

其中，N 为总样本量，$I(\bullet)$ 为示性函数，成立取值为 1，否则取值为 0。

第二步：计算年度固定效应对参数集合 Ω 施加的约束：

$$\Omega \equiv \{\theta \mid \tau - \frac{1}{N} < \frac{1}{N} \sum_{i=1}^{N} I[Y_{it} - \tilde{\theta} X_{it} \leq \hat{\gamma}_t(\tau, \tilde{\theta})] \leq \tau, t \in \{1, 2, \cdots, T\}\}$$

$$\tag{5.9}$$

第三步：定义样本矩条件估计量：

$$\hat{g}(\theta) = \frac{1}{N}\sum_{i=1}^{N} \frac{1}{T}\left\{ \sum_{t=1}^{T} (Z_{it} - \overline{Z_{it}})I(Y_{it} \leq \theta X_{it}) \right\} \qquad (5.10)$$

其中，Z_{it} 为外生工具变量。对任何给定的权重矩阵 P，τ 分位数下解释变量系数 θ 的估计值为：

$$\widehat{\theta(\tau)} = \arg\min_{\theta \in \Omega} \hat{g}(\theta)' \hat{P} \hat{g}(\theta) \qquad (5.11)$$

针对广义分位数回归，其目的主要在于得到 UQTE，估计方法在此不再赘述。详细参数估计步骤参见朱平芳等（2017）和 Powell（2016）建模求解分位数处理效应的过程。

四、变量来源说明与描述性统计

（一）变量来源说明

（1）被解释变量：农民收入（*income*）。本研究分别选择了 2005—2013 年的农村居民人均纯收入和 2013—2017 年农村居民人均可支配收入来衡量农民收入水平。参考李谷成等（2018）的研究，其认为二者实际数据变化不大，因此本研究对此也不加以区分，统一视为农村居民人均总收入。与已有文献不同，本研究进一步按照收入来源，分别采用了经营性收入、工资性收入、财产性收入、转移性收入作为被解释变量，并统一采用各地区以 2005 年为基期的农村居民消费价格指数（CPI）进行平减处理，用以剔除价格因素的影响。以上数据均来源于相应年度的《中国统计年鉴》。

（2）核心解释变量：农村信息化（*infor*）。关于信息化和农村信息化指数的定义，学界并未形成一致意见。相关研究成果可参考谢康等（2012、2018）、韩海彬等（2015）、林立杰等（2015）的研究结论。本研究综合以上研究成果，结合目前农村信息化建设的现实，并考虑到相关数据可得性，所构建的农村信息化评价指标体系包括以下 5 个指标：农村居民家庭平均每百户拥有移动电话机（部）、农村居民家庭平均每百户拥有彩色电视机（台）、农村居民家庭平均每百户拥有计算机（台）、农村投递路线总长度（公里）、农村宽带接入用户（万户）。此外，为了结论的稳健，本研究特意针对 2013 年以后农村电商兴起的现实情况重新构建农村信息化指标评价体系，在前面的基础上加入了农村电子商务销售额（亿元）和农村地区企业拥有网站数

（个）。针对 2013—2017 年的数据重新进行评价，相对应的实证也用此分时间段进行稳健性检验。以上数据均来自相应年份的《中国统计年鉴》。

考虑到以上指标之间可能具有极强的相关性且量纲不一致，使用因子分析法进行信息的浓缩和剔除量纲的影响以便得到各区域的农村信息化综合评价指数。限于篇幅，此处仅以 2005 年为基期简要说明因子分析的计算步骤。首先，KMO 检验统计量为 0.724，说明因子分析效果一般较好；Bartlett's 球形卡方值为 1008.69，显著拒绝各变量独立的原假设，符合因子分析的适用条件。其次，基于因子分析，运用最大方差正交旋转法，按照累计方差贡献率大于 85% 的要求萃取出 3 个公因子，三者的累计方差贡献率达到 87.98%，说明三个因子能较好地覆盖样本数据的绝大部分信息。随后，基于权重计算出因子得分的加权平均值，三个公因子权重分别为 0.481、0.321、0.198，即是综合得分。由此得到之后逐年的农村信息化指数。最后，鉴于最后计算出的农村信息化指数存在负值，将全部序列向右平移 5 个单位，来保证各农村信息化指数均为正值。

（3）控制变量。为减少遗漏解释变量对模型估计产生的偏误，结合既有文献，本研究选取下列 4 个控制变量。

①财政支农水平。罗东等（2014）研究表明财政对农业的投入会对农民收入具有促进作用。毛其淋（2011）指出 2005—2006 年财政包括农业、林业、农林水利气象支出，2007 年以后为农林水事务支出。虽然二者统计口径不一样，但二者数据基本上保持一致。因此，本研究遵循这一做法，得到各地区财政支农支出数据，单位为元。所用数据源自《中国统计年鉴》。

②农村固定资产投资。孔荣等（2009）指出农村固定资产投资能有效促进农民增收。因此，本研究选取各地区农村农户固定资产投资完成额与 GDP 比重来衡量农村固定资产投资水平。由于是二者的比值，无须用消费价格指数进行平减。所用数据源自《中国农村统计年鉴》。

③农业机械化水平。参考李谷成等（2018）的研究成果，本研究选取农业机械总动力作为代理指标，基础数据来自《中国统计年鉴》。

④农村用电量。农村用电量与农民生产、生活水平息息相关。参考李谷成等（2018）的做法，控制这一变量使得回归估计更加精准。所用数据源自《中国农村统计年鉴》。

（二）变量描述性统计

由于西藏地区固定资产投资有关数据大量缺失，因此我们剔除西藏地区。本研究选取中国 30 个省（自治区、直辖市）2005—2017 年的面板数据进行实证分析。各变量的描述统计特征详见下表 5 - 8。

表 5 - 8　各变量的描述性统计特征

变量名称	单位	样本量	均值	标准差	最小值	最大值
农民总收入	元	390	6410.106	3280.501	1876.958	19942.43
经营性收入	元	390	2595.813	985.623	501.129	5823.049
工资性收入	元	390	2808.531	2407.91	195.513	14541.46
财产性收入	元	390	211.798	229.108	16.811	1542.381
转移性收入	元	390	793.960	708.286	52.655	3799.06
农村信息化	指数	390	5.029	0.718	3.687	7.553
财政支农水平	万元	390	3130000	2470000	29154	1.02×10^7
农村固定资产投资	比值	390	0.040	0.032	0.010	0.161
农业机械化水平	万千瓦	390	3062.321	2827.314	95.320	13353.02
农村用电量	亿千瓦时	390	238.695	359.166	2.990	1887.99
人口年龄结构	比值	390	0.736	0.037	0.635	0.838

数据来源：作者自行测算。

从表 5 - 8 可以看出，农民总收入水平最小值与最大值相差较大，且标准差较高。为此我们画出农民总收入的箱型图，如图 5 - 1 所示，异常值主要集中在上界的上侧，说明该收入分布呈现"肥尾"的右偏特征，也说明各地区不同时间点上的农民收入水平差异很大。而农村信息化水平标准差大于 0.5，说明其在样本期内也存在一定程度的波动。因而，我们给出二者的散点图，如图 5 - 2 所示。分析可见，农村信息化和农民总收入之间存在明显的正向关系。但是，这仅仅只能作为初步的判断，缺乏控制变量的加入，不能精确判断农村信息化与农民总收入之间的关系。基于此，本研究将通过计量方法分析农村信息化对农民收入的作用。

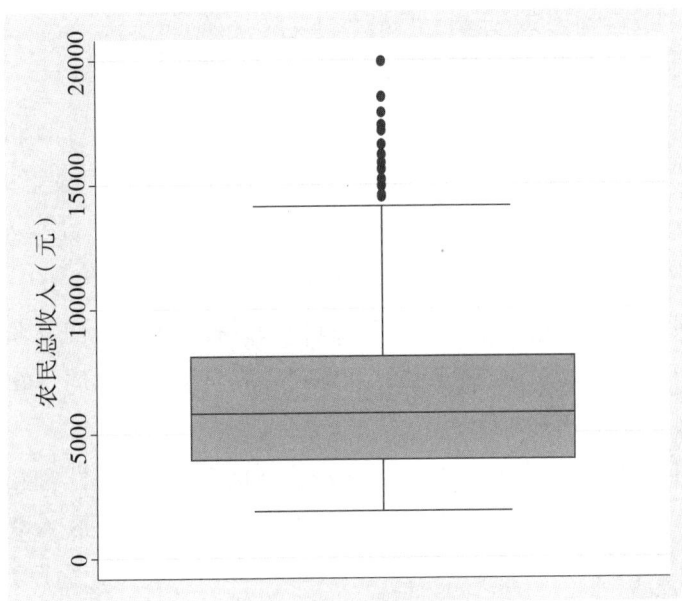

图 5 - 1　箱型图

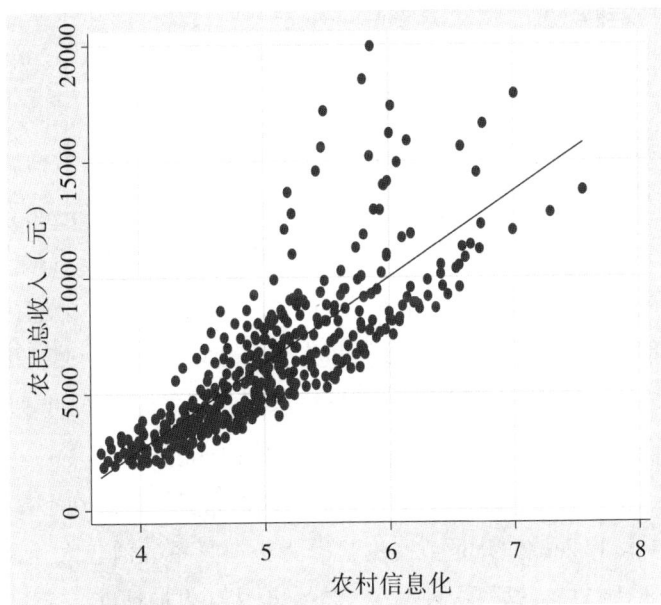

图 5 - 2　散点图

五、基准实证结果与分析

（一）农村信息化与农民收入增长

本研究采用广义矩估计方法识别动态面板模型，可分为差分 GMM 和系统 GMM 两种方法估计。为避免弱工具变量问题，本研究在模型中仅使用三个滞后项作工具变量。另外，本研究通过去除该滞后被解释变量来建立静态面板模型，并用混合最小二乘法估计和固定效应模型、双向固定效应模型来作为对比（见表 5 – 9）。

在运用五种回归估计的结果中，农村信息化均在 1% 的显著性水平下促进了农民总收入的增长，这说明农村信息化能稳定促进农民收入增长，部分验证了 H1。从系数大小上来看，运用 POLS 和 FE 两种方法估计的系数产生了高估的偏误，回归（3）至（5）则比较准确地给出了农村信息化促进农业收入的弹性系数。差分 GMM 和系统 GMM 回归估计在 1% 显著水平下均不存在残差项二阶自相关问题，并且 Sargan 检验 p 值均在 0.1 以上，不拒绝原假设，说明动态面板模型设定正确，工具变量与误差项不相关，工具变量选择合理。

从控制变量角度上看，财政支农水平系数均为正值且多数情况下十分显著，符合既有文献的结论。农村固定资产投资在回归（3）中显著为正，在回归（1）、（4）、（5）中显著为负，似乎与既有文献的结论不符。我们判断产生这一结果的原因，可能是农村固定资产投资对农民收入影响存在着波动，出现负值可能是由于我国 2014 年以来经济进入新常态、投资回报率下滑，经过传导波及农业生产、经营主体直至农村居民，可能最终拉低了该系数值，导致农民收入的减少。农业机械化水平和农村用电量在回归（4）至（5）中均显著为正，而在静态面板回归中，系数正负不太稳定且存在不显著的情况。而滞后一期被解释变量估计系数高度显著为正，且系数值较大，说明农民收入的确存在惯性趋势，这再次证明了动态面板估计更加精准。

表5-9 农村信息化与农民总收入回归估计结果

	回归（1） POLS	回归（2） FE	回归（3） 双向 FE	回归（4） 差分 GMM	回归（5） 系统 GMM
农村信息化	0.448 ***	0.481 ***	0.025 ***	0.031 ***	0.047 ***
	(0.026)	(0.022)	(0.004)	(0.003)	(0.005)
财政支农水平	0.116 ***	0.064 ***	0.009	0.022 ***	0.020 ***
	(0.017)	(0.012)	(0.007)	(0.002)	(0.002)
农村固定资产投资	−0.086 ***	−0.006	0.033 ***	−0.011 ***	−0.009 ***
	(0.012)	(0.007)	(0.004)	(0.001)	(0.001)
农业机械化水平	−0.114 ***	0.067 **	0.101 ***	0.067 ***	0.058 ***
	(0.011)	(0.033)	(0.015)	(0.006)	(0.006)
农村用电量	−0.014	0.242 ***	−0.010	0.019 ***	0.047 ***
	(0.011)	(0.028)	(0.014)	(0.024)	(0.006)
被解释变量滞后一期				0.851 ***	0.829 ***
				(0.006)	(0.008)
常数项	5.319 ***	3.645 ***	7.281 ***	0.239 ***	0.334 ***
	(0.166)	(0.182)	(0.149)	(0.026)	(0.042)
省份固定效应		有	有	有	有
年度固定效应			有		
AR（1）检验 p 值				0.000	0.001
AR（2）检验 p 值				0.179	0.386
Sargan 检验统计量				29.42	29.41
Sargan 检验 p 值				0.443	0.598
样本量	390	390	390	330	360
R 方	0.858	0.937	0.989		

注：括号内数字代表稳健标准误，*、**、***分别代表在10%、5%、1%的显著性水平（下同）。

（二）分收入来源估计结果

为进一步甄别农村信息化究竟通过何种途径实现农民收入的增长，本研究将农民收入按照收入来源分为财产性收入、工资性收入、经营性收入、转移性收入，分别对其运用差分 GMM 方法进行估计。值得说明的是，在表 5 –9 中，差分 GMM 估计值在双向固定效应模型和系统 GMM 估计值之间，可能更加准确。但差分 GMM 和系统 GMM 估计方法各有优劣，系统 GMM 需要产生额外的假定条件，因此本研究选取差分 GMM 估计结果分析。实际上，采取系统 GMM 估计，结果也基本保持一致。

通过表 5 –10 我们可以看出，农村信息化对不同类型收入的边际影响从大到小依次是经营性收入、转移性收入、工资性收入，财产性收入系数值最小且不显著。这说明，农村信息化对农民的生产经营活动影响最大。从目前我国农村信息化的现实来看，这很大可能是由于农村电商的飞速发展促进了农民增收。因为信息化的过程，也是信息技术向农民赋能的过程，信息技术促进了农民与现代市场的对接，给农民提供了开放式参与的机会，消除了农民对自然资源的依赖而实现自主创业（Leong et al.，2016）；信息技术还增进了交易双方的信任、黏性（曾亿武等，2018），有利于提高农产品销量和利润。此外，信息化手段还能使农民有计划地生产、销售，通过网络订单的预售可以预测未来的需求量，避免农产品季节性囤积的问题，有效减少农民经营损失。就转移性收入而言，信息化加快了政府对农民的补贴效率，让农民能够实时地了解国家的各种优惠政策，使农民更有针对性地从事政府补贴的各项生产经营活动；农民通过手机就能便捷地查询并领取养老金、退休金、惠农补贴以及优惠贷款等，从而便于制定消费、投资策略，实现转移性收入的增长。农村信息化对于工资性收入的增长作用，主要体现在提高了劳动力市场的信息透明度，促进了非农就业，使农民有更多的就业机会；而且信息化也能拓展农民的社会网络，农民通过网络认识到更多的朋友，社会资本随之拓宽，因此获取更多的就业信息，这也间接提升了农民就业的可能性。以信息技术应用为主要内容的职业培训也能提升农民的人力资本水平，在劳动力市场上向雇主释放出自己乐于而且能够使用新技术的能力的信号（Dimaggio，Bonikowski，2008），从而促进了工资性收入的增长。而对于财产性收入而言，农村信息化系数为正但不显著，这主要是因为农民在金融市场上的参与度不高，存在严重的互联网金融自我排斥（何婧等，2018）现象。农民由于收入水平的限制，少有闲置资金进行投资活动，再加上自我风险厌恶和对于互联网金融的心理排斥，使得农村信息化对财产性收入的增长作用微乎其微。至此，本研究的 *H*1 全部得到验证。

表 5 – 10　农村信息化对四大收入来源的回归估计结果

	回归（1） 财产性收入	回归（2） 工资性收入	回归（3） 经营性收入	回归（4） 转移性收入
农村信息化	0.041	0.152 ***	0.362 ***	0.181 ***
	(0.121)	(0.042)	(0.099)	(0.053)
财政支农水平	0.222 ***	0.0689 ***	0.003	− 0.012
	(0.066)	(0.019)	(0.022)	(0.055)
农村固定资产投资	− 0.034	− 0.039 ***	0.005	− 0.010
	(0.035)	(0.007)	(0.008)	(0.011)
农业机械化水平	− 0.011	− 0.004	0.040	0.142
	(0.161)	(0.033)	(0.062)	(0.101)
农村用电量	− 0.009	0.097 ***	0.116	0.349
	(0.091)	(0.034)	(0.073)	(0.221)
被解释变量滞后一期	0.232 **	0.548 ***	0.463 ***	0.659 ***
	(0.104)	(0.076)	(0.126)	(0.038)
常数项	0.410	1.193 ***	2.431 ***	2.094 ***
	(0.942)	(0.295)	(0.948)	(0.682)
AR（1）检验 p 值	0.037	0.000	0.081	0.000
AR（2）检验 p 值	0.207	0.508	0.408	0.138
Sargan 检验统计量	27.97	28.45	27.72	29.00
Sargan 检验 p 值	0.520	0.494	0.533	0.465
样本容量	330	330	330	330

（三）分区域估计结果

为了验证本研究的 *H2*，考虑我国区域间经济发展、信息化程度的异质性，本研究将我国分为东、中、西三大区域，再基于全时间窗口的数据进行回归估计。由于动态面板和 GMM 估计方法会损失样本数据信息，对于小样本的估计不甚精确，因此该部分使用静态面板，同时使用固定效应模型、随机效应模型和双向固定效应模型进行估计以作参照。回归结果如表 5 – 11 所示。各回归方程的拟合效果都比较好。

根据回归结果可得，中部地区农村信息化系数最大，东部地区次之，西部地区最小。根据双向固定效应模型，同时考虑个体效应和时间效应，我们判断这是静态面板里可能较精准的估计方法（从表5－9可看出，双向固定效应系数值与动态面板估计最为接近），因此从回归（3）、（6）、（9）得到，三个区域农村信息化系数均在1%显著水平下为正值。这显然支持了本研究的 H2。以上结论表明了农村信息化对农民总收入的增长存在明显的区域差异。原因归结于在信息化缩小"数字鸿沟"的过程中，区域之间的经济基础和农民的平均教育水平差距会导致信息基础设施"接入"阶段的差距，在信息化进入"应用"阶段之后，则表现为应用"互联网资本"获取"数字红利"的差距；在"应用"阶段，区域之间的经营性收入差距拉大。

本研究将结合农民总收入水平的右偏分布特征，对农村信息化对农民收入差距的作用进行分析。

表5－11　分区域农村信息化与农民总收入回归估计结果

	东部			中部			西部		
	回归(1)	回归(2)	回归(3)	回归(4)	回归(5)	回归(6)	回归(7)	回归(8)	回归(9)
农村信息化	0.439***	0.512***	0.119***	0.615***	0.675***	0.015***	0.328***	0.328***	0.007***
	(0.065)	(0.077)	(0.032)	(0.124)	(0.095)	(0.003)	(0.054)	(0.056)	(0.001)
控制变量	YES	YES	YES	YES	YES	YES	YES	YES	YES
常数项	YES	YES	YES	YES	YES	YES	YES	YES	YES
$F/Wald$ 值	155.49	836.12	779.91	1046.29	3211.79	1070.66	414.10	1528.04	1622.97
R 方	0.908	0.907	0.994	0.974	0.954	0.996	0.962	0.959	0.996
样本容量	143	143	143	104	104	104	143	143	143
回归模型	FE	RE	双向FE	FE	RE	双向FE	FE	RE	双向FE

六、农村信息化与农民收入差距

上述分析表明，在总体上农村信息化能够显著促进农民收入增长。但这是在单纯分析平均收入后得出的结果，它会掩盖农村信息化对不同群体收入作用不对称的影响。基于此，本研究综合运用条件分位数回归和广义分位数回归等方法识别农村信息化对农民收入分布的影响，加以验证 H3。

　　分位数回归方法不仅能够便于我们清晰地判断解释变量对被解释变量的影响趋势、分布形状等性质，还能捕捉到农民收入分布的"肥尾"右偏特征，参数估计本身也更加稳健，亦是对前文结论的一种检验。

（一）条件分位数回归

　　本研究将全样本面板数据视为截面数据，运用 Koenker 和 Bassett（1978）提出的条件分位数回归，极小化残差绝对值的加权平均，不易受极端值的干扰。为了更加直观地展示农村信息化对农村居民总收入水平的影响趋势，我们采取自助法重复 500 次，进行全分位点回归，得到图 5 - 3。图中纵轴是农村信息化对农民总收入水平的边际影响值，横轴是农民总收入的各个分位点，实心曲线代表分位数回归系数，阴影部分是回归系数的置信带，表示分位数回归系数的置信区间，中间虚线是条件均值回归结果，上下界是均值回归系数的 95% 置信区间。

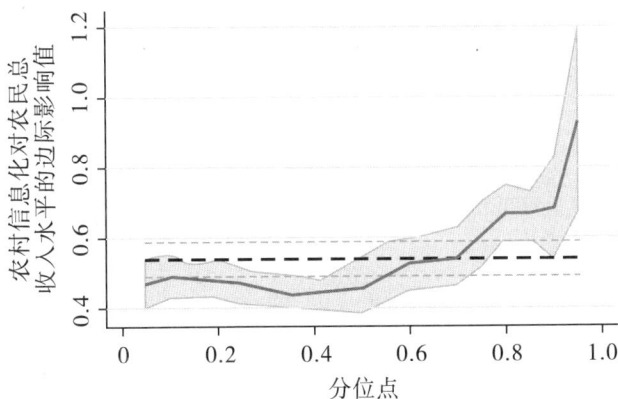

图 5 - 3　农民总收入分位点上农村信息化影响系数

　　总体来看，分位数回归系数随着分位点的升高呈现出波动上升的趋势，越过 0.5 分位点以后，农村信息化对农民总收入水平的解释力度较强，且系数大多在 95% 置信区间内波动，置信带也比较狭窄，说明显著性较高。但在 0.5 分位点以下，分位数回归系数不在均值回归 95% 置信区间内，说明系数估计可能存在一定程度的偏差。这足以说明，农村信息化对不同收入的群体的影响存在明显差异。

　　鉴于此，我们使用 Machado 和 Santos Silva（2018）开发的面板条件固定效应分位数回归模型，力图让系数估计比较精确，估计结果如表 5 - 12 所示。

在没有考虑内生性情况，并控制了区域固定效应后，随着收入水平的增加，农村信息化的收入效应会逐渐增强。对收入分布顶端的群体来说，农村信息化对农民总收入影响的程度越来越大；在收入分布末端，农村信息化对农民收入的促进作用则相对较小，从 5 个分位点上的信息基本可以判断，农村信息化对农民总收入的条件分位数回归随着分位点以梯度增大，呈现出单向的极化效应。因此，我们判断农村信息化进程的加快会加剧农民内部的收入不平等现象，"数字鸿沟"在农民内部依然存在，信息红利并不是均等地被各收入分布群体所享受。$H3$ 得到了初步验证。

表 5 - 12   面板条件分位数回归估计结果

	q10	q25	q50	q75	q90
农村信息化	0.465***	0.470***	0.479***	0.491***	0.498***
	(0.039)	(0.031)	(0.025)	(0.038)	(0.052)
财政支农水平	0.066***	0.065***	0.064***	0.063***	0.062***
	(0.018)	(0.014)	(0.011)	(0.018)	(0.024)
农村固定资产投资	0.002	-0.001	-0.005	-0.011	-0.015
	(0.014)	(0.011)	(0.010)	(0.014)	(0.019)
农业机械化水平	0.041	0.049	0.064**	0.085*	0.098
	(0.051)	(0.040)	(0.033)	(0.051)	(0.068)
农村用电量	0.271***	0.262***	0.245***	0.222	0.208***
	(0.052)	(0.041)	(0.033)	(0.052)	(0.070)
地区效应	控制	控制	控制	控制	控制
观测值	390	390	390	390	390

（二）内生性问题

以上结论，我们并没有考虑农村信息化的内生性问题，而内生性的影响可能使得上述结果出现偏差。对于分位数回归中的内生性问题，通常是采用工具变量法进行处理。经典的工具变量分位数回归（IVQR）可参见 Chernozhukov 和 Hansen（2008）的研究。对于面板分位数回归，Powell（2015）的无附加固定效应分位数回归方法将固定效应包含在不可分的随机扰动项中，同时能估计内生解释变量对被解释变量分布的影响；Powell 还指出附加固定效应模

型实际估计的是 $(Y_{it} - \alpha_i) \mid D_i$ 而不是真实的 $Y_i \mid D_i$。考虑到上述问题，本研究使用无附加固定效应分位数回归方法，并选择区域人口年龄结构作为工具变量进行分位数回归估计。选取的理由是：一方面，互联网使用等活动大多发生在年轻人群体中，对于老年人而言，其接受新事物的能力不强，头脑反应速度也变得缓慢，因此区域人口年龄结构与农村信息化进程相关；另一方面，区域人口年龄结构显然并不直接影响农民总收入水平，符合工具变量的选取标准。人口年龄结构 = 15 ~ 64 岁人口数/总人口数，数据来自历年的《中国统计年鉴》，估计结果见表 5 - 13。

表 5 - 13 无附加固定效应分位数回归估计结果

	q10	q25	q50	q75	q90
农村信息化	0.615***	0.360***	0.479***	0.535***	0.678***
	(0.021)	(0.013)	(0.009)	(0.071)	(0.015)
财政支农水平	0.152***	0.137***	0.107***	-0.002	0.110***
	(0.009)	(0.010)	(0.005)	(0.062)	(0.015)
农村固定资产投资	-0.001	-0.066***	-0.072***	0.019	-0.090***
	(0.004)	(0.018)	(0.004)	(0.020)	(0.013)
农业机械化水平	-0.108***	-0.104***	-0.116***	-0.084**	-0.142***
	(0.005)	(0.017)	(0.004)	(0.043)	(0.012)
农村用电量	-0.052***	0.023	0.002	0.146***	0.011***
	(0.011)	(0.017)	(0.006)	(0.055)	(0.014)
观测值	390	390	390	390	390

回归结果显示，与没有考虑内生性结果一致，在各分位点上农村信息化对农民总收入作用均为正向促进作用，且十分显著。从作用趋势上看，总体上还是位于收入分布顶端的农民，受农村信息化的正向激励作用更强。但值得注意的是，克服内生性问题后，10% 分位数上，农村信息化对农民收入的回归系数为 0.615，高于 25%、50%、75% 的分位数回归系数，这似乎说明了农村信息化对农民总收入的作用曲线是"U"形曲线，且拐点发生在 10% 分位数和 25% 分位数之间。

（三）广义分位数回归

针对无附加固定效应分位数回归中克服内生性问题后出现的"U"形曲线情况，本研究运用 Powell（2016）的广义分位数回归来估计无条件分位数处理效应，这对于农村信息化政策评估而言，意味着无论该区域农村经济增长、农业机械化水平、农村固定资产投资等背景如何，农村信息化对于农民总收入分布产生边际影响。当然，我们也加入人口年龄结构作为农村信息化的工具变量，回归结果见表 5 – 14。

表 5 – 14　广义分位数回归估计结果

	q10	q25	q50	q75	q90
农村信息化	0.565 ***	0.529 ***	0.536 ***	0.571 ***	0.675 ***
	（0.010）	（0.005）	（0.021）	（0.011）	（0.027）
控制变量	YES	YES	YES	YES	YES
常数项	5.516 ***	5.794 ***	5.908 ***	5.931 ***	5.583 ***
	（0.052）	（0.027）	（0.102）	（0.056）	（0.141）
样本容量	390	390	390	390	390

由表 5 – 14 可以看出，不同分位点上的异质性处理效应均不相同，总体上看处理效应依旧呈现出梯度逐渐扩大的趋势，在 10% 分位点上的处理效应依旧较大。这说明，对于收入水平极低的农民群体而言，农村信息化对其增收效应极强。这一特征在表 5 – 12 中得不到证明，然而无条件处理效应更符合政策评估的一般含义（朱平芳等，2017）。综合以上估计结果，总体上农村信息化明显加大了农民间的贫富差距，这强烈支持了本研究的 $H3$。但基于表 5 – 13 和表 5 – 14 的结果，我们需要注意农村信息化对收入极低的那部分群体的较高的边际贡献，这也意味着我国目前实行数字乡村战略、推动信息进村入户、开展农村电商示范工程等一系列举措对于促进农民增收都是有效的，且越是贫困的地区越要加大力度推广宣传农村电商、组织信息技术培训等活动，争取最大限度地发挥农村信息化对低收入群体的高边际贡献率。此外，也有必要警惕"U"形曲线所对应的中等偏低收入的农民群体，在信息化过程中，他们既不像低收入群体那样享受社会福利（比如精准扶贫对象），又不像中高收入群体那样，可以通过信息技术应用，获得"数字化红利"。

中等收入群体是整个社会的中坚力量，在农村信息化的进程中，如何提高中等收入群体的信息利用效率以抬高"U"形曲线拐点值，使系数曲线平缓，缩小农村信息化对各收入群体边际贡献的极差亦是政策制定者需要关注的问题。

七、稳健性检验

如前文所提到的，本研究充分考虑到 2013 年后农村电商兴起的事实，结合既有文献的结论，进一步纳入农村电商销售额和农村企业拥有网站数，重新定义并评价了农村信息化指数。相应地，以 2013—2017 年为时间维度，再次基于 30 个省域面板数据进行稳健性检验，检验结果见表 5 – 15。

表 5 – 15　基准回归稳健性检验结果

	回归（1）POLS	回归（2）FE	回归（3）双向 FE	回归（4）RE	回归（5）时间趋势
农村信息化	0.292 ***	0.294 ***	0.069 ***	0.301 ***	0.103 ***
	(0.043)	(0.054)	(0.021)	(0.055)	(0.030)
2014 年					0.037 **
					(0.018)
2015 年					0.039 **
					(0.016)
2016 年					0.043 **
					(0.017)
2017 年					0.055 ***
					(0.014)
控制变量	YES	YES	YES	YES	YES
省份固定效应		YES	YES	YES	YES
年度固定效应			YES		YES
常数项	5.896 ***	2.649 ***	8.258 ***	4.199 ***	8.260 ***
	(0.373)	(0.787)	(0.437)	(0.543)	(0.657)
$F/Wald$ 值	120.31	77.29	308.22	380.830	234.280
R 方	0.797	0.826	0.962	0.808	0.970
样本量	150	150	150	150	150

注：表中的 2014 年、2015 年、2016 年、2017 年表示的是农村信息化与相应年份的虚拟变量（以 2013 年为基准组）的交互项。回归（5）中相对应的是该交互项的系数估计值。

需要说明的是，考虑到样本量仅有 150，且时序上仅有 5 年，运用动态面板差分 GMM 估计需要损失掉两年的数据信息，样本量极小。因此，该样本不太适用于动态面板回归，我们使用了四种静态面板回归方法，发现农村信息化显著性和系数符号、大小等特征均与前文的实证结果基本一致，说明本研究模型的估计结果稳健、可靠。同时，由回归（5）可见，我们还设置了农村信息化与虚拟变量的交互项，同样采用双向固定效应模型来判断农村信息化对农民收入增长在最近五年内的时间趋势上的动态特征，发现农村信息化促进农民增收的效应逐年递增，这很大可能是受到最近几年农村电商的迅猛发展的影响。当然这也从侧面再次检验了本研究结论的稳健性。

关于农村信息化扩大农民收入差距的总体上的单向极化作用，以及对农民收入分布呈现"U"形特征的检验见表 5 - 16。限于篇幅，这里仅展示无条件分位数处理效应的结果。实际上，其余分位数回归结果与上述结论均保持一致性。

表 5 - 16　广义分位数回归稳健性检验结果

	q10	q25	q50	q75	q90
农村信息化	0. 294 ***	0. 263 ***	0. 277 ***	0. 282 ***	0. 348 ***
	(0. 024)	(0. 018)	(0. 260)	(0. 032)	(0. 024)
控制变量	YES	YES	YES	YES	YES
常数项	3. 975 ***	4. 747 ***	7. 593 ***	7. 986 ***	10. 259 ***
	(0. 172)	(0. 462)	(0. 721)	(0. 494)	(0. 602)
样本容量	150	150	150	150	150

八、结论与政策建议

本研究运用 2005—2017 年的我国省域面板数据，基于农民总收入水平增长和农民收入差距两大视角，从理论上分析了农村信息化提高农民总收入的机制机理和对农民收入差距的作用逻辑，并运用多种计量模型对此进行了实证检验。研究表明，无论是从全国整体还是分地域来看，农村信息化均显著促进了农民收入增长。从收入来源上分析，农村信息化对农民经营性收入、工资性收入、转移性收入提升作用显著，其中对经营性收入的作用力度最强，但对财产性收入的作用不显著。在充分考虑农民收入分布的"肥尾"特征后，基于分位数回归法得出农村信息化对各分位点上的分位数处理效应呈现出明显的差异。农村信息化总体上加大了农民内部的收入差距，呈现出单向极化的特征。对收入分布顶端的农民，农村信息化的边际影响最大；对于收入分布在10%分位点左右的农民，农村信息化对收入的激励作用也较强；但对中间位置的农民的激励作用相对两端而言则较弱。农村信息化对农民收入分布的影响呈现出微弱的"U"形曲线特征，其拐点位置在10%～25%的低收入群体之间。

根据理论和实证分析，本研究揭示的证据同目前我国农村信息进村入户、建设"互联网＋"农业、数字乡村战略等国家政策密切相关，同习近平总书记强调的乡村振兴、精准扶贫休戚与共。本研究认为，首先，应加快农村信息化进程以促进农民收入增长。针对农村信息化对农民经营性收入这一传导路径作用最强的事实，政府要切实关注农民生产生活，建立促进农民增收的长效机制，鼓励以信息技术为基础的农业生产经营创新，继续加快推进农村电商持续发展，积极组织各类信息化技能培训，实现小农户与"互联网＋"农业的有机衔接。其次，在推进农村信息化过程中，可能会出现收入分配差距扩大的问题，不利于共同富裕总目标的实现。究其原因，收入、就业、教育等多维度的不平等造成了各收入群体视野不同，收集信息、处理信息的能力不同。政府需要从农村地区教育入手，逐步改变教育资源分配不均的现状，破除农民主体对信息技术的排斥心理，提升其文化素质。在就业、医疗等民生制度上加以扶持保障，建立健全初次收入分配制度，逐步消除劳动力市场户籍歧视等现象，切实促进劳动力转移就业。最后，政府需要合理利用好农村信息化对各收入群体边际影响的"U"形曲线。对极端低收入农民，政府可以精准扶持，帮助其建立获取信息、利用信息的渠道和能力，并改善贫困地区的信息基础设施建设。同时，政府也需要警惕中等收入农民的"塌陷危机"，如何在信息化过程中保证中等收入农民权益不受侵害，同低、高收入农民齐头并进，亦是政府需要解决的难题。

需要说明的是，尽管本研究对现有的宏观数据作了充分的实证分析，但仍存在一定程度的不足。如何在此基础上发展和完善，有赖于实证数据的不断丰富，特别是直接反映农村信息化指数的宏观数据支持。另外，本研究均是基于宏观层面的分析，其中一些结论有待微观数据的检验。不过，基于这些指标较为深入的分析，本研究所揭示的结论基本稳健。

第六章 │ 农户电商参与及其福利提升 │

第一节 引言

长期以来，提升贫困人口的福利水平是社会关注的核心话题，农村电商多年的扶贫实践及由此为农户群体所带来的福利提升受到学术界的高度关注。但现有研究的思路主要从单一的信息基础即经济效益出发，对福利的理解与定位存在不足和局限。因此，需要扩大考察福利的信息基础，基于更具包容性特点的可行能力理论，讨论农户群体电商参与及福利提升。

本研究采用纵向单案例的研究方法，从可行能力理论的视角出发，选取广东省清远市"电子商务进农村综合示范项目"作为案例，并以清远市寻乡记智慧农业发展有限公司及其对口帮扶的农户群体为主要研究主体，通过深入调研，更进一步探讨农村电商发展情境下，农户群体电商参与及其福利提升的内在机制。

研究发现：首先，随着福利的内涵不断丰富发展，农村电商发展为农户群体所带来的福利提升可归纳为家庭经济、社会机会、生计保障以及参与观念；其次，信息通信技术（ICT）是农户群体得以参与电商，以及电商可行能力形成的基础；最后，依据可行能力的理论内涵，在农村电商发展情境下，农户群体通过参与电商获得电商所带来的功能性活动合集（电商相关创业、就业以及提高生产经营水平），而功能的获得表明实现以经济机会为目标的电商可行能力，电商可行能力是实现福利提升的重要途径。另外，以 ICT 为基础的农村电商的升级迭代，表现为数字技术的推广应用实现电商生态的创新，农户群体在该情境下的电商可行能力得到发展，体现为数字技能沿着能力阶梯升级为数字能力，继而实现多方面福利的持续提升。

第二节　文献回顾

阿马蒂亚·森基于对传统福利理论思想的批判和反思，提出更具有包容性的可行能力理论（Capability Approach），为福利研究提供新的视角与工具。在此之后，国内外学者，围绕可行能力理论基于不同的研究视角得出了一系列成果，研究的方向主要集中在针对可行能力理论对福利水平测度的验证性研究以及面向不同群体和地区开展的应用性研究（聂鑫，2013）。阿马蒂亚·森（1997）发现，政府对失业者的转移支付无法改善由于失业所引发的，除收入损失之外的其他可行能力，例如健康、政治参与、心理等，并且持续不断的失业救济不仅加重了政府的财政负担，而且失业者的福利水平也无法从根本上得到提高。

随着互联网快速普及，ICT 开始被视为促进发展的工具，并随着数字角色、数字产品以及数字商业模式的出现，ICT 逐渐演变为"数字促进发展"的范式（Heeks，2020）。尽管 ICT 对于促进发展中国家和地区消除贫困尚未有明确定论（Hernan，Fernanda，2017），但 Russell 和 Steele（2013）的研究指出，ICT 在全球经济的演变格局中始终扮演着促进社会经济发展的角色。同时，普遍的研究主要从增长效应与分配效应两方面去证明 ICT 对于发展中国家和地区减少贫困以及促进社会经济发展的作用（Hernan，Fernanda，2017）。基于中国的研究场景与实践经验，以 ICT 为基础的农村电商，具有显著的减贫效益（Wu et al.，2020），其作用路径是通过增加收入、节约开支以及赋予效能（唐超、罗明忠，2019）为农村等贫困地区带来经济以及社会效益，提升农户群体的福利水平。

农村电商改善了农村家庭经济状况（何大安，2018；Parker et al.，2016），缩短了农户与消费者的现实距离，削弱了中间商的供应链垄断地位，并提升农户与消费者之间的认同、信任与黏性（曾亿武，2018），改变了传统的销售模式，降低了交易风险，提高了交易效率（郭美荣等，2017）。由于农村电商突破了传统商业模式的时间与地理空间限制（汪旭晖、张其林，2016），及时地为农户提供有效的市场信息（许竹青等，2013），降低了农产品在销售过程中的交易成本（李晓静等，2020；魏晓蓓、王森，2018）。农村电商参与对提升产品销量和利润率、促进收入增长具有显著的正向影响（李琪等，2019；张海霞，2020；唐跃桓等，2020；易法敏等，2021），并增强了农户的经济获得感（王瑜，2019；王方妍等，2018）。

农村电商提高了农户参与经济活动的机会。互联网的推广和使用从提升劳动者的社会资本、减少家务劳动时间两方面为农村居民提供了非农就业的机会（周冬，2016；马俊龙、宁光杰，2017）。同时，互联网创新性的社交媒体平台（例如 QQ、微信等）不仅在很大程度上维系和巩固农户家庭已有的社会体系，并且将更进一步开拓农户家庭的社交网络（周洋、华语音，2017；苏岚岚、孔荣，2020）。研究指出，与亲缘、地缘紧密结合的农村传统社会关系抑制农户获得广泛的、跨越阶层的有效信息和资源的可能性，致使农户难以识别"圈子"外的就业或创业机会（王金杰等，2019）。而基于互联网的农村电商，其所带来的现代市场交易规则可能消除农民对陌生群体的不信任感，克服一定程度的信息不对称性与不确定性，促使农村居民与各种群体发生经济交易和社会交往，建立一种基于交易的普遍性的信任。这种"弱联系"能够提高农户家庭获取信息的广泛性和异质性，提供更多的情感支持和合作渠道，丰富了农户家庭的生活及生产经营活动的内容与方式，并在一定程度上打破传统农村社会资本限制的局限性，增强了农户家庭的社会资本积累，因而促进农户家庭的创业实践（周洋、华语音，2017；王金杰等，2019；苏岚岚、孔荣，2020），增强区域的创业效应（鲁钊阳、廖杉杉，2016）。

农村电商为农村居民提供生机保障。肖开红和刘威（2021）的研究发现，农村电商能够显著改善贫困户包括人力资本、自然资本、金融资本和社会资本在内的生计资本，继而拓展其生计能力。孟凡钊和董彦佼（2021）认为，在当前的电商政策背景下，农户家庭能够对其拥有的生计资本进行有效配置，实现生产与电商经营的动态平衡，构建有利于生计结果的局部生计方案。同时，电商也是增加农户家庭生计收入的新型及主要渠道。当电商为农户家庭带来多样化的经营方式与收入渠道时，能够显著降低农户家庭的生计风险、平抑生计压力，从而促使农户家庭继续从事电商经营。从更深层次而言，易法敏（2021）的研究认为，以数字技能为基础的农村电商培训帮助农民群体改进业务、提升效率及重塑价值的创造方式，实现效率提升、社会协同和资源配置的优化，改善农民群体由于缺失数字技能而陷入"数字鸿沟"或"数字排斥"的困境，继而提升生计抗逆力；同时，数字技能沿着能力阶梯发展为数字能力。一方面，数字能力能够增强农民群体人力、自然、金融和社会等多方面的生计资本；另一方面又能增强农民群体在资源整合、风险控制、环境适应和生计创新等多个领域创造价值的能力，减少对低效生计方式的依赖，形成可持续生计策略，提高可持续生计的发展水平。

农户电商参与是政府政策干预前提下的参与。外部力量（如政府或企业）的干预是弱势群体得以发展的重要途径，因而相关研究通常以 ICT 干预（政府政策或企业项目等）为现实情境，探讨 ICT 接入和应用对弱势群体发展之间的联系（Gigler，2004；Venkatesh et al.，2020），且这种联系并非直接的因果关系，而是技术与社会之间多维和动态的相互关系（Gigler，2004）。

本研究为探讨农户电商参与及其福利提升的内在机制，构建 ICT 干预环境下，可行能力理论（电商可行能力）视角的农户电商参与及其福利提升机制的研究框架。具体见图 6 - 1。

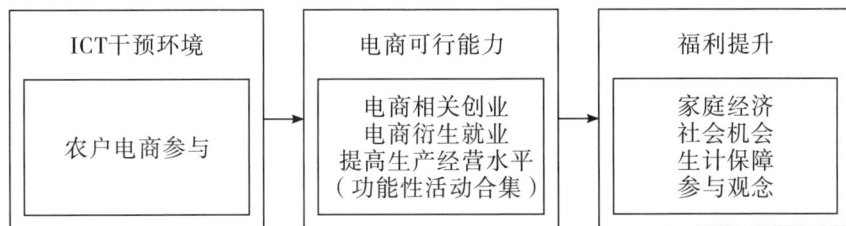

图 6 - 1　研究框架

一、可行能力理论

在对功利主义效用观和罗尔斯的正义论思想的批判与反思的基础上，高进云提出可行能力理论，重新解释福利的内涵。可行能力是个人可能实现的各种功能性活动的集合，反映个人能够选择一种合理且值得珍视的生活的实质性自由（高进云，2008；姚进忠，2018）。因此，对于福利的探讨从以往的效用、收入、基本物品和权利发展为可行能力是否形成与发展。图 6 - 2 是可行能力理论基本原理。

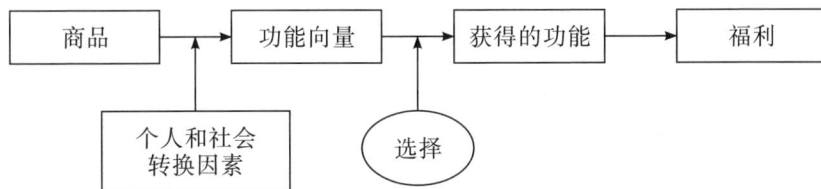

图 6 - 2　可行能力理论基本原理（高进云，2008）

可行能力理论认为，转换因素不直接影响福利的产生，但可以促进或者阻碍商品或服务向功能性活动的转变，继而表现为同一商品或服务对于异质性对象的福利状况各有不同（高进云，2008）。

二、ICT 干预下的电商参与

ICT 干预环境为贫困群体能够选择发展机会提供了现实条件（Kleine，2010），其主要特征表现为形成一个有助于促进行为人参与、协作和协调的商业生态系统，向贫困群体提供动态参与的机会空间，并激发贫困群体参与的自主性和积极性（易法敏，2018；易法敏、朱洁，2019）。受到 ICT 干预的环境会对贫困群体的判断和决策产生显著的影响（姜安印、杨志良，2021），进而形成对选择发展机会的感知和动机并且在选择发展机会上作出实践（Kleine，2010），具体表现为贫困群体根据自身的生计资源与核心能力，广泛地、不同程度地、多种形式地参与到现代化的产业链中，最终实现价值创造（Kleine，2010；易法敏，2018；易法敏、朱洁，2019）。

贫困群体的参与结果，可以体现为可行能力的形成及发展（Heeks，2014）、生活质量的改善（Attwood et al.，2014）、贫困地区的包容性增长（易法敏，2018）、创新的商业模式与更多的发展机会（易法敏、朱洁，2019）等一系列发展成就。ICT 干预下参与的理论逻辑见图 6 - 3。

```
┌──────────────┐      ┌──────────────┐      ┌──────────────┐
│ ICT发展并形成 │ ───▶ │  贫困群体参与  │ ───▶ │ 贫困群体获得一 │
│   干预环境    │      │  现代化产业链  │      │  系列发展成就  │
└──────────────┘      └──────────────┘      └──────────────┘
```

图 6 - 3　ICT 干预下参与的理论逻辑

三、电商可行能力概念框架

电商可行能力是一般可行能力理论的具体化。实现福利提升需要避免或弥补基本可行能力的缺失，在归纳基本可行能力时应保持对地方文化和社会环境的敏感性，充分考虑特定的社会情境和本土普遍的生活方式（杨帆、章晓懿，2016）。

Hatakka 等（2020）的研究揭示，在 ICT 干预环境下，福利水平的增长将取决于贫困群体能否利用 ICT 所带来的互联网创业、就业，以及生产经营水平提高的功能，继而实现以获得经济机会为目标的可行能力。因此，在以

ICT 为基础的农村电商发展情境下，福利水平能否提高也将取决于农户群体能否利用电商所带来的相关创业、就业，以及生产经营水平提高的功能性活动合集，从而实现获得经济机会的电商可行能力。电商可行能力的实现成为福利提升的重要途径。

另外，转换因素也具体为农村电商向福利转换的程度与效率的差异性。转换因素不直接影响福利的产生，但可以促进或者阻碍农村电商向功能性活动的转变，从而影响农户群体电商可行能力的实现。参考高进云（2008）一般可行能力的理论逻辑，电商可行能力概念框架见图 6-4。

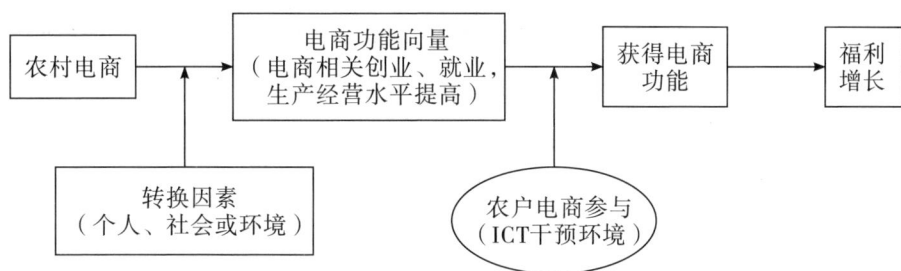

图 6-4　电商可行能力概念框架

第三节　研究设计

一、研究方法

本研究选择纵向单案例研究方法，主要原因如下：首先，研究聚焦于探讨农村电商发展情境下，农户群体电商参与及其福利提升，重点剖析其内在机制，属于探讨过程类和机制类的问题，案例研究方法较为适合（Eisenhardt，1989）；其次，案例研究侧重通过详细的过程描述，以探索性和归纳性的特点清晰回答"How（怎么样）"和"Why（为什么）"的问题（Yin，2014）；最后，在电商可行能力视角下，农户电商参与及其福利提升的过程具有情境性、动态性和复杂性，案例研究有助于从复杂现象中发现规律，并通过呈现详细的证据展示多阶段、多维度的过程，明晰多个概念的关系，为构建、深化理论提供基础（毛基业、苏芳，2016）。

二、案例选择

案例研究的样本选择采取目的性抽样原则，强调案例样本的启示性、典型性（重要性）、可得性，以及案例样本与研究问题的匹配程度（Eisenhardt, Graebner，2007）。经综合考虑，本研究选取广东省清远市"电子商务进农村综合示范项目"作为研究案例，并以清远市寻乡记智慧农业发展有限公司（以下简称为"寻乡记公司"）及其对口帮扶的农户群体为主要研究主体，其理由如下：

第一，2014年商务部等部门联合下发的《关于电子商务进农村综合示范的通知》，对清远市农村电商发展具有全域性的推动作用。至2020年，按上级相关标准和要求，清远已实现电商示范县建设全域覆盖，其中英德市、佛冈县更成为国家级电商示范市、县，实现"有为政府"与"有效市场"相结合。显然，清远市电商示范县项目是当前农村电商发展卓有成效的典型（重要）代表。所以，广东省清远市"电子商务进农村综合示范项目"非常适合作为研究农户群体电商参与及其福利提升内在机制的案例。

第二，寻乡记公司作为实际承担清远市电商示范县项目的建设运营主体，是一家以互联网电商平台为核心，与清远本地农户群体紧密合作，以覆盖城乡的农产品供应链体系为基础的科技型企业。自2015年成立以来，寻乡记公司通过充分发挥其ICT赋能的平台优势，积极参与清远本地农村电商基础设施建设，对接农村电商服务供给与需求，促进小农户群体与现代农业和消费大市场有机衔接，实现清远本地农户群体收入增长等一系列经济机会的发展、农业农村数字化转型和扶贫政策落地。通过持续对寻乡记公司及其对口帮扶的农户群体进行追踪调研，获取基于多种来源的丰富数据，能够在明晰农村电商发展情境下，为基于电商可行能力的农户群体电商参与及其福利提升内在机制提供有力的支撑与启示。

三、数据来源

立足于多样性的原则（Eisenhardt, Graebner，2007），本研究的数据收集方式包括半结构访谈、现场观察以及二手资料。其中，半结构访谈是本研究主要的数据来源，其余则作为补充数据来源以帮助更充分理解研究情境并辅助认知。

　　为了确保半结构访谈数据与研究问题的匹配性，本研究针对不同的访谈对象设计不同的访谈问题。针对寻乡记公司执行董事与中高层管理人员，访谈问题倾向于了解清远市电商示范县项目的建设情况、寻乡记公司整体发展历程与现状、企业与政府及农户群体交互情况、农村电商建设遇到的问题以及未来发展方向等；针对与寻乡记公司密切合作的农户群体，访谈问题则倾向于了解其对清远市电商示范县项目建设、政府相关电商政策以及寻乡记公司的认识、态度，了解农户群体具体的生产经营状况、主要的资源需求、农村电商对生产生活带来的变化、发展中遇到的困难等。

　　此外，在进行半结构访谈前，先通过与有关学者的讨论，确保半结构访谈问题与研究主题互相匹配，并调整访谈问题的表达方式，没有透露研究意图，尽可能避免受访者出现主观臆断或有意无意地回避问题，保证半结构访谈问题易于理解；在进行半结构访谈的过程中，为了提升数据的准确度，当受访者提出具体的观点时，要求其提供相应的证据，若无法当场提供确实的证据，鼓励其描述与该观点有关的细节；在半结构访谈结束后，在受访者允许的情况下，尽快对访谈记录（录音）进行文字整理，并让受访者确认无误。如果发现有信息遗漏或疑惑之处，通过电话、微信、邮件等方式与受访者继续进行沟通，以确保进一步的数据收集。

　　除半结构访谈数据外，本研究还设法收集了有关的公开文档和非公开数据。公开文档包括清远市各级政府部门官网公开的农村电商发展建设的相关文件、寻乡记公司网站信息、微信公众号推文、纸质宣传材料、相关新闻媒体报道等。非公开数据包括寻乡记公司与当地农户或合作社签订的合同以及其他一些内部报告文件。同时，本研究也实地参观由寻乡记公司运营的广清农业众创空间展示营销中心，了解清远市当前农村电商的发展情况。在半结构访谈结束后，使用这些二手资料对访谈数据进行三角验证，减少信息偏差，提高研究的信度和效度（Yin，2014）。数据收集具体见表6-1和表6-2。

表6-1　半结构访谈数据收集

序号	访谈对象（角色）	人次	访谈时长	访谈内容与目的
1	罗总（寻乡记公司负责人）	1	约248分钟	"电子商务进农村综合示范项目"建设运营情况；企业发展历程、整体状况及未来规划；与政府、农户的交互情况等

（续上表）

序号	访谈对象（角色）	人次	访谈时长	访谈内容与目的
2	宋先生（寻乡记公司研发部负责人）	1	约180分钟	"电子商务进农村综合示范项目"建设运营情况；与政府、农户的交互情况等；农业数字化转型情况等
3	林经理、刘经理、吴经理（寻乡记公司各业务部门负责人）	3	约331分钟	公司与农户的交互情况；具体业务实施环节出现的问题及解决对策等
4	相关农户（小农户、合作社负责人、创业者等）	5	约150分钟	具体生产经营情况、资源需求、发展中遇到的困难；对农村电商的认知和态度、电商为生产生活带来的改变等

表6－2　公开文档和非公开数据收集

序号	类别	名称/来源	备注
1	公开文档	清远市政府及各部门年度工作报告、规划、通知等	了解政府方面相关政策情况
2		广清农业众创空间消费扶贫手册	
3		寻乡记公司工作简报、官方网站信息、新闻报道	对访谈内容进行验证及补充
4		广东卫视《从农场到餐桌》	
5	内部文档	寻乡记公司与农户群体签订的合同	
6		清远特色产品连州菜心、青头鸭、芦花鸡、连山小黄姜和有机米项目、"粤菜师傅"工程项目等报告	

四、数据编码与分析

本研究遵循 Gioia 等（2013）的研究，使用归纳式主题分析法对数据进行分析。具体而言，对原始数据进行编码并抽象为一阶构念，继而实现二阶主题分析归纳，最后形成理论式的聚合构念。Gioia 等（2013）的数据分析方法是严谨地实现归纳式主题分析的具体策略，兼顾理论洞见的发掘与严谨性（毛基业，2020）。

在编码初期，与拥有案例分析经验的学者对原始数据进行"背对背"编码，当对编码结果有歧义时，双方进行深入讨论或寻求其他有关专家的意见，直至数据编码结果达成一致（Denzin，Linclon，2011）。具体而言，首先，基于农村电商发展（ICT 干预）情境，以农户电商参与及其福利提升为研究主题，标记出整个过程的所有相关活动与事件，并涌现出大量的编码。然后，对这些编码结果进行比较，将多个内涵相似的编码整合为一个编码，以缩减至合理数量（26 个，符合 Gioia 等人推荐的 25～30 个的范围），并尽可能站在受访者（寻乡记公司与农户群体）的立场，用受访者的话语命名一阶构念（Gioia et al.，2013）。这一阶段，重点关注农村电商的具体情境、农户群体电商参与、电商可行能力的形成及发展，以及福利提升的整个过程。

接着，基于本研究的理论视角看待一阶构念，思考并将其抽象为具有理论内涵的二阶主题（Strauss，Corbin，2007），使松散的数据得以连贯。最后，本研究将相关的二阶主题进一步聚合为理论维度，形成一个具有一阶构念、二阶主题与理论维度的数据结构图（见图 6-5），展示本研究从原始数据逐步提炼至理论维度的过程：不断进行"数据→关系→框架"之间的迭代，并通过不同来源数据之间的相互验证，强化研究框架对现象解释的可重复性，继而形成本研究的数据结构图。

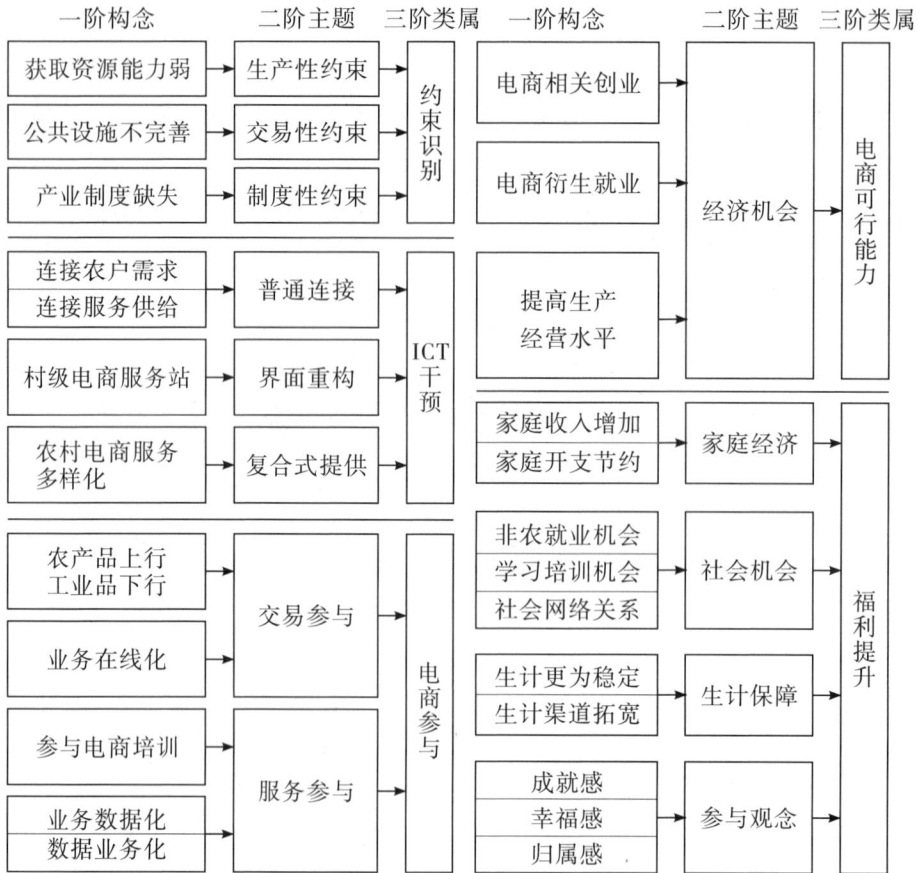

图 6-5　本研究的数据结构

第四节　研究发现

本研究着重探讨农村电商发展（ICT 干预）情境下，农户群体电商参与及其福利提升的内在机制。其中，作为 ICT 干预的具体表现，农村电商给农户群体带来一个促进行为人参与、协作与协调的商业生态系统。因而，农村电商发展这一情境成为农户群体电商参与的关键前提，以及电商可行能力形成的重要基础。

当农户群体感知并切实参与到农村电商的发展中时，可具体表现为通过电商进行创业、就业，提高自身的生产经营水平，从而获得农村电商发展所带来的经济机会。根据可行能力理论内涵（高进云，2008；Hatakka et al.，2020），通过电商创业、就业以及提高生产经营水平可视为是农村电商所带来的功能性活动合集，农户群体参与其中并获得相关功能性活动合集（可以是任意的功能组合），可认为是实现以获得经济机会为目标的电商可行能力。而电商可行能力的获得，将成为农户能够参与电商发展继而实现多种福利提升的途径，福利提升是电商可行能力实现的结果。此外，随着以 ICT 为基础的农村电商的升级迭代，也促使农户群体的电商可行能力沿着能力阶梯得以发展（Heeks，2014），继而实现更多方面福利的持续提升。并且，福利的提升促进农户群体继续参与农村电商各类活动，形成"参与—福利提升—再参与"的正向循环。

另外，经调研发现，根据不同的关键事件，寻乡记公司的农村电商建设与运营可大致分为三个阶段：电商生态构建、电商生态激活以及电商生态创新。每一个阶段既是清远本地农村电商发展的不同情境，同时也是 ICT 干预不同的具体表现，亦将反映参与农村电商的农户群体，其电商可行能力从缺失到形成，再从形成到发展的过程，以及通过实现电商可行能力，农户群体的福利得到持续提升。下文将结合案例数据，分阶段介绍农户群体电商参与及其福利提升内在机制的具体过程。

一、电商生态系统构建：农户电商可行能力形成基础

农户群体处于贫困或低福利水平状态的根本原因在于其参与现代化产业经济分工、分享经济红利的可行能力缺失或被剥夺，从而导致该群体长时间被排斥于现代市场经济体系之外。而农户群体可行能力的缺乏，又在于其所处的市场环境具有高度不确定性，一系列资源约束束缚农户群体可行能力的形成与发展。寻乡记公司作为清远本地的电商企业，通过发挥其 ICT 赋能优势，干预并构建清远本地的农村电商生态系统，为本地的农户群体参与电商奠定必需的物质基础，同时也为该群体电商可行能力的形成打下基础。

（一）电商可行能力的约束识别

调研发现，寻乡记公司的首要工作在于识别约束农户群体电商可行能力的不利因素。从理论而言，农户群体所在地区的市场环境处于高度不确定性的状态（易法敏、朱洁，2019），一系列资源性约束导致贫困群体难以形成参与现代市场经济产业分工的可行能力（郭咏琳、周延风，2021），继而无法分享经济发展所带来的红利。

具体而言，这些资源性约束包括：一是生产性约束，即由于农户群体的文化程度和技能水平有限，获取外部多种生计资源（例如高质量原材料、市场信息、金融贷款等）的能力较弱。例如石潭镇水西村的芦笋种植户李某说道："种植芦笋已有两年以上，但得不到有关技术人员的帮扶，如果芦笋发病也不知如何处理，同时也没有一个正式的销售渠道。"二是交易性约束，即公共基础设施、市场信息与流通渠道的不完善，导致本地市场难以正常运作，失去及时获取有效的市场供需信息、公平合理且安全的交易环境与交易结果的机会，增加了交易成本。寻乡记公司的林经理曾介绍："我们调研清新区禾云镇的富田种养专业合作社，发现该社的农产品均以散卖方式进行销售，缺乏完备的销售渠道，导致众多农户不敢扩大种养规模，收入也一直得不到提高。"寻乡记公司负责人罗总也补充道："由于农户处于分散的状态，没有规模效应，物流企业因存在亏本的可能而不愿意与他们合作，农户也没有谈判能力。"三是制度性约束，由于缺乏促进产业发展的制度安排（例如产权界定、监管执行等），而且经济发展与商业活动很大程度上受到本地的社会关系网络的控制，制度性基础的缺位形成了制度空洞，给产业发展带来消极影响。罗总介绍："石潭镇联滘村没有一个强有力的村领导班子，村民看到有产业项目都想分一杯羹，村民间的纠纷导致产业项目最终无法落地，造成不小的损失。"以上的阐述均表明了资源性约束致使农户群体的电商可行能力难以形成，导致其无法参与到现代化经济产业的分工中，最终导致农村群体贫困的发生以及福利状况处于较低水平。

（二）外部企业的 ICT 干预：构建电商生态系统

从理论角度而言，外部自上而下的干预措施，以及集体性的自下而上的行动的有机结合，可以有效地克服制约农村电商发展的不利因素（Tim et al.，2021）。2014 年，商务部等部门联合下发的《关于电子商务进农村综合示范的通知》，推动清远市全域性的农村电商发展。作为重要的转换因素，在明确的政策导向与政府支持下，寻乡记公司的诞生成为必然。正如公司负责人罗总所言："政府出台了明确的电商政策，我们感觉这是一个风口，于是响应政府号召，公司的业务也转向农村电商这一块；政府部门会在政策、资金等方面给予支持，我们建立本地的电商产业园来协助相关政策的落地。"寻乡记公司的成立，成为突破约束农户群体电商可行能力形成因素的关键所在。

　　调研发现，寻乡记公司通过普遍连接、界面重构及复合式提供（易法敏、朱洁，2019），构建清远本地的农村电商生态系统：所谓普遍连接，即提供多主体的合作机制，汇聚大量异质性资源，并将各种商业元素关联以形成商业关系，通过资源的整合、分享与运用实现价值创造与传递。一方面，寻乡记公司积极走访农户、专业合作社，发掘、整合富有清远本地特色的农业资源；另一方面，寻乡记公司对接外部多种农业服务供应商，包括金融、物流、通信、农业技术等，以满足清远本地农户群体农业生产的需求，构建以寻乡记公司为核心平台的"N + 1 + N"模式。所谓界面重构，即平台组织需要将标准化界面改造为标准化与关联化并存的界面，以实现资源的高效配置。罗总介绍道："当地的村委会很难一直协助我们的工作，我们认为需要在各村设立一个站点，对接各种项目工作，站点的工作人员也熟悉本村的情况。"寻乡记公司在各行政村或条件成熟的自然村，均设立农村综合服务站。服务站作为一个综合性平台，既能够连接当地优势资源和产业，也能发挥其城乡联动的优势，接入外部的农业产业服务供应，实现有效的供需对接。同时寻乡记公司发展合伙人制度，通过招募和培训当地农户，打造一批专业的服务站运营团队。所谓复合式提供，即平台最大化满足用户衍生性、复合性的需求。通过综合调研需求、内部业务流程再造或产品功能再组合，从而提供具有整合多种功能、特征的产品与服务。农村综合服务站针对各村的现实情况，提供生产型服务、销售型服务及培训与技术，解决农产品上行及工业品下行等问题，使本地农户足不出村也能享受城市的各种信息和服务。

　　通过识别约束农户群体电商可行能力的不利因素，寻乡记公司发挥其ICT赋能优势，构建清远本地的农村电商生态系统，成为农户群体电商参与的前提，也是其形成电商可行能力的重要基础。该阶段的核心编码和相关数据见表6-3。

表 6 – 3　核心编码及相关数据

理论维度	二阶主题	一阶构念	相关数据
电商生态系统构建：农户电商可行能力形成基础			
约束识别	生产性约束	获取资源能力弱	芦笋发病没有专业人员帮扶，也没有正式的销售渠道（农户李某）
	交易性约束	公共设施不完善	禾云镇富田种养合作社缺乏成熟的销售渠道，导致不敢扩大规模，收入难以增长（林经理）；分散的农户群体不具有与物流公司谈判的能力（罗总）
	制度性约束	产业制度缺失	联溏村缺乏强有力的领导班子，村民纠纷导致项目最终无法落地（罗总）
ICT干预	普遍连接	连接农户需求	驻点专员下乡调研，整合各个乡镇的特色扶贫产品资源；寻乡记公司获得了与政府、银行、物流、供销社等主体合作的机会（公开文档）
		连接服务供给	
	界面重构	村级电商服务站	设立村级站点，对接各种项目工作，站点的工作人员也熟悉本村的情况（罗总）
	复合式提供	农村电商服务多样化	农村综合服务站为农户提供种植技术培训、产品营销、物流打包、农业信息、农业生产性服务、三农金融等一站式服务（内部文档）

二、电商生态系统激活：农户电商可行能力形成及福利提升

　　来自外部力量的 ICT 干预，构建本地的农村电商生态系统，将有助于突破资源性约束，同时激发农户群体对发展机会的感知，促进农户的参与、协调与协作，并由此实现本地电商生态系统的激活。农户群体通过电商参与，也将获得农村电商带来的功能性活动合集，并由此实现以经济机会为目标的电商可行能力。农户群体电商可行能力的形成，将成为其福利提升的重要途径。

（一）农户群体感知及电商参与

寻乡记公司在探索本地农产品上行的过程中，发现供应链发展滞后会直接影响农产品的上行效率，意识到公司需要担当农业产业在线生态服务运营商的角色。寻乡记公司为更进一步推动清远农业产业链升级，在已有的工作基础上，于2018年成立清远市广清农业众创空间有限公司，旨在为清远本地农户群体提供农业生产指导和销售服务。通过寻乡记公司的ICT干预，构建清远本地的电商生态系统，形成一个激发农户群体积极性与主动性，促进其能够参与、协调与协作的现实发展机会（Kleine，2010；易法敏、朱洁，2019）。就理论角度而言，受到ICT干预的外部环境会对农户群体的判断和决策产生显著的影响（姜安印、杨志良，2021），继而促使其根据主观信念、生计资源，以及所处环境等而参与到农村电商。正如清新区的果农蔡某某所说："在朋友圈发现寻乡记的电商培训课程消息，想到当时春节临近，希望能通过电商更好地把自家种植的青枣卖出去。后来发现电商也没有想象中那么难，青枣的销售也有很好的效果。"与此同时，由于受2020年新冠疫情的影响，清远当地农产品出现不同程度的滞销，禾云镇龙尾村种养合作社的负责人与当地兰花种植户也逐渐意识到电商销售渠道的优势所在，希望能搭上农村电商的快车。

进一步而言，农户电商参与可分为交易参与以及服务参与（易法敏，2019）。所谓交易参与，即农户群体通过电商平台进行信息发布、销售农副产品，以及购买生活生产资料。例如清远市地道农产品种养专业合作社和荣盛农业科技有限公司，通过自主创新拓展电商销售渠道，使得电商平台成为其销售收入的主要来源。电商平台逐渐成为当地农产品重要的信息收发与销售渠道。同时，农村综合服务站也提供农机具、农资等代购服务。所谓服务参与，即农户群体参加由当地政府或平台企业组织的政策学习、电商培训等活动。例如，寻乡记公司面向农场主、返乡农民工、合作社社员等开设了多轮电子商务进农村培训班，涉及政策讲解、网商运营、视频剪辑、美工基础等内容，参与培训的农户均表示有所获益。

更进一步而言，农户群体以不同形式、不同程度参与农村电商，主要表现为根据自身能力、资源等在电商生态系统中寻找各自的生存之道：年轻一代具有高学历与商业思维，在电商运营与网络技术上建立优势；而中老年农户尽管文化程度有限，但也可以参与到打包、运输等辅助支持工作中。例如连山县的洪女士讲："后来做电商的人是越来越多，于是我们家就专门做配送服务，因为现在物流的需求多起来了。"总而言之，农村电商向农户群体提供了开放式的参与机会，农户群体基于已有的或新发展的技能、资源等，根据供应链的需求确定属于自己的角色，相互间的协调与协作充分地激活清远本地电商生态系统的良性运作。

（二）农户电商可行能力形成及福利提升

参考 Hatakka 等（2020）的研究，当农户群体切实地参与到农村电商生态系统的发展中，便能由此获得农村电商所带来的一系列功能性活动合集，主要体现在利用电商创业、就业，以及提高生产经营水平。而农村电商功能的获得，意味着农户群体实现以经济机会为目标的电商可行能力，电商可行能力的形成是农户群体福利提升的主要途径。

首先，农村电商的发展为农户群体提供了一个利用电商进行创业的机会。返乡创业大学生小李说："我毕业后先是在深圳的一家企业工作了三年，后来家乡的电商产业发展起来，很多创业者小有成就，作为本地人的我也辞职加入进来。起初利用农闲时间在淘宝上销售本地特色农产品，后来就专职从事电商了，同时也兼职村级代购点的负责人。"其次，农村电商也衍生出许多相关就业，如通信、教育培训、物流配送等。正如前文的洪女士所言，由于本地电商发展所产生的旺盛的物流配送需求，洪女士一家皆参与到物流的工作中，此外还通过网络招聘两名劳动力以解决人手不足的问题。英德市河头村的返乡青年小许也补充道："最大的感受就是村民都有事做，不再终日无所事事。"再次，农户群体可以通过互联网检索大量与生产经营有关的信息与专业知识，并利用其改进原有的生产经营模式，提高效率。清新区的张先生曾表示："通过培训课学会了如何上网，慢慢地发现上网能获取有用的信息，例如在聊天群上交流关于生鲜鸡的保鲜储藏方法，遇到不懂的问题也可以上网查找。"

可以发现，农村电商所带来的功能性活动被农户群体所获得，继而实现以经济机会为目标的电商可行能力。而电商可行能力的形成，成为农户群体能够参与到农村电商继而实现福利提升的重要途径，福利提升是电商可行能力形成的结果。调研发现，在此阶段，农村电商发展带来的福利提升主要体现在家庭经济与社会机会上：在家庭经济方面，受访者都表示农村电商能够提高收入以及降低开支，改善家庭经济状况。电商渠道有效促进清远本地农产品上行，降低交易成本，提高效率，同时也将促进工业品下行，农户群体因而购买到物美价廉的商品；在社会机会方面，农村电商的发展为农户群体带来了非农就业、学习培训等一系列机会，并在这一过程中扩大了原有的社会网络关系。

综上所述，在外部 ICT 干预下，构建本地农村电商生态系统，促进农户感知并参与，并由此获得农村电商的功能性活动合集，进而实现以经济机会为目标的电商可行能力，而电商可行能力的形成使农户群体能够参与农村电商发展，继而实现福利提升。该阶段的核心编码和相关数据见表 6-4。

表 6-4　核心编码及相关数据

理论维度	二阶主题	一阶构念	相关数据
电商生态系统激活：农户电商可行能力形成及福利提升			
电商参与	交易参与	农产品上行	收集优质农产品信息，打造本村有特色的农产品品牌，树立"一村一品"作为农产品上行的入口；同时依托服务站点，提供代买功能，打通农村电商"最后一公里"（内部文档）
		工业品下行	
	服务参与	参与电商培训	本次培训由寻乡记公司农场服务专员为三坑镇农业企业、家庭农场、合作社、种养大户、农村电商创业人员等32名学员授课（公开文档）
电商可行能力	经济机会	电商相关创业	家乡的电商产业发展起来，创业者小有成就，我也辞职加入进来，专注于农村电商（小李）；在村里的加工厂担任安全管理员，同时也负责品牌设计、微信公众号运营等工作（小许）；通过网络交流生鲜鸡的保鲜储藏方法，遇到其他不懂的问题也可以上网查找（张先生）
		电商衍生就业	
		提高生产经营水平	

（续上表）

理论维度	二阶主题	一阶构念	相关数据
福利提升	家庭经济	家庭收入增加	预计全年可带动 80 多户农户参与青头鸭养殖项目，年均每户增收 3600 元左右（内部文档）；我们把农户集中起来，跟物流公司谈判，给予优惠的价格（罗总）
		家庭开支节约	
	社会机会	非农就业机会	连州菜心项目预计每年带动 10 多户贫困户以种植、土地分红、参与打工等形式参与项目（内部文档）；参与电商培训的学员均表示有所收益（公开文档）；清远本地从事电商的人才有一半都是我们引进（罗总）
		学习培训机会	
		社会网络关系	

三、电商生态系统创新：农户可行能力发展及福利持续提升

进入数字时代，以 ICT 为基础的农村电商的升级迭代，表现为以数字技术实现电商生态创新。此阶段，农户群体在参与电商的过程中，其电商可行能力在该情境的支持之下，沿着能力阶梯（Heeks，2014；易法敏，2021）得到发展，开始具有数字化的特点，继而在家庭经济、社会机会、生计保障以及参与观念等多个方面实现福利的持续提升。

（一）农户群体电商数字化参与

从理论角度而言，进入数字时代，农户群体的数字技能缺失成为束缚农村地区数字技术普及、扶贫产业的规划与实施的关键因素，并造成农户群体无法进入数字经济产业分工体系，制约其分享经济红利、创造财富与资产增值，从而形成"数字能力鸿沟""数字排斥"（易法敏，2021）。而从现实角度而言，农业生产具有周期性与季节性的特点，并且清远本地以小农户为主，其农业生产标准化程度与农产品市场化水平较低，农业产业供应链各环节交易成本居高不下，信息流通效率较低。上述情况使得寻乡记公司认识到传统农业向数字化转型的必要性与重要性。也在这一阶段中，相较于以往，农户群体电商参与开始呈现数字化的特点。正如公司负责人罗总所言："有了产

业生态之后，下一步要思考怎么实现更高效的交互。例如，某个农户种植了大米，我就能马上在网端知道详细信息，并提前布局销售，大米一收获就能出售，而不是大米都快发霉才通知我去卖，因此数字化转型是顺理成章的一件事情。"

在电商生态创新阶段，从理论角度而言，农户群体的电商参与仍然可分为交易参与及服务参与（易法敏，2019）。结合数字化转型的现实情况，调研发现，农户群体电商参与可具体表现为：业务在线化、业务数据化以及数据业务化。所谓业务在线化，是指通过寻乡记公司自主开发的"寻乡记农场"电商平台，农户群体上传日常务农涉农信息，以实现信息透明化与沟通高效化。正如罗总所说："鼓励、引导农户进行信息上传、更新。农产品尤其是生鲜产品，最好是一生产出来就马上销售，放在仓库里不但有储存成本，而且时间长了也容易折价。例如大米，我们可以在网端进行跟踪，不会等（大米）坏了再让我们去卖。"所谓业务数据化，即在业务实现在线化的基础上，形成庞大的数据库资源的过程。业务数据化不仅有效实现信息透明化与沟通高效化，同时也能基于大数据资源，有效地促进农产品上行、降低交易成本。正如罗总所介绍的："农户生产、销售所产生的数据成为重要资源，利用这些数据资源为农户匹配合适的渠道商，提高上行效率，而上行效率的提高又将继续产生大量数据，从而形成一个良性循环。"而所谓的数据业务化，即实现农户产生的农业大数据价值的过程。通过大数据分析，有针对性地开发、引进符合实际需求的农业产业服务，负责公司技术开发的宋先生介绍道："通过小程序收集用户大量的数据，并通过大数据分析，诊断生产及销售过程中的问题，同时可以明晰农户真实需求，从而有针对性地开发个性化的农业产业服务。"

（二）农户群体电商可行能力发展及福利持续提升

调研发现，在以数字技术为特征的电商生态创新阶段中，农村电商所具有的功能可归纳为：电商相关创业、就业，以及提高生产经营水平，而功能的获得仍表明农户群体实现以经济机会为目标的电商可行能力。但是，在以ICT为基础的农村电商升级迭代情境下，农户群体的电商可行能力得到发展，体现在该群体参与电商相关创业、就业，以及提高生产经营水平的过程中，相较于以往，应用了数字技术并获得数字技能，而数字技能沿着能力阶梯上升为数字能力。继而，具有数字化特点的电商可行能力实现农户群体福利在更多方面的持续提升。

具体而言，直播电商成为新冠疫情下，清远本地农户解决农产品滞销的重要途径。据相关报道，在疫情防控期间，连山县农户与贫困户在短视频平台上，通过直播带货的形式，有效解决了大米、水果、腐竹等滞销农产品的问题，卖货数量合计 1300 多吨，销售额超过 7600 万元。既为农户群体带来实在的经济收益，也切实降低了疫情带来的损失、保障农户群体的生计。另外，数字技术也助力农户群体获得更多的社会机会，正如负责技术开发的宋先生所说："大数据技术的赋能，成为农户群体获取金融授信的基础，解决了以往由于信息不对称而导致银行无法向农户发放贷款的问题。"在整个过程中，数字技术的普及也将通过"反哺"农户群体，而改变其原有的思想观念（带来成就感、幸福感、归属感等），有农户坦言："以前哪里懂农村电商，后来经常培训，加上他们（寻乡记公司）的指导，自己都能实现基本的操作，现在也还在不断学习，就是希望自己能掌握更多。"

表 6 - 5　核心编码及相关数据

理论维度	二阶主题	一阶构念	相关数据
电商生态系统创新：农户电商可行能力发展及福利持续增长			
电商（数字化）参与	交易参与	业务在线化	鼓励、引导农户将日常务农涉农信息上传到电商平台，以实现信息透明化与沟通高效化（罗总）
	服务参与	业务数据化	农户在生产、销售过程中形成了大量数据，是我们重要的资源（罗总）；通过大数据分析，诊断问题，明晰农户需求，开发、引进对应的服务（宋先生）
		数据业务化	
电商可行能力	经济机会	电商相关创业	寻乡记公司累计培训各类电商人才近10000人次，引导扶持近2000多人进入农村电商行业创业就业，基本形成了农业发展服务体系（内部文档）
		电商衍生就业	
		提高生产经营水平	

（续上表）

理论维度	二阶主题	一阶构念	相关数据
福利提升	家庭经济	家庭收入增加	疫情防控期间，连山县通过短视频平台直播带货，销售 1300 多吨连山大米等农产品，销售额达 7610 万元（公开文档）；利用手机直播，砂糖橘的销售额每年可增收 5 万元左右（砂糖橘种植大户张先生）
		家庭开支节约	
	社会机会	非农就业机会	在村里的加工厂担任安全管理员，同时也负责品牌设计、微信公众号运营等工作（小许）；"80 后"退役军人邓海彬积极学习农村电商，在抖音开设网店（公开文档）；寻乡记醉乡里项目吸引一批外来返乡者与投资者成功创业，带动本地经济发展与就业（公开文档）
		学习培训机会	
		社会网络关系	
	生计保障	生计更为稳定	通过短视频平台，缓解疫情下农产品滞销的问题（公开文档）；有人在抖音上跟我买竹笋经营关东煮生意，我受到启发，进行调研看能否拓展新的销售渠道（竹笋种植户刘先生）
		生计渠道拓宽	
	参与观念	成就感	我没怎么读过书，不懂电商这些，但后来经常培训，基本都可以自己操作了，现在也在不断学习掌握更多（农户）；虽然工资不高，但离家近，吃得好住得舒适，幸福感明显提升（小许）；直播带货不一定很多，但希望越来越多人认可水西村，将水西建设成美丽新农村（清新区水西村新闻官刘某）
		幸福感	
		归属感	

因此，在农村电商生态创新阶段，农户群体通过掌握数字技能进而上升为数字能力，实现参与农村电商过程中电商可行能力的发展，并由此实现多方面的福利提升。此外，多方面福利的持续提升，亦将反过来促进农户群体继续参与到清远本地农村电商各类活动的过程中，继而形成"参与—福利提升—再参与"的正向循环。

第五节　总结与讨论

基于可行能力的理论视角，本研究采取纵向单案例研究方法，选取广东省清远市"电子商务进农村综合示范项目"作为案例，并以寻乡记公司及其对口帮扶的农户群体为主要研究主体，重点关注农村电商发展（ICT 干预）情况，农户群体电商参与及其福利提升的内在机制，形成以下若干研究结论：

首先，随着福利内涵得到不断丰富和发展，农村电商为农户群体带来的福利已经不再局限于经济效益（家庭经济），也为农户群体带来非农就业、学习培训、社会网络关系等社会机会，数字技术的推广与应用也在创新地实现农户群体的生计保障。农村电商在发展的过程中，时刻改变着农户群体参与观念，参与电商使农户群体获得自我成就感、家庭幸福感以及社区归属感。

其次，农村电商发展（ICT 干预）是农户群体得以参与电商，以及电商可行能力形成的基础。研究发现，资源性约束是制约农户群体电商可行能力形成的不利因素，通过外部力量 ICT 的干预，实现资源性约束的突破，继而构建本地的农村电商生态系统。电商生态促使农户群体感知并参与、协调与协作，激发积极性与主动性，实现电商生态的激活。而农户群体切实地参与电商，将为电商可行能力的形成奠定基础。

最后，依据可行能力的理论内涵，在农村电商发展（ICT 干预）的情况之下，农户群体通过电商参与，获得电商所带来的功能性活动（电商相关创业、就业以及提高生产经营水平），而功能的获得表明实现以经济机会为目标的电商可行能力，电商可行能力是福利提升的重要途径之一，福利提升是电商可行能力实现的结果。另外，以 ICT 为基础的农村电商的升级迭代，表现为数字技术的推广应用实现电商生态系统的创新。农户群体在该情境下的电商可行能力得到发展，体现为数字技能沿着能力阶梯升级为数字能力，继而实现更多方面福利的持续提升。而福利的提升将促使农户群体继续参与到农村电商各类活动中，继而形成"参与—福利提升—再参与"的正向循环。

以上的研究结论共同构成了农村电商发展（ICT 干预）情境下，农户群体电商参与及其福利提升的内在机制，见图 6 - 6。

生态构建　　　　　生态激活　　　　　生态创新
寻乡记公司　约束识别及ICT干预　农户感知及参与　数字技术应用普及

整合
要素

农村电商
支持要素　→　农村电商功能　↔　电商可行能力　→　福利提供

转换因素
（政府政策）

农户感知、选
择并获得功能

能力阶梯（升级）

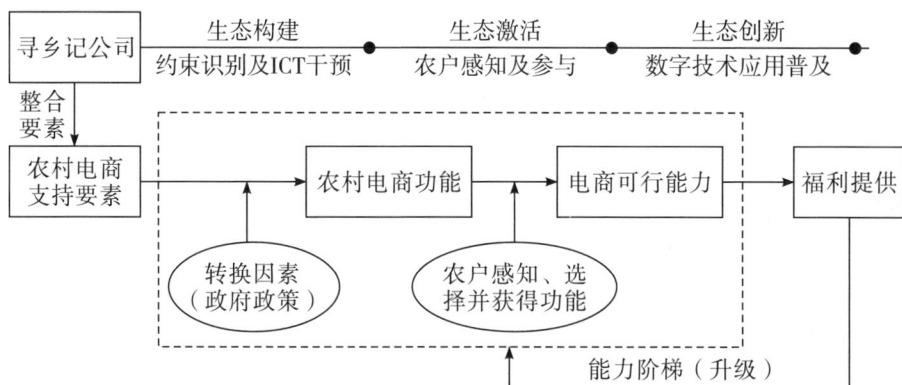

图6-6　农户群体电商参与及其福利提升内在机制

参考文献

[1] ADNER R, KAPOOR R. Value creation in innovation ecosystems: how the structure of technological interdependence affects firm performance in new technology generations [J]. Strategic management journal, 2010, 31 (3): pp. 306 – 333.

[2] AIMER N M, LUSTA A, ABOMAHDI M. The impact of electronic commerce on libya's economic growth [J]. International journal of research in commerce and management, 2017, 8 (4): pp. 62 – 66.

[3] AJZEN I. Perceived behavioral control, self-efficacy, locus of control, and the theory of planned behavior [J]. Journal of applied social psychology, 2002, 32 (4): pp. 665 – 683.

[4] AKCA H, SAYILI M, ESENGUN K. Challenge of rural people to reduce digital divide in the globalized world: theory and practice [J]. Government information quarterly, 2007, 24 (2): pp. 404 – 413.

[5] AKER J C. Dial "A" for agriculture: a review of information and communication technologies for agricultural extension in developing countries [J]. Agricultural economics, 2011, 42 (6): pp. 631 – 647.

[6] AKER J C, GHOSH I, BURRELL J. The Promise (and Pitfalls) of ICT for agriculture initiatives [J]. Agricultural economics, 2016 (47): pp. 35 – 48.

[7] ALAM I. An exploratory investigation of user involvement in new service development [J]. Journal of the academy of marketing science, 2002, 30 (3): p. 250.

［8］ ALAM I. Removing the fuzziness from the fuzzy frontend of service innovations through customer interactions ［J］. Industrial marketing management, 2006, 35 (4): pp. 468 – 480.

［9］ ALBRECHT K, ZEMKE R. Service America in the new economy ［M］. New York: McGraw Hill, 2005.

［10］ ALLEE V. Value network analysis and value conversion of tangible and intangible assets ［J］. Journal of intellectual capital, 2008, 9 (1): pp. 5 –24.

［11］ ALVAREZ S A, BUSENITZ L. The entrepreneurship of resource-based theory ［J］. Journal of management, 2001, 27 (6): pp. 755 – 775.

［12］ AMIT R, ZOTT C. Value creationin e – business ［J］. Strategic management journal, 2001, 22 (6).

［13］ ANDERSON E W, SULLIVAN M W. The antecedents and consequences of customer satisfaction for firms ［J］. Marketing science, 1993, 12 (2): pp. 125 – 143.

［14］ ANDERSON E W, FORNELL C, LEHMANN D R. Customer satisfaction, market share, and profitability: findings from Sweden ［J］. Journal of marketing , 1994, 58 (3): pp. 53 –66.

［15］ ANDERSSON L, SHIVARAJAN S, BLAU G, et al. Enacting ecological sustainability in the MNC: a test of an adapted value-belief-norm framework ［J］. Journal of business ethics, 2005, 59 (3): pp. 295 – 305.

［16］ ANDERSSON P, ROSENQVIST C, ASHRAFI O. Mobile innovations in healthcare: customer involvement and the co-creation of value ［J］. International journal of mobile communications, 2007, 5 (4): pp. 371 –388.

［17］ ANGRIST J D, PISCHKE J S. Mostly harmless econometrics: an empiricist's companion ［M］. Princeton University Press, 2009.

［18］ ARIEL B Y, ANDREW F, RAYMOND G, et al. Microcredit and willingness to pay for environmental quality: evidence from a randomized-controlled trial of finance for sanitation in rural Cambodia ［J］. Journal of environmental economics and management, 2017 (86): pp. 121 – 140.

［19］ ATHEY S, IMBENS G W. Identification and inference in nonlinear difference-in-differences models ［J］. Econometrica, 2006, 74 (2): pp. 431 –97.

［20］ ATTWOOD H, DIGA K, MAY J. The complexities of establishing causality between an ICT intervention and changes in quality of life: CLIQ in South Africa ［M］. ADERA E O, WAEMA T M, MAY J, et al. ICT pathways to poverty reduction: empirical evidence from East and Southern Africa. Practical Action, 2014.

［21］ BAGOZZI R P, LEE K H, VAN LOO M E. Decisions to donate bone marrow: the role of attitudes and subjective norms across cultures ［J］. Psychology and health, 2001, 16 (1): pp. 29 − 56.

［22］ BAKER, et al. The effects of gender and age on new technology implementation in a developing country: testing the theory of planned behavior (TPB) ［J］. Information technology and people, 2007, 20 (4): pp. 352 − 375.

［23］ BEERSMA, et al. Cooperation, competition, and team performance: toward a contingency approach ［J］. Academy of management journal, 2003, 46 (5): pp. 572 − 590.

［24］ BHATTACHERJEE A. Understanding information systems continuance: an expectation-confirmation model ［J］. MIS quarterly, 2001, 25 (3): pp. 351 − 370.

［25］ BHATTACHERJEE A. An empirical analysis of the antecedents of electronic commerce service continuance ［J］. Decision support systems, 2001, 32 (2): pp. 201 − 214.

［26］ BJÖRKENGREN D, GRISSEN D. Behavior revealed in mobile phone usage predicts loan repayment ［J］. Social science electronic publishing, 2017.

［27］ BLUMENSTOCK J E, FAFCHAMPS M, EAGLE N. Airtime transfers and mobile communications: evidence in the aftermath of natural disasters ［J］. Journal of development economics, 2016 (120): pp. 157 − 181.

［28］ BOLTON S C. Consumer as king in the NHS ［J］. International journal of public sector management, 2002, 15 (2): pp. 129 − 139.

［29］ BOULDING W, STAELIN R, EHRET M, et al. A customer relationship management roadmap: what is known, potential pitfalls, and where to go ［J］. Journal of marketing, 2005, 69 (4): pp. 155 − 166.

［30］ BOVET D, MARTHA J. Value nets: breaking the supply chain to unlock hidden profits [M]. State of New Jersey: John Wiley, 2000.

[31] BRYNJOLFSSON E, SMITH M D. Frictionless commerce? a comparison of Internet and conventional retailer [J]. Management science, 2000, 46 (4): pp. 563 –585.

[32] CALLON M. The sociology of an actor-network: the case of the electric vehicle [J]. Mapping the dynamics of science and technology, 1986 (1): pp. 19 –34.

[33] CARDOZO R N. An experimental study of customer effort, expectation, and satisfaction [J]. Journal of marketing research, 1965, 2 (3): pp. 244 –249.

[34] CARPIO C E, ISENGILDINA-MASSA O, LAMIE R D, et al. Does e-commerce help agricultural markets? The case of marketmaker [J]. Choices, 2013, 28 (4): pp. 1 –6.

[35] CELUCH K, TAYLOR S A, GOODWIN S. Understanding insurance salesperson internet information management intentions: a test of competing models [J]. Journal of insurance issues, 2004, 27 (1): p. 22.

[36] CHERNOZHUKOV V, HANSEN C. Instrumental variable quantile regression: a robust inference approach [J]. Journal of econometrics, 2008, 142: pp. 379 –398.

[37] CHO K M, TOBIAS D J. Improving market access for small and mid-sized producers through food industry electronic infrastructure market maker [R]. 2010.

[38] CLARYSSE B, WRIGHT M, BRUNEEL J, et al. Creating value in ecosystems: crossing the chasm between knowledge and business ecosystems [J]. Research policy, 2014, 43 (7): pp. 1164 –1176.

[39] COHEN W M, LEVINTHAL D A. Absorptive capacity: a new perspective on learning and innovation [J]. Administrative science quarterly, 1990, 35 (1): pp. 39 –67.

[40] CONLEY T G, UDRY C R. Learning about a new technology: pineapple in Ghana [J]. The American economic review, 2010, 100 (1): pp. 35 –69.

[41] CONSTANTIOU I D, DAMSGAARD J, KNUTSEN L A. The four incremental steps toward advanced mobile service adoption [J].

Communications of the ACM, 2007, 50 (6): pp. 51 –55.

[42] COOPER R, KAPLAN R S. The design of cost management systems: texts, cases and readings [M]. Prentice Hall, 1999.

[43] COPELAND M T. The relation of consumer's buying habits to marketing methods [J]. Harvard business review, 1923, 1 (3): pp. 282 –289.

[44] COTTELEER M J, COTTELEER C A, PROCHNOW A. Cutting checks: challenges and choices in B2B e-payments [J]. Communications of the ACM, 2007, 50 (6): pp. 56 –61.

[45] COUTURE V, FABER B, GU Y Z, et al. E-commerce integration and economic development: evidence from China [R]. NBER Working Paper, 2018.

[46] CRONIN J J, BRADY M K, HULT G T M. Assessing the effects of quality, value, and customer satisfaction on consumer behavioral intentions in service environments [J]. Journal of retailing, 2000, 76 (2): pp. 193 –218.

[47] CUI M, PAN S L. Developing focal capabilities for e-commerce adoption: a resource orchestration perspective [J]. Information and management, 2015, 52 (2): pp. 200 –209.

[48] CYR D, BONANNI C, BOWES J, et al. Beyond trust: web site design preferences across cultures [J]. Journal of global information management, 2005, 13 (13): pp. 25 –54.

[49] DAHL D W, FUCHS C, SCHREIER M. Why and when consumers prefer products of user-driven firms: a social identification account [J]. Management science, 2014, 61 (8): pp. 1978 –1988.

[50] DAVIS F D. Perceived usefulness, perceived ease of use, and user acceptance of information technology [J]. MIS quarterly, 1989 (13): pp. 319 –340.

[51] DE BRUIN R, VON SOIMS S H. Securing mobile applications in hostile rural environments [R]. IST-Africa Conference Proceedings, 2014.

[52] DEMIL B, LECOCQ X. Business model evolution: in search of dynamic consistency [J]. Long range planning, 2010, 43 (2 –3): pp. 227 –246.

[53] DENZIN N K, LINCOLN Y S. The sage handbook of qualitative research [M]. 4th ed. Sage: Thousand Oaks, 2011.

[54] DETTLING L J. Broadband in the Labor market: the impact of residential high speed internet on married women's labor force participation [J]. Industrial and labor relations review, 2017, 70 (3): pp. 451 – 482.

[55] DHANASAI C, PARKHE A. Orchestrating innovation networks [J]. The academy of management review, 2006, 31 (3): pp. 659 – 669.

[56] DILLON B. Using mobile phones to collect panel data in developing countries [J]. Journal of International development, 2012, 24 (4): pp. 518 – 527.

[57] DIMAGGIO P, BONIKOWSKI B. Make money surfing the web? The impact of internet use on the earnings of US workers [J]. American sociological review, 2008, 73 (2): pp. 227 – 250.

[58] DURUGBO C. Modelling user participation in organisations as networks [J]. Expert systems with applications, 2012, 39 (10): pp. 9230 – 9245.

[59] DYER J H, HATCH N W. Relation-specific capabilities and barriers to knowledge transfers: creating advantage through network relationships [J]. Strategic management journal, 2006, 27 (8): pp. 701 – 719.

[60] DYER J H, SINGH H. The relational view: cooperative strategy and sources of interorganizational competitive advantage [J]. Academy of management review, 1998, 23 (4): pp. 660 – 679.

[61] EDWARDS T E, KLEIN D J, FERRE – D'AMARE A R. Riboswitches: small-moleculere cognition by gene regulatory RNAs [J]. Current Opinion in Structural Biology, 2007, (17): pp. 273 – 279.

[62] EISENHARDT K M. Building theories from case study research [J]. Academy of management review, 1989, 14 (4): pp. 532 – 550.

[63] EISENHARDT K M, GRAEBNER M E. Theory building from cases: opportunities and challenges [J]. The academy of management journal, 2007 (50): pp. 25 – 32.

[64] EISENMANN T, PARKER G, VAN ALSTYNE M. Platform envelopment [J]. Strategic management journal, 2011, 32 (12): pp. 1270 – 1285.

[65] FITZMAURICE J. Incorporating consumers' motivations into the theory of reasoned action [J]. Psychology and marketing, 2005, 22 (11): pp. 911 – 929.

[66] GEELS F W, SCHOT J. Typology of sociotechnical transition pathways

[J]. Research policy, 2007, 36 (3): pp. 399 – 417.

[67] GEELS F W. From sectoral systems of innovation to socio-technical systems: insights about dynamics and change from sociology and institutional theory [J]. Research policy, 2004, 33 (6 – 7): pp. 897 – 920.

[68] GE B S, DONG B B. Resource integration process and venture performance: based on the contingency model of re-source integration capability [C]. International conference on management & Engineering 15th annual conferenceproceedings, 2008.

[69] GEELS G F W. Technological transitions as evolutionary reconfiguration processes: a multi-level perspective and a case-study [J]. Research policy, 2002, 31 (8 – 9): pp. 1257 – 1274.

[70] GIGLER B S. Including the excluded-can ICTs empower poor communities? Towards an alternative evaluation framework based on the capability approach [M]. Social science electronic publishing, 2004.

[71] GIOIA D A, CORLEY K G, HAMILTON A L. Seeking qualitative rigor in inductive research: notes on the gioia methodology [J]. Organizational research methods, 2013, 16 (1): pp. 15 – 31.

[72] GRÖNROOS C. Marketing services: the case of a missing product [J]. Journal of business and industrial marketing, 1998, 13 (4/5): pp. 322 – 338.

[73] GROVER V, KOHLI R. Cocreating IT value: new capabilities and metrics for multifirm environments [J]. Mis quarterly, 2012, 36 (1): pp. 225 – 232.

[74] HAGIU A. Strategic decisions for multisided platforms [J]. MitSloan management review, 2014, 55 (2): pp. 92 – 93.

[75] HANSETH O, CIBORRA C O, BRAA K. The control devolution: ERP and the side-effects of globalization [J]. Data base for advancesin information systems, 2001, 32 (4): pp. 34 – 46.

[76] HANSETH O, LYYTINEN K. Theorizing about the design of information infrastructures: design kernel theories and principles [J]. Systems and organizations, 2004 (4): pp. 207 – 241.

[77] HATAKKA M, THAPA D, SB Y. Understanding the role of ICT and study circles in enabling economic opportunities: lessons learned from an

educational project in Kenya [J]. Information systems journal, 2020, 30 (4): pp. 664 – 698.

[78] HEEKS R. ICTs and poverty eradication: comparing economic, livelihoods and capabilities models [R]. Development informatics working paper series, 2014.

[79] HEEKS R. The components of an emerging "digital-for-evelopment" paradigm [J]. Electronic journal of information systems in developing countries, 2020, 86 (3).

[80] HEMMASI M, STRONG K C, TAYLOR S A. Measuring service quality for strategic planning and analysis in service firms [J]. Journal of applied business research, 2011, 10 (4): pp. 24 – 34.

[81] HOFFMAN K D, BATESON J E. Essentials of service marketing: concepts, strategies, and cases [M]. South Western Thompson Learning, 2001.

[82] HONGWEI Y, et al. TPB and TAM to mobile viral marketing: an exploratory study on American young consumers' mobile viral marketing attitude, intent and behavior [J]. Journal of targeting measurement and analysis for marketing, 2011, 19 (2): pp. 85 – 98.

[83] HSIEH Y C, HIANG S T. A study of the impacts of service quality on relationship quality in search-experience-credence services [J]. Total quality management and business excellence, 2004, 15 (1): pp. 43 – 58.

[84] HUY L V, ROWE D, TRUEX M Q, et al. An empirical study of determinants of ecommerce adoption in SMEs in Vietnam: an economy in transition [J]. Journal of global information management, 2012, 2 (3): pp. 23 – 54.

[85] JENSEN R T. Information, efficiency and welfare in agricultural markets [J]. Agricultural economics, 2010 (1): pp. 203 – 216.

[86] JHA S K, PINSONNEAULT A, DUBÉ L. The evolution of an ICT plataform-enabled ecosystem for poverty alleviation: the case of eKutir [J]. MIS quarterly , 2016, 40 (2): pp. 431 – 445.

[87] JOHNSON M D, GUSTAFSSON A, ANDREASSEN, et al. The evolution and future of national customer satisfaction index models [J]. Journal of economic psychology, 2001, 22 (2): pp. 217 – 245.

［88］ KEMP R，SCHOT J W，HOOGMA R. Regime shifts to sustainability through processes of information：the approach of strategic management ［J］. Technology analysis and strategic management，1998（10）：pp. 175 – 196.

［89］ KENDALL J，MACHOKA P，VENIARD C，et al. An emerging platform：from money transfer system to mobile money ecosystem ［J］. Innovations，2012，（4）：pp. 49 – 64.

［90］ KENISTON K，KUMAR H. IT experience in India：bridging the digital divide ［M］. Sage publications ltd，2004.

［91］ KIISKI S，POHJOLA M. Cross-country diffusion of the Internet ［J］. Information economics and policy，2002，14（2）：pp. 297 – 310.

［92］ KIM S S，SON J Y. Out of dedication or constraint? A dual model of post-adoption phenomena and its empirical test in the context of online services ［J］. MIS quarterly，2009，33（1）：pp. 49 – 70.

［93］ KIM W C，MAUBORGNE R. Blue ocean strategy，expanded edition：how to create uncontested market space and make the competition irrelevant ［M］. Harvard Business Review Press，2014.

［94］ KIM C，MIRUSMONOV M，LEE I. An empirical examination of factors influencing the intention to use mobile payment ［J］. Computers in human behavior，2010，3（26）：pp. 310 – 322.

［95］ KIM G，SHIN，et al. Understanding dynamics between initial trust and usage intentions of mobile banking ［J］. Information systems journal，2009，19（3）：pp. 283 – 311.

［96］ KIM H，LEE J N，HAN J. The role of IT in business ecosystems ［J］. Communications of the ACM，2010，53（5）：p. 151.

［97］ KIMITA K，SUGINO R，ROSSI M，et al. Framework for analyzing customer involvementin product-service systems ［J］. Procedia cirp，2016（47）：pp. 54 – 59.

［98］ KIRSH V A. The deposition of aerosol submicron particleson ultrafine fiber filters ［J］. ColloidJournal，2004，66（3）：pp. 311 – 315.

［99］ KLEIN S，O' KEEFE R. The impact of the web on auctions：some empirical evidence and theoretical considerations ［J］. International journal of electronic commerce，1999，3（3）：pp. 7 – 20.

［100］ KLEINE D. Using the choice framework to operationalise the capability approach to development ［J］. Journal of international development, 2010, 22 (5): pp. 674 –692.

［101］ KOENKER R, BASSETT G. Regression quantiles ［J］. Econometrica, 1978, 46 (1): pp. 33 –50.

［102］ LEE M C. Factors influencing the adoption of internet banking: an integration of tam and tpb with perceived risk and perceived benefit ［J］. Electronic commerce research and applications, 2009, 8 (3): pp. 130 –141.

［103］ LENKA S, PARIDA V, WINCENT J, et al. Digitalization capabilities as enablers of value co-creation in servitizing firms ［J］. Psychology and marketing, 2010, 34 (1): p. 92.

［104］ LEONG C, PAN S L, NEWELL S, et al. The emergence of self-organizing e-commerce ecosystems in remote villages of China: a tale of digital empowerment for rural development ［J］. MIS quarterly, 2016, 40 (2): pp. 475 –484.

［105］ LEWIS R C, BOOMS B H. The marketing aspects of service quality ［M］. BERRY L L, SHOSTACK C, UPAH C. Emerging prospectus in service marketing. Chicago: American Marketing Association, 1983.

［106］ LEVINTHAL D A. The slow pace of rapid technological change: gradualism and punctuation in technological change ［J］. Ndustrial and corporate change, 1998, 7 (2): pp. 217 –247.

［107］ LI J F, GARNSEY E. Policy-driven ecosystem for new vaccine development ［J］. Technovation, 2014, 34 (12): pp. 762 –772.

［108］ LI L, DU K, ZHANG W, et al. Poverty alleviation through government-led e-commerce development in rural China: an activity theory perspective ［J］. Information system journal, 2018: pp. 1 –39.

［109］ MACHADO J A F, SANTOS S. Quantiles via moments ［J］. Journal of econometrics, 2018.

［110］ MAJCHRZAK A, MARKUS M. Technology affordances and constraints theory (of MIS) in encyclopedia of management theory ［M］. Thousand Oaks, CA: Sage Publications, 2013.

［111］ MALONE T W, YATES J, BENJAMIN R I. Electronic markets and electronic hierarchies [J]. Communications of the ACM, 1987, 30 (6): pp. 84 –497.

[112] MAZURSKY D, LABARBERA P, AIELLO A. When consumers switch brands [J]. Psychology and marketing, 2010, 4 (1): pp. 17 –30.

[113] MCKEEN J D, WETHERBE G J C. The relationship between user participation and user satisfaction: an investigation of four contingency factors [J]. MIS quarterly, 1994, 18 (4): pp. 427 –451.

[114] MEADE M, LILESA D. Justifying alliances and partnering: a prerequisite for virtual enterprise infrastructure [J]. Omega, 1997, 25 (1): pp. 267 –287.

[115] MEIJUN Q, YASHENG H. Political institutions, entrenchments, and the sustainability of economic development: a lesson from rural finance [J]. China economic review, 2016, 40.

[116] MOHR J J, FISHER R J, NEVIN J R. Collaborative communication in interfirm relationships: moderating effects of integration and control [J]. Journal of marketing, 1996, 60 (3): pp. 103 –115.

[117] MOORE J F. Predators and prey: a new ecology of competition [J]. Harvard business review, 1993, 71 (3): p. 75.

[118] MORGAN M S, HUNT S D. The commitment-theory of relationship marketing [J]. Journal of marketing, 1994.

[119] NAMBISAN S, LYYTINEN K, MAJCHRZAK A, et al. Digital innovation management: reinventing innovation management research in a digital world [J]. MIS quarterly, 2017, 41 (1): pp. 223 –238.

[120] NELSON R R, WINTER S G. An evolutionary theory of economic change [M]. Cambridge: Bellknap Press, 1982.

[121] NORMANN R, RAMÍREZ R. From value chain to value constellation: designing interactive strategy [J]. Harvard business review, 1993, 71 (4): pp. 65 –77.

[122] OHERN M S, RINDFLEISCH A. Customer co – creation: a typology and research agenda [J]. Review of marketing research, 2010 (6): pp. 84 – 106.

[123] OLIVER R L. A cognitive model for the antecedents and consequences of satisfaction [J]. Journal of marketing research, 1980 (11): pp. 460 –470.

［124］ OLIVER R L. Whence consumer loyalty? ［J］. Journal of marketing, 1999, 34 (63): pp. 33 − 44.

［125］ ORLIKOWSKI W. The duality of technology: rethinking the concept of technology in organization ［J］. Organization science, 1992, 3 (3): pp. 398 − 427.

［126］ PAN S L, TAN B. Demystifying case research: a structured-pragmatic-situational (SPS) approach to conducting case studies ［J］. Inf. Organ, 2011, 21 (3): pp. 161 − 176.

［127］ PARASURAMAN A, BERRY L, ZEITHAML V A. Perceived service quality as a customer-based performance measure: an empirical examination of organizational barriers using an extended service quality model ［J］. Human resource management, 2010, 30 (3): pp. 335 − 364.

［128］ PARASURAMAN A, BERRY L L, ZEITHAML V A. Refinement and reassessment of the SERVQUAL scale ［J］. Journal of retailing, 1991, 67 (8): pp. 1463 − 1467.

［129］ PARKER, CHRIS, RAMDAS, et al. Is it enough? Evidence from a natural experiment in India's agriculture markets ［J］. Management science: journal of the institute of management sciences, 2016 (62).

［130］ PINHO N, BEIRÃO G, PATRÍCIO L, et al. Understanding value co − creation in complex services with many actors ［J］. Journal of service management, 2014, 25 (4): pp. 470 − 493.

［131］ PORTER M E. Competitive strategy: techniques for analyzing industries and competitors ［J］. Social science electronic publishing, 1980 (2): pp. 86 − 87.

［132］ POWELL D. Quantile regression with nonadditive fixed effects ［J］. RAND labor and population working paper, 2015.

［133］ PRAHALAD C K, RAMASWAMY V. Co − creation experiences: the next practice in value creation ［J］. Journal of interactive marketing, 2004, 18 (3): pp. 5 − 14.

［134］ QIAN F Z, JIANLING W. Political dynamics in land commodification: commodifying rural land development rights in Chengdu, China ［J］. Geoforum, 2017 (78).

［135］ RACHERLA P, MANDVIWALLA M. Moving from access to use of the information infrastructure: a multilevel sociotechnical framework ［J］. Information systems research, 2013, 24 （3）: pp. 709 – 730.

［136］ REN G, GREGORY M. Servitization in manufacturing companies: a conceptualization, critical review, and research agenda, 2007.

［137］ ROGERS E M. Diffusion of innovation ［M］. New York: The Free Press, 1995.

［138］ RUSSELL S E, STEELE T. Information and communication technologies and the digital divide in Africa: a review of the periodical literature, 2000 – 2012 ［J］. Electronic journal of Africana bibliography, 2013, 14 （1）.

［139］ RUST R T, OLIVER R L. Should we delight the customer? ［J］. Journal of the academy of marketing science, 2000, 28 （1）: pp. 86 – 94.

［140］ SCHOT J W. The useful ness of evolutionary models for explaining innovation: the case of The Nethe-rlands in the nineteenth century ［J］. History of technology, 1998 （14）: pp. 173 – 200.

［141］ SCHWEISFURTH T G. Comparing internal and external lead user as sources of innovation ［J］. Research policy, 2017, 46 （1）: pp. 238 – 248.

［142］ SEN A. Development as freedom ［M］. Oxford: Oxford University Press, 1999.

［143］ SEN A K. Inequality, unemployment and contemporary Europe ［J］. International labour review, 1997 （136）: pp. 155 – 172.

［144］ SEN A. Well-being, agency and freedom ［J］. The journal of philosophy, 1985, （4）: pp. 169 – 221.

［145］ SHAMDASANI P N, BALAKRISHNAN A A. Determinants of relationship quality and loyalty in personalized services ［J］. Asia pacific journal of management, 2000, 17 （3）: pp. 399 – 422.

［146］ SHETH J N, SISODIA R S, SHARMA A. The antecedents and consequences of customer-centric marketing ［J］. Journal of the academy of marketing science, 2000, 28 （1）: pp. 55 – 66.

［147］ SIDORENKO A. Empowerment & participation in Policy action on ageing ［R］. International design for all conference, 2006.

［148］ SIGGELKOW N. Persuasion with Case Studies ［J］. Academy of management journal, 2007, 50 (1): pp. 20 – 24.

[149] SIRMON D, HITT M, IRELAND R. Managing firm resources in dynamic environments to create value: looking inside the blackbox [J]. The academy of management journal, 2007.

[150] SK JHA, PINSONNEAULT, DUBÉ L. The evolution of an ICT platform-enabled ecosystem for poverty alleviation: the case of ekutir [J]. MIS quarterly, 2016, 4 (2) : pp. 431 – 445.

[151] SRIVASTAVA S C, SHAINESH G. Bridging the service divide through digitally enabled service innovations: evidence from Indian [J]. MIS quarterly , 2013 (1): pp. 245 – 267.

[152] STEURER E, MANATSGRUBER D, JOUÉGO E P. Risk clustering as a finance concept for rural electrification in Sub-Saharan Africa to attract International private investors [J]. Energy procedia, 2016, 93 (1): pp. 183 – 190.

[153] STRAUSS A, CORBIN J. Basics of qualitative research [M]. Sage: Thousand Oaks, 2007.

[154] TANSLEY A G. The use and abuse of vegetational concepts and terms [J]. Ecology, 1935, 16 (3): pp. 284 – 307.

[155] TIM Y, CUI L, SHENG Z. Digital resilience: how rural communities leapfrogged into sustainable development [J]. Information systems journal, 2021, 31 (2): pp. 323 – 345.

[156] TSAI H T, HUANG H C. Determinants of e-repurchase intentions: an integrative model of quadruple retention drivers [J]. Information and management, 2007, 44 (3): pp. 231 – 239.

[157] TURBAN E, KING D, LEE J K, et al. Electronic commerce: a managerial and social networks perspective [J]. Springer texts in business and economic, 2017.

[158] VARGO S L, LUSCH R F. Evolving to a new dominant logic for marketing [J]. Journal of marketing, 2004, 68 (1): pp. 1 – 17.

[159] VARGOS L, LUSCH R F. Service-dominant logic: continuing the evolution [J]. Journal of the academy of marketing science, 2008, 36 (1): pp. 1 – 10.

［160］ VENKATESH V，DAVIS G B，DAVIS F D，et al. User acceptance of information technology：toward a unified view ［J］. MIS quarterly，2003，27（3）：pp. 425 – 478.

［161］ VENKATESH V，SYKES T A，ZHANG X. ICT for development in rural India：a longitudinal study of women's health outcomes ［J］. MIS quarterly，2020，44（2）：pp. 605 – 629.

［162］ VERNA A. Value network analysis and value conversion of tangible and intangible assets ［J］. Journal of intellectual capital，2008，9（1）：pp. 5 – 24.

［163］ WESTBROOK R A，OLIVER R L. Developing better measures of consumer satisfaction：some preliminary results ［J］. Advances in consumer research，1981，16（1）：pp. 94 – 99.

［164］ WU W，ZHANG Y，FAN Y. ICT empowers the formation and development of rural e-commerce in China ［J］. IEEE access，2020，（99）：pp. 1 – 1.

［165］ YIN G，ZHU L，CHENG X. Continuance usage of localized social networking services：a conceptual model and lessons from China ［J］. Journal of global information technology management，2013，16（3）：pp. 7 – 30.

［166］ YIN R. Case study research：design and methods ［M］. BeverlyHills，CA：SagePublishing，1994.

［167］ YIN R. Case study research：design and methods ［M］. Thousand Oaks：Sage Publications，2003.

［168］ YIN R. Case study research：design and methods ［M］. 5 edition. Thousand Oaks：Sage Publications，2014.

［169］ ZEITHAML V A，BERRY L L，PARASURAMAN A. The behavioral consequences of service quality ［J］. Journal of marketing，1996，60（2）：pp. 31 – 46.

［170］ ZOTT C，AMIT R. Designing your future business model：an activity system perspective ［R］. IESE working paper，2009.

［171］ 阿里研究院. 2015 年中国淘宝村研究报告 ［R］. 第三届中国淘宝村高峰论坛，2015.

［172］阿里研究院. 2015 年农村互联网金融报告［R］. 中国互联网络信息中心，2015.

［173］阿里研究中心. 遂昌模式研究报告［R］. 阿里研究院，2013.

［174］白彦壮，赵学广，张春情. 基于共生理论的县域电商发展模式探析［J］. 河南科学，2016，34（8）：1322－132.

［175］常静，杨建梅. 百度百科用户参与行为与参与动机关系的实证研究［J］. 科学学研究，2009（8）：1213－1219.

［176］陈春妤. 互联网金融监管存在的问题及对策：以广西为例［J］. 区域金融研究，2016（2）：86－90.

［177］陈建军，陈国亮，黄洁. 新经济地理学视角下的生产性服务业集聚及其影响因素研究：来自中国 222 个城市的经验证据［J］. 管理世界，2009（4）：83－95.

［178］陈敬科. 我国新型网络团购与传统网络购物消费者购买意愿影响因素比较研究［D］. 成都：西南财经大学，2012.

［179］陈永愉，涂家彬. 服务质量、顾客满意度、关系质量与顾客忠诚度的关联性研究：以台湾航空货运业为例［J］. 物流技术，2010，29（9）：12－15，27.

［180］程广燕，刘珊珊，杨祯妮，等. 中国肉类消费特征及 2020 年预测分析［J］. 中国农村经济，2015（2）：76－82.

［181］程华. 中国互联网金融创新的逻辑与特征：与发达国家对比的视角［J］. 财经问题研究，2018（3）：55－61.

［182］程慧平，金玲. 国内 IT/IS 用户持续使用研究现状分析［J］，情报科学，2018（4）：171－176.

［183］程名望，Jin Yanhong，盖庆恩，等. 农村减贫：应该更关注教育还是健康？基于收入增长和差距缩小双重视角的实证［J］. 经济研究，2014，49（11）：130－144.

［184］程名望，Jin Yanhong，盖庆恩，等. 中国农户收入不平等及其决定因素：基于微观农户数据的回归分解［J］. 经济学（季刊），2016，15（3）：1253－1274.

［185］程名望，张家平. 互联网普及与城乡收入差距：理论与实证［J］. 中国农村经济，2019（2）：19－41.

［186］迟考勋，薛鸿博，杨俊，等. 商业模式研究中的认知视角述评与研究

框架构建 [J]. 外国经济与管理, 2016, 38 (5): 3 - 17.

[187] 崔凯, 冯献. 演化视角下农村电商"上下并行"的逻辑与趋势 [J]. 中国农村经济, 2018 (3): 29 - 44.

[188] 崔凯. 电商扶贫的作用机理与对策建议 [R]. "三农"决策要 参, 2019.

[189] 崔丽丽, 王骊静, 王井泉. 社会创新因素促进"淘宝村"电子商务发 展的实证分析: 以浙江丽水为例 [J]. 中国农村经济, 2014 (12): 50 - 60.

[190] 崔晓明, 姚凯, 胡君辰. 交易成本, 网络价值与平台创新: 基于 38 个平台实践案例的质性分析 [J]. 研究与发展管理, 2014, 26 (3): 22 - 31.

[191] 单汨源, 黄婧, 彭丹旎. 基于 TPB 理论的项目成员知识共享行为研究 [J]. 科技管理研究, 2009, 29 (7): 443 - 444, 450.

[192] 翟黎明, 夏显力. 电商化农地流转运营过程、形成机制与路径优化研 究: 来自安徽绩溪"聚土地"的个案分析 [J]. 江苏农业科学, 2018, 46 (1): 301 - 304.

[193] 丁玲, 吴金希. 核心企业与商业生态系统的案例研究: 互利共生与捕 食共生战略 [J]. 管理评论, 2017, 29 (7): 244 - 257.

[194] 丁玉, 卢国彬. 互联网金融: 本质, 风险及监管路径 [J]. 金融发展 研究, 2016 (10): 38 - 42.

[195] 董昀, 李鑫. 互联网金融的发展: 基于文献的探究 [J]. 金融评论, 2014 (5): 16 - 40.

[196] 杜玉申, 杨春辉. 平台网络管理的"情境—范式"匹配模型 [J]. 外 国经济与管理, 2016, 38 (8): 27 - 45.

[197] 杜振华. "互联网 +"背景的信息基础设施建设愿景 [J]. 改革, 2015 (10): 113 - 120.

[198] 范柏乃, 金洁. 公共服务供给对公共服务感知绩效的影响机理 [J]. 管理世界, 2016 (10): 50 - 61.

[199] 范琳, 王怀明, 沈建新. 互联网金融破解农业中小企业融资困难研究 [J]. 江苏农业科学, 2015, 43 (10): 541 - 543.

[200] 范文仲. 互联网对金融的革命性影响 [J]. 中国金融, 2014 (24): 96.

[201] 范秀成, 杜建刚. 服务质量五维度对服务满意及服务忠诚的影响: 基

于转型期间中国服务业的一项实证研究 [J]. 管理世界, 2006 (6): 111-118, 173.

[202] 封思贤, 袁圣兰. 用户视角下的移动支付操作风险研究: 基于行为经济学和 LDA 的分析 [J]. 国际金融研究, 2018 (3): 68-76.

[203] 冯献, 李瑾, 郭美荣. "互联网+" 背景下农村信息服务模式创新与效果评价 [J]. 图书情报知识, 2016 (6): 4-15.

[204] 冯亚伟. 供销社综合改革视角下农产品电子商务模式研究 [J]. 商业研究, 2016 (12): 132-137.

[205] 福建省人民政府发展研究中心课题组, 张著名, 刘立菁. 福建省县域电商发展情况调查及政策建议 [J]. 发展研究, 2015 (2): 58-62.

[206] 付媛, 茹少峰. 电子商务服务质量评价指标体系研究 [J]. 生产力研究, 2012 (3): 225-226, 254.

[207] 傅翠晓, 黄丽华. 电子商务研究前沿探析与未来展望 [J]. 外国经济与管理, 2010, 32 (8): 51-57.

[208] 高宏伟. 产学研合作利益分配的博弈分析: 基于创新过程的视角 [J]. 技术经济与管理研究, 2011 (3): 30-34.

[209] 高进云. 农地城市流转中农民福利变化研究 [D]. 武汉: 华中农业大学, 2008.

[210] 高良谋, 马文甲. 开放式创新: 内涵, 框架与中国情境 [J]. 管理世界, 2014 (6): 157-169.

[211] 高杨, 牛子恒. 农业信息化、空间溢出效应与农业绿色全要素生产率: 基于 SBM-ML 指数法和空间杜宾模型 [J]. 统计与信息论坛, 2018, 33 (10): 66-75.

[212] 郭承龙. 农村电子商务模式探析: 基于淘宝村的调研 [J]. 经济体制改革, 2015 (5): 110-115.

[213] 郭美荣, 李瑾, 冯献. 基于 "互联网+" 的城乡一体化发展模式探究 [J]. 中国软科学, 2017 (9): 10-17.

[214] 郭咏琳, 周延风. 从外部帮扶到内生驱动: 少数民族 BoP 实现包容性创新的案例研究 [J]. 管理世界, 2021, 37 (4): 159-180.

[215] 韩海彬, 张莉. 农业信息化对农业全要素生产率增长的门槛效应分析 [J]. 中国农村经济, 2015 (8): 11-21.

[216] 何大安. 互联网应用扩张与微观经济学基础: 基于未来 "数据与数据

对话"的理论解说 [J]. 经济研究, 2018, 53 (8): 177-192.

[217] 何婧, 田雅群, 刘甜, 等. 互联网金融离农户有多远: 欠发达地区农户互联网金融排斥及影响因素分析 [J]. 财贸经济, 2017, 38 (11): 70-84.

[218] 何艳玲, 郑文强. "回应市民需求": 城市政府能力评估的核心 [J]. 同济大学学报 (社会科学版), 2014 (6): 56-65.

[219] 洪涛. 农产品电商模式创新研究 [J]. 农村金融研究, 2015 (8): 7-12.

[220] 侯建昀, 霍学喜. 信息化能促进农户的市场参与吗? 来自中国苹果主产区的微观证据 [J]. 财经研究, 2017, 43 (1): 134-144.

[221] 胡岗岚, 卢向华, 黄丽华. 电子商务生态系统及其协调机制研究: 以阿里巴巴集团为例 [J]. 软科学, 2009, 23 (9): 5-10.

[222] 胡岗岚, 卢向华, 黄丽华. 电子商务生态系统及其演化路径 [J]. 经济管理, 2009, 31 (6): 110-116.

[223] 胡剑波, 丁子格. 互联网金融监管的国际经验及启示 [J]. 经济纵横, 2014 (8): 92-96.

[224] 胡晓杭. 完善电商服务体系满足农村电商多元化发展 [J]. 浙江大学学报 (人文社会科学版), 2017 (1): 55.

[225] 互联网金融国家社科基金重大项目课题组, 张兵, 孙武军. 互联网金融的发展、风险与监管: 互联网金融发展高层论坛综述 [J]. 经济研究, 2015, 50 (11): 183-186.

[226] 黄江明, 李亮, 王伟. 案例研究: 从好的故事到好的理论: 中国企业管理案例与理论构建研究论坛 (2010) 综述 [J]. 管理世界, 2011 (2): 118-126.

[227] 黄俊尧. 电商介入与农村服务供给: 基于合作治理视角的模式创新 [J], 北京行政学院学报, 2017 (6): 28-34.

[228] 黄庆河. 京东、阿里下乡放贷对农村金融市场的影响分析及启示 [J]. 甘肃金融, 2016 (6): 57-59.

[229] 黄振辉. 多案例与单案例研究的差异与进路安排: 理论探讨与实例分析 [J]. 管理案例研究与评论, 2010, 3 (2): 183-188.

[230] 简兆权, 陈键宏, 杨金花. 研发服务价值共创研究: 基于价值网络的视角 [J]. 科技进步与对策, 2012, 29 (13): 1-5.

[231] 简兆权，令狐克睿，李雷. 价值共创研究的演进与展望：从"顾客体验"到"服务生态系统"视角 [J]. 外国经济与管理，2016，38 (9)：3-20.

[232] 简兆权，肖霄. 网络环境下的服务创新与价值共创：携程案例研究 [J]. 管理工程学报，2015，29 (1)：20-29.

[233] 江小涓. 服务业增长：真实含义、多重影响和发展趋势 [J]. 经济研究，2011，46 (4)：4-14，79.

[234] 姜安印，杨志良. 认知理性视角下小农户的行为逻辑 [J]. 华南农业大学学报（社会科学版），2021，20 (2)：54-65.

[235] 金帆. 价值生态系统：云经济时代的价值创造机制 [J]. 中国工业经济，2014，(4)：97-109.

[236] 金晓艳，缪得志. 农村金融服务："金融—电商"模式研究 [J]. 金融监管研究，2015 (8)：68-81.

[237] 景丽萍. 公共图书馆服务质量与读者行为意愿分析 [J]. 科技资讯，2016，14 (5)：123-124.

[238] 孔荣，梁永. 农村固定资产投资对农民收入影响的实证研究 [J]. 农业技术经济，2009 (4)：47-52.

[239] 兰王盛，邓舒仁. 数字普惠金融欺诈的表现形式及潜在规律研究：基于典型案例的分析 [J]. 浙江金融，2016 (12)：68-73.

[240] 黎冬梅，朱沆. 引起饭店商务旅客不满的服务接触研究：对携程网上北京酒店顾客评论的 CIT 分析 [J]. 旅游科学，2007 (2)：46-51.

[241] 李峰，肖广岭. 基于 ANT 视角的产业技术创新战略联盟机制研究：以闪联联盟为例 [J]. 科学学研究，2014，32 (6)：835-840.

[242] 李谷成，李烨阳，周晓时. 农业机械化、劳动力转移与农民收入增长：孰因孰果? [J]. 中国农村经济，2018 (11)：112-127.

[243] 李广乾，陶涛. 电子商务平台生态化与平台治理政策 [J]. 管理世界，2018，34 (6)：104-109

[244] 李琪，唐跃桓，任小静. 电子商务发展，空间溢出与农民收入增长 [J]. 农业技术经济，2019 (4)：119-131.

[245] 李强，揭筱纹. 基于商业生态系统的企业战略新模型研究 [J]. 管理学报，2012，9 (2)：233-237.

[246] 李仁真，申晨. Fintech 监管的制度创新与改革 [J]. 湖北社会科学，

2017（6）：156 – 163.

[247] 李伟，夏洵. 电商企业发展县域农村市场的需求和路径研究 [J]. 电子商务，2016（5）：23 – 25.

[248] 李晓静，陈哲，刘斐，等. 参与电商会促进猕猴桃种植户绿色生产技术采纳吗？基于倾向得分匹配的反事实估计 [J]. 中国农村经济，2020（3）：118 – 135.

[249] 李延晖，梁丽婷，刘百灵. 移动社交用户的隐私信念与信息披露意愿的实证研究 [J]. 情报理论与实践，2016，39（6）：76 – 31.

[250] 李焰，高弋君，李珍妮，等. 借款人描述性信息对投资人决策的影响：基于 P2P 网络借贷平台的分析 [J]. 经济研究，2014，49（C1）：143 – 155.

[251] 李有星，柯达. 我国监管沙盒的法律制度构建研究 [J]. 金融监管研究，2017（10）：88 – 100.

[252] 梁强，邹立凯，杨学儒，等. 政府支持对包容性创业的影响机制研究：基于揭阳军埔农村电商创业集群的案例分析 [J]. 南方经济，2016（1）：42 – 56.

[253] 梁爽，张海洋，平新乔，等. 财富，社会资本与农户的融资能力 [J]. 金融研究，2014（4）：83 – 97.

[254] 林家宝，胡倩. 企业农产品电子商务吸收的影响因素研究：政府支持的调节作用 [J]. 农业技术经济，2017（12）：110 – 124.

[255] 林立杰，修莹，钟全雄，等. 现代农业信息化指数测评体系构建 [J]. 情报科学，2015，33（6）：63 – 70.

[256] 林舒，吴声怡，林翊. 权威取向、信任与农民合作意愿模型构建与实证 [J]. 统计与决策，2015（24）：115 – 118.

[257] 刘彬. 关于互联网金融的若干思考 [J]. 金融经济，2018（2）：26 – 28.

[258] 刘春航，廖媛媛，王梦熊，等. 金融科技对金融稳定的影响及各国应关注的金融科技监管问题 [J]. 金融监管研究，2017（9）：1 – 20.

[259] 刘飞，简兆权. 网络环境下基于服务主导逻辑的服务创新：一个理论模型 [J]. 科学学与科学技术管理，2014，35（2）：104 – 113.

[260] 刘刚. 生鲜农产品电子商务的物流服务创新研究 [J]. 商业经济与管理，2017（3）：14 – 21.

[261] 刘海二. 手机银行可以解决农村金融难题吗？互联网金融的一个应用

　　　　［J］. 财经科学, 2014（7）：32 - 40.

［262］刘海二. 互联网金融的风险与监管［J］. 经济与管理研究, 2015, 36
　　　　（10）：54 - 61.

［263］刘丽华, 杨乃定. 针对案例研究局限性的案例研究方法操作过程设计
　　　　［J］. 科学管理研究, 2005, 23（6）：118 - 121.

［264］刘鹏, 王中一. 政策能力：理论综述及其对中国公共政策研究的启示
　　　　［J］. 公共管理与政策评论, 2018, 7（2）：80 - 88.

［265］刘祎, 王玮, 苏芳. 工业互联网平台推动制造企业实现服务化的案例
　　　　研究：基于 IT 可供性的视角［C］. 中国企业管理案例与质性研究论
　　　　坛, 2019.

［266］刘志明. P2P 网络信贷模式出借行为分析：基于说服的双过程模型
　　　　［J］. 金融论坛, 2014（3）：16 - 22.

［267］刘志洋. 互联网金融监管"宏观—微观"协同框架研究［J］. 金融经
　　　　济学研究, 2016, 31（2）：106 - 116.

［268］卢宝周, 谭彩彩, 王芳芳. 农村电商生态系统构建过程及机制研究：基于
　　　　农村淘宝的案例研究［C］. 中国企业管理案例与质性研究论坛, 2017.

［269］鲁钊阳. 政府扶持农产品电商发展政策的有效性研究［J］, 中国软科
　　　　学, 2018（5）：56 - 78.

［270］鲁钊阳, 廖杉杉. 农产品电商发展的区域创业效应研究［J］. 中国软
　　　　科学, 2016（5）：67 - 78.

［271］陆岷峰, 葛和平. 金融科技创新与金融科技监管的适度平衡研究
　　　　［J］. 农村金融研究, 2017（9）：7 - 12.

［272］陆文聪, 余新平. 中国农业科技进步与农民收入增长［J］. 浙江大学
　　　　学报（人文社会科学版）, 2013, 43（4）：5 - 16.

［273］罗东, 矫健. 国家财政支农资金对农民收入影响实证研究［J］. 农业
　　　　经济问题, 2014, 35（12）：48 - 53.

［274］罗珉, 李亮宇. 互联网时代的商业模式创新：价值创造视角［J］. 中
　　　　国工业经济, 2015, 57（1）：95 - 107.

［275］吕丹. 基于农村电商发展视角的农村剩余劳动力安置路径探析［J］.
　　　　农业经济问题, 2015, 36（3）：62 - 68.

［276］马广奇, 肖琳. 互联网助力农村普惠金融发展的问题与对策思考
　　　　［J］. 农村金融研究, 2017（11）：68 - 72.

[277] 马九杰，吴本健. 互联网金融创新对农村金融普惠的作用：经验，前景与挑战 [J]. 农村金融研究，2014（8）：4-11.

[278] 马俊龙，宁光杰. 互联网与中国农村劳动力非农就业 [J]. 财经科学，2017（7）：50-63.

[279] 毛基业，苏芳. 案例研究的理论贡献：中国企业管理案例与质性研究论坛（2015）综述 [J]. 管理世界，2016（2）：128-132.

[280] 毛基业. 运用结构化的数据分析方法做严谨的质性研究：中国企业管理案例与质性研究论坛（2019）综述 [J]. 管理世界，2020，36（3）：221-227.

[281] 毛其淋. 地方政府财政支农支出与农村居民消费：来自中国29个省市面板数据的经验证据 [J]. 经济评论，2011（5）：86-97.

[282] 毛宇飞，曾湘泉，胡文馨. 互联网使用能否减小性别工资差距?：基于CFPS数据的经验分析 [J]. 财经研究，2018，44（7）：33-45.

[283] 冒佩华，徐骥. 农地制度、土地经营权流转与农民收入增长 [J]. 管理世界，2015（5）：63-74，88.

[284] 孟凡钊，董彦佼. 基于农户可持续生计功能视角的农村电商经营行为分析：以广西为例 [J]. 商业经济研究，2021（3）：140-143.

[285] 孟庆红，戴晓天，李仕明. 价值网络的价值创造，锁定效应及其关系研究综述 [J]. 管理评论，2011，23（12）：139-147.

[286] 孟晓明. 我国农业电子商务平台的构建方案研究 [J]. 科技进步与对策，2009，26（4）：55-58.

[287] 罗宾·蔡斯. 共享经济：重构未来商业新模式 [M]. 王芮，译. 浙江：浙江人民出版社，2015.

[288] 穆燕鸿，王杜春，迟凤敏. 基于结构方程模型的农村电子商务影响因素分析：以黑龙江省15个农村电子商务示范县为例 [J]. 农业技术经济，2016（8）：106-118.

[289] 南京大学空间规划研究中心，阿里新乡村研究中心. 中国淘宝村发展报告（2014—2018）[R]. 2018.

[290] 聂鑫. 微观个体福利的测度理论、计量及其实证研究文献评述 [J]. 理论月刊，2013（12）：164-168.

[291] 钮钦. 中国农村电子商务政策文本计量研究：基于政策工具和商业生态系统的内容分析 [J]. 经济体制改革，2016（4）：25-31.

[292] 欧阳桃花. 试论工商管理学科的案例研究方法 [J]. 南开管理评论, 2004, 7 (2): 100 – 105.

[293] 潘剑英, 王重鸣. 商业生态系统理论模型回顾与研究展望 [J]. 外国经济与管理, 2012, 34 (9): 51 – 58.

[294] 彭超, 纪安. 如何跨越电商扶贫的 "数字鸿沟" [J]. 开放导报, 2019 (4): 36 – 40.

[295] 彭华涛. 开放式创新网络形成及演化的探索性案例研究 [J]. 科研管理, 2014, 35 (8): 51 – 58.

[296] 乔鹏程. 回归金融本质: 互联网金融创新与 "e 租宝" 案 [J]. 财经理论与实践, 2018, 39 (1): 19 – 26.

[297] 邱泽奇, 张樹沁, 刘世定, 等. 从数字鸿沟到红利差异: 互联网资本的视角 [J]. 中国社会科学, 2016 (10): 93 – 115, 203 – 204.

[298] 邱泽奇. 三秩归一: 电商发展形塑的乡村秩序: 菏泽市农村电商的案例分析 [J]. 国家行政学院学报, 2018 (1): 47 – 54, 149.

[299] 曲霏, 张慧颖. 关系型虚拟社区用户持续使用意向的影响机制研究: 人际信任的调节作用 [J], 情报学报, 2016, 35 (4): 415 – 42.

[300] 任碧云, 张彤进. 移动支付能够有效促进农村普惠金融发展吗? 基于肯尼亚 M – PESA 的探讨 [J]. 农村经济, 2015 (5): 123 – 129.

[301] 阮荣平, 周佩, 郑风田. "互联网 +" 背景下的新型农业经营主体信息化发展状况及对策建议: 基于全国 1394 个新型农业经营主体调查数据 [J]. 管理世界, 2017 (7): 50 – 64.

[302] 芮正云, 方聪龙. 互联网嵌入与农村创业者节俭式创新: 双元机会开发的协同与平衡 [J]. 中国农村经济, 2018 (7): 96 – 112.

[303] 邵科, 徐旭初. 合作社社员参与: 概念, 角色与行为特征 [J], 经济学家, 2013 (1): 85 – 92.

[304] 邵文波, 匡霞, 林文轩. 信息化与高技能劳动力相对需求: 基于中国微观企业层面的经验研究 [J]. 经济评论, 2018 (2): 15 – 29.

[305] 邵占鹏. 规则与资本的逻辑: 淘宝村中农民网店的型塑机制 [J]. 西北农林科技大学学报 (社会科学版), 2017, 17 (4): 74 – 82.

[306] 申广军, 刘超. 信息技术的分配效应: 论 "互联网 +" 对劳动收入份额的影响 [J]. 经济理论与经济管理, 2018 (1): 33 – 45.

[307] 盛天翔, 刘春林. 网络渠道与传统渠道价格差异的竞争分析 [J]. 管

理科学，2011，24（3）：56-64.

[308] 施威，曹成铭. "互联网+农业产业链"创新机制与路径研究［J］. 理论探讨，2017（6）：110-114.

[309] 史宝娟，郑祖婷. 创新生态系统协同创新合作机制研究：进化心理学视角［J］. 科技进步与对策，2017，34（21）：16-23.

[310] 宋洁. 起建凌. 云南农产品电子商务发展研究［J］. 农业网络信息，2014（9）：54-58.

[311] 苏敬勤，刘静. 案例研究规范性视角下二手数据可靠性研究［J］. 管理学报，2013，10（10）：1405-1409.

[312] 苏岚岚，孔荣. 互联网使用促进农户创业增益了吗?：基于内生转换回归模型的实证分析［J］. 中国农村经济，2020（2）：62-80.

[313] 苏秦，李钊，徐翼. 基于交互模型的客户服务质量与关系质量的实证研究［J］. 南开管理评论，2007（1）：44-49.

[314] 苏行. 农村互联网金融发展研究［J］. 农村经济与科技，2016，27（11）：125-127.

[315] 孙德超，白天. 精准扶贫视阈下参与式帮扶的内在机理和实现路径［J］，社会科学，2017（8）：42-50.

[316] 孙金云，李涛. 创业生态圈研究：基于共演理论和组织生态理论的视角［J］. 外国经济与管理. 2016，38（12）：32-45.

[317] 孙琳琳，郑海涛，任若恩. 信息化对中国经济增长的贡献：行业面板数据的经验证据［J］. 世界经济，2012，35（2）：3-25.

[318] 孙亚范，余海鹏. 农民专业合作社成员合作意愿及影响因素分析［J］. 中国农村经济，2012（6）：48-58，71.

[319] 孙艳霞. 基于不同视角的企业价值创造研究综述［J］. 南开经济研究，2012（1）：145-152.

[320] 唐超，罗明忠. 贫困地区电商扶贫模式的特点及制度约束：来自安徽砀山县的例证［J］. 西北农林科技大学学报（社会科学版），2019，19（4）：96-104.

[321] 唐跃桓，杨其静，李秋芸，等. 电子商务发展与农民增收：基于电子商务进农村综合示范政策的考察［J］. 中国农村经济，2020（6）：75-94.

[322] 佟琼，李慧. 我国农村公路建设与农民收入的关系研究：以浙江省宁海县为例［J］. 农业经济问题，2014，35（11）：65-70.

[323] 屠建平，杨雪. 基于电子商务平台的供应链融资模式绩效评价研究 [J]. 管理世界，2013 (7)：182 – 183.

[324] 屠羽，彭本红，鲁倩. 基于行动者网络理论的平台企业协同创新研究：以 "饿了么" 为例 [J]. 科学学与科学技术管理，2018，39 (2)：74 – 84.

[325] 汪向东. 落地服务体系是农村电商发展关键 [N]，农民日报，2016 – 08 – 13 (3).

[326] 汪旭晖，张其林. 电子商务破解生鲜农产品流通困局的内在机理：基于天猫生鲜与沱沱工社的双案例比较研究 [J]. 中国软科学，2016 (2)：39 – 55.

[327] 汪怡，刘晓云等. 基于商业生态视角的电子商务服务平台竞争力评价研究 [J]. 情报科学，2014 (6)：39 – 42，50.

[328] 王艾敏. 中国农村信息化存在 "生产率悖论" 吗？基于门槛面板回归模型的检验 [J]. 中国软科学，2015 (7)：42 – 51.

[329] 王朝阳. 服务创新的理论演进、方法及前瞻 [J]. 经济管理，2012，34 (10)：184 – 191.

[330] 王慧颖. 农村中介组织网络的运行机理与发展思路：基于主体间合作模式的分析 [J]. 理论与改革，2014 (4)：133 – 135.

[331] 王建云. 案例研究方法的研究述评 [J]. 社会科学管理与评论，2013 (3)：77 – 82.

[332] 王方妍，蔡青文，温亚利. 电商扶贫对贫困农户家庭收入的影响分析：基于倾向得分匹配法的实证研究 [J]. 林业经济，2018，40 (11)：61 – 66，85.

[333] 王金杰，李启航. 电子商务环境下的多维教育与农村居民创业选择：基于 CFPS2014 和 CHIPS2013 农村居民数据的实证分析 [J]. 南开经济研究，2017 (6)：75 – 92.

[334] 王金杰，牟韶红，盛玉雪. 电子商务有益于农村居民创业吗？：基于社会资本的视角 [J]. 经济与管理研究，2019，40 (2)：95 – 110.

[335] 王俊凤，于美琳，杨梅. 加拿大农村金融变革及启示 [J]. 世界农业，2018 (1)：153 – 158.

[336] 王蕾，卫文斐，李举超. 个人客户采纳手机银行的影响因素 [J]. 金融论坛，2013，18 (11)：73 – 79.

[337] 王丽平，赵飞跃. 组织忘记、关系学习、企业开放度与商业模式创新

［J］. 科研管理，2016，37（3）：42 –50.

［338］王沛栋. 我国农村电子商务发展的问题与对策［J］. 中州学刊，2016
（9）：43 –47.

［339］王胜，丁忠兵. 农产品电商生态系统：一个分析框架［J］. 中国农村
观察，2015（4）：39 –48.

［340］王曙光，杨北京. 农村金融与互联网金融的"联姻"：影响，创新，
挑战与趋势［J］. 农村金融研究，2017（8）：19 –24.

［341］王永杰，宋旭，邓海艳. 城镇化水平与农民收入关系的动态计量经济
分析：以四川省为例［J］. 财经科学，2014（2）：96 –105.

［342］王瑜. 电商参与提升农户经济获得感了吗？贫困户与非贫困户的差异
［J］. 中国农村经济，2019（7）：37 –50.

［343］王占军. 互联网金融及风险防范的国际借鉴［J］. 金融博览，2013
（9）：56 –57.

［344］魏鹏. 中国互联网金融的风险与监管研究［J］. 金融论坛，2014，19
（7）：3 –9，16.

［345］魏晓蓓，王淼. "互联网＋"背景下全产业链模式助推农业产业升级
［J］. 山东社会科学，2018（10）：167 –172.

［346］魏巍. 互联网＋时代黑龙江省农村供应链金融发展研究［J］. 商业经
济，2016（4）：14 –16.

［347］魏延安. 从县域电商到电商经济的跨越：关于武功电商模式的初步总
结［J］，新农业，2014，（20）：25 –27.

［348］温信祥，王昌盛，张晓东. 从肯尼亚移动货币看移动支付在中国农村
金融服务中的应用前景［J］. 国际金融，2014（11）：17 –22.

［349］吴悫华. 基于应用环境分析的农村地区移动支付业务发展研究［J］.
农村金融研究，2015（1）：73 –76.

［350］吴晓波，姚明明，吴朝晖，等. 基于价值网络视角的商业模式分类研
究：以现代服务业为例［J］. 浙江大学学报（人文社会科学版），
2014，44（2）：64 –77.

［351］吴瑶，肖静华，谢康，等. 从价值提供到价值共创的营销转型：企业
与消费者协同演化视角的双案例研究［J］. 管理世界，2017（4）：
138 –157.

［352］武文珍，陈启杰. 价值共创理论形成路径探析与未来研究展望［J］.

外国经济与管理，2012，34（6）：66-73，81.

[353] 项国鹏，罗兴武. 价值创造视角下浙商龙头企业商业模式演化机制：基于浙江物产的案例研究 [J]. 商业经济与管理，2015（1）：43-54.

[354] 肖开红，刘威. 电商扶贫效果评价及可持续反贫政策建议：基于农户可持续生计能力视角的实证研究 [J]. 河南大学学报（社会科学版），2021，61（5）：41-49.

[355] 肖艳丽. 中国农产品流通中的合作关系与合作意愿分析 [J]. 中国经济问题，2012（3）：55-62.

[356] 谢晶晶. 金融科技助力农村产业升级 [N]. 金融时报，2017-02-23（9）.

[357] 谢康，廖雪华，肖静华. 突破"双向挤压"：信息化与工业化融合创新 [J]. 经济学动态，2018（5）：42-54.

[358] 谢康，肖静华，周先波，等. 中国工业化与信息化融合质量：理论与实证 [J]. 经济研究，2012，47（1）：4-16，30.

[359] 谢平，邹传伟，刘海二. 互联网金融的基础理论 [J]. 金融研究，2015（8）：1-12.

[360] 谢平，刘海二. ICT，移动支付与电子货币 [J]. 金融研究，2013（10）：1-14.

[361] 谢天成，施祖麟. 农村电子商务发展现状、存在问题与对策 [J]. 现代经济探讨，2016（11）：40-44.

[362] 邢小强，葛沪飞，仝允桓. 社会嵌入与 BOP 网络演化：一个纵向案例研究 [J]. 管理世界，2015（10）：160-173.

[363] 邢小强，仝允桓，陈晓鹏. 金字塔底层市场的商业模式：一个多案例研究 [J]. 管理世界，2011（10）：108-124，188.

[364] 徐翼，苏秦，李钊. B2B 下的客户服务与关系质量实证研究 [J]. 管理科学，2007（2）：67-73.

[365] 徐悦. 我国农产品电子商务发展研究 [J]. 农业科技与装备，2014（4）：91-92.

[366] 许其彬，王耀德. 电子商务价值生态系统的协同发展研究 [J]. 情报科学，2018，36（4）：117-122.

[367] 许竹青，郑风田，陈洁. "数字鸿沟"还是"信息红利"？信息的有效供给与农民的销售价格：一个微观角度的实证研究 [J]. 经济学（季

刊），2013，12（4）：1513 – 1536.

[368] 杨获. 互联网金融违约欺诈风险事件研究［J］. 经济研究参考，2016
（63）：28 – 34.

[369] 杨根福. MOOC 用户持续使用行为影响因素研究［J］. 开放教育研
究，2016（1）：100 – 111.

[370] 杨克岩. 电子商务信息生态系统的构建研究［J］. 情报科学，2014，
32（3）：37 – 41.

[371] 杨帆，章晓懿. 可行能力方法视阈下的精准扶贫：国际实践及对本土
政策的启示［J］. 上海交通大学学报（哲学社会科学版），2016，24
（6）：23 – 30.

[372] 杨旭，李竣. 县域电商公共服务资源投入与治理体系［J］. 改革，
2017（5）：95 – 105.

[373] 杨志宏，尹志娟. Fintech 在全球金融领域应用的最新进展综述［J］.
黑龙江金融，2017（2）：21 – 23.

[374] 姚进忠. 福利研究新视角：可行能力的理论起点、内涵与演进［J］.
国外社会科学，2018（2）：53 – 67.

[375] 叶纯青. "Fintech" 与互联网金融［J］. 金融科技时代，2016（8）：88.

[376] 易法敏，耿蔓一. 农户电商融资选择行为分析［J］. 华南农业大学学
报（社会科学版），2018（1）：94 – 103.

[377] 易法敏，孙煜程，蔡轶. 政府促进农村电商发展的政策效应评估：来
自 "电子商务进农村综合示范" 的经验研究［J］. 南开经济研究，
2021（3）：177 – 192.

[378] 易法敏，朱洁. ICT 赋能的扶贫平台商业模式创新［J］. 管理评论，
2019，31（7）：123 – 132.

[379] 易法敏. 产业参与，平台协同与精准扶贫［J］. 华南农业大学学报
（社会科学版），2018，17（6）：12 – 21.

[380] 易法敏. 农产品电商平台体系建设与线上线下协调发展研究［M］.
北京：中国经济出版社，2019.

[381] 易法敏. 数字技能、生计抗逆力与农村可持续减贫［J］. 华南农业大
学学报（社会科学版），2021，20（3）：1 – 13.

[382] 殷猛，李琪. 基于价值感知的微博话题持续参与意愿研究［J］，情报
杂志，2017，36（8）：94 – 100.

[383] 尹波, 赵军, 敖治平, 等. 商业生态系统构建、治理与创新研究: 以泸州老窖商业生态系统战略为例 [J]. 软科学, 2015, 29 (6): 46－50.

[384] 尹志超, 彭嫦燕, 里昂安吉拉. 中国家庭普惠金融的发展及影响 [J]. 管理世界, 2019, 35 (2): 74－87.

[385] 尹志超, 张号栋. 金融可及性、互联网金融和家庭信贷约束: 基于CHFS 数据的实证研究 [J]. 金融研究, 2018 (11): 188－206.

[386] 余新平, 熊皛白, 熊德平. 中国农村金融发展与农民收入增长 [J]. 中国农村经济, 2010 (06): 77－86, 96.

[387] 岳欣. 推进我国农村电子商务的发展 [J]. 宏观经济管理, 2015 (11): 66－67, 70.

[388] 曾亿武, 陈永富, 郭红东. 先前经验, 社会资本与农户电商采纳行为 [J]. 农业技术经济, 2019 (3): 38－48.

[389] 曾国屏, 苟尤钊, 刘磊. 从"创新系统"到"创新生态系统" [J]. 科学学研究, 2013, 31 (1): 4－12.

[390] 曾亿武, 郭红东, 金松青. 电子商务有益于农民增收吗? 来自江苏沭阳的证据 [J]. 中国农村经济, 2018 (2): 49－64.

[391] 曾亿武, 郭红东. 电子商务协会促进淘宝村发展的机理及其运行机制: 以广东省揭阳市军埔村的实践为例 [J]. 中国农村经济, 2016 (6): 51－60.

[392] 曾亿武, 郭红东. 农产品淘宝村形成机理: 一个多案例研究 [J]. 农业经济问题, 2016, 37 (4): 39－48, 111.

[393] 张桂颖, 吕东辉. 乡村社会嵌入与农户农地流转行为: 基于吉林省936 户农户调查数据的实证分析 [J]. 农业技术经济, 2017 (8): 57－66.

[394] 张国. 互联网金融监管国际经验借鉴研究综述 [J]. 经济体制改革, 2015 (6): 164－169.

[395] 张捍东, 严钟, 方大春. 应用 ANP 的 Shapley 值法动态联盟利益分配策略 [J]. 系统工程学报, 2009 (2): 205－211.

[396] 张海霞. 电子商务发展、非农就业转移与农民收入增长 [J]. 贵州社会科学, 2020 (10): 126－134.

[397] 张华. 合作稳定性、参与动机与创新生态系统自组织进化 [J]. 外国经济与管理, 2016, 38 (12): 59－73, 128.

[398] 张俊英，郭凯歌，唐红涛. 电子商务发展，空间溢出与经济增长：基于中国地级市的经验证据 [J]. 财经科学，2019（3）：105-18.

[399] 张帅，王文韬，李晶. 用户在线知识付费行为影响因素研究 [J]. 图书情报工作，2017，61（10）：94-100.

[400] 张童朝，颜廷武，何可，等. 基于市场参与维度的农户多维贫困测量研究 [J]，中南财经政法大学学报，2016（3）：38-52.

[401] 张薇薇，柏露. 众包社区用户持续使用行为研究：基于 ECM-ISC 和承诺信任理论 [J]. 情报资料工作，2017（2）：54-62.

[402] 张喆，来小立. 服务行业中消费者参与对消费者创新性的影响 [J]. 研究与发展管理，2011，23（1）：70-75.

[403] 张正平，江千舟. 农村金融机构的互联网化：现状，问题，原因及对策 [J]. 农村金融研究，2016（7）：65-70.

[404] 赵践锋. 论图书馆服务质量与读者行为意愿的关系及对策 [J]. 文教资料，2010（15）：72-74.

[405] 赵晶，朱镇. 企业电子商务价值创造过程模型 [J]. 管理科学学报，2010，13（12）：46-60.

[406] 赵文军，易明，王学东. 社交问答平台用户持续参与意愿的实证研究：感知价值的视角 [J]，情报科学，2017（2）：69-74.

[407] 赵文军，周新民. 感知价值视角的移动 SNS 用户持续使用意向研究 [J]，科研理，2017，38（8）：153-160.

[408] 赵艳林，毛道维，钟兰岚. 民族村寨旅游服务质量对游客行为意愿的影响研究：满意、不满意的中介作用 [J]. 四川师范大学学报（社会科学版），2016，43（4）：80-89.

[409] 赵鹞. Fintech 的特征、兴起、功能及风险研究 [J]. 金融监管研究，2016（9）：57-70.

[410] 赵芝俊，陈耀. 互联网+农业：理论、实践与政策：2015 年中国技术经济学会农业技术经济分会年会综述 [J]. 农业技术经济，2015（11）：126-128.

[411] 赵志田，何永达，杨坚争. 农产品电子商务物流理论构建及实证分析 [J]. 商业经济与管理，2014（7）：14-21.

[412] 赵艳林，毛道维，钟兰岚. 民族村寨旅游服务质量对游客行为意愿的影响研究：满意、不满意的中介作用 [J]. 四川师范大学学报（社会

科学版），2016，43（4）：80-89.

［413］大庆，李俊超，黄丽华."3Q"大战背景下的软件持续使用研究：基于修订的"期望-确认"模型［J］.中国管理科学，2014，22（9）：123-132.

［414］郑联盛.中国互联网金融：模式、影响、本质与风险［J］.国际经济评论，2014（5）：103-118.

［415］郑彤彤，王雅鹏.我国农业电子商务发展风险研究［J］.理论月刊，2017（6）：116-121.

［416］钟振东，唐守廉，PierreVialle.基于服务主导逻辑的价值共创研究［J］.软科学，2014，28（1）：31-35.

［417］周冬.互联网覆盖驱动农村就业的效果研究［J］.世界经济文汇，2016（3）：76-90.

［418］周文辉，曹裕，周依芳.共识，共生与共赢：价值共创的过程模型［J］.科研管理，2015，36（8）：129-135.

［419］周文辉，王鹏程，陈晓红.价值共创视角下的互联网+大规模定制演化：基于尚品宅配的纵向案例研究［J］.管理案例研究与评论，2016，9（4）：313-329.

［420］周洋，华语音.互联网与农村家庭创业：基于CFPS数据的实证分析［J］.农业技术经济，2017（5）：111-119.

［421］周毅.论政府信息能力及其提升［J］.情报理论与实践，2014，37（10）：20-24.

［422］周振，张琛，彭超，等.农业机械化与农民收入：来自农机具购置补贴政策的证据［J］.中国农村经济，2016（2）：68-82.

［423］朱平芳，邸俊鹏.无条件分位数处理效应方法及其应用［J］.数量经济技术经济研究，2017，34（2）：139-155.

［424］朱太辉，陈璐.Fintech的潜在风险与监管应对研究［J］.金融监管研究，2016（7）：18-32.

后　记

　　本书内容经多年积累而成。本团队始终紧盯中国农村电商发展实践，结合政策重点和实践难点，探索使用多样化的理论、方法，从不同的视角去分析、解释和预测快速变化的农村电商实践问题，形成了系列研究成果。随着农村电商实践萌芽、发展、升级、转型，一届又一届的研究生用他们的研究成果留下了对于这一重大变革事件的观察、思考和研究的见证。在笔者的指导下，本书由笔者和畅夏、吴倩、朱洁、孙煜程、古飞婷、洪思凤、何平鸽、耿蔓一、李淑敏、刘得泽等多位研究生合作完成。此外，博士生喻龙敏参与了本书的组稿、校对等工作，在此对他们的工作表示感谢！

　　本团队的研究以及成果出版依托于华南农业大学经济管理学院的国家重点学科——农林经济管理学科点，以及校级科研平台——华南农业大学农村电商研究中心，并得到了学院大力支持。在此，对学科点以及学院的各位学术前辈和领导表示感谢，感谢他们对笔者工作的支持；感谢在本书相关调研过程中给予帮助的人；也感谢本书参考文献中所有的作者。

易法敏

2023 年 4 月